Et vos enfants ne sauront pas lire... ni compter!

La faillite obstinée de l'école française

Marc Le Bris

Et vos enfants ne sauront pas lire... ni compter!

La faillite obstinée de l'école française

Stock

À mes quatre instituteurs.

Avant-propos

J'ai mis vingt ans à me débarrasser de toutes les théories pédagogiques avec lesquelles les cadres de l'Éducation nationale m'ont empêché de faire mon métier. J'ai un peu honte de tout ce temps perdu, de ce manque de clairvoyance. J'étais un jeune instituteur progressiste, militant des pédagogies actives, convaincu de la supériorité et de l'intelligence de la méthode de lecture dite *naturelle*. À ma sortie de l'école normale d'instituteurs, en 1977, j'avais surtout bien appris une chose : mes prédécesseurs, instituteurs *d'avant*, étaient des quasi-incapables, des petits tâcherons un peu ridicules, travaillant à l'envers, retournant inlassablement la terre là où elle ne produirait jamais rien, et laissant en friche les secteurs productifs qu'il suffit de remuer si peu.

Mais l'observation élémentaire de la réalité éloigne des dogmes rigides. Mon premier « collègue de l'école d'à côté » était une caricature de pédagogue à l'ancienne, avec ses dictées, ses leçons à apprendre, sa lecture à voix haute – faire lire à voix haute ? une hérésie ! – et jusqu'à sa manie de porter la blouse en classe. Eh bien, les meilleurs élèves à l'entrée en classe de sixième étaient les siens. Alors qu'il n'avait pas disposé de notre formation.

Moi, j'ai cru tout ce qu'on m'avait dit. J'ai été un normalien convaincu. Sous la propagande de mes professeurs, j'ai blâmé mes anciens pour leur désinvolture à faire des dictées, qui ne sont que basses « évaluations normatives ». J'ai été un gentil, j'ai tout fait, des groupes, des activités d'éveil, de la grammaire fonctionnelle, de la lecture naturelle, des maths modernes, de l'animation, de l'auto-apprentissage, de l'histoire des objets, du décloisonnement, de la créativité, des études dirigées... Non, non, c'est vrai. J'ai cru et j'ai fait tout ce qu'on m'avait appris à croire et à faire, alors que les maîtres plus anciens, qui continuaient à oser faire des dictées, à apprendre la lecture par syllabage systématique ou à faire apprendre les tables, obtenaient de meilleurs résultats. À leur entrée en sixième, leurs élèves étaient les mieux préparés. Et les miens, dorlotés par les méthodes modernes, ont subi un handicap scolaire dont j'ai honte maintenant. Honte ? Pas tant que ça, pas tant que ça... Car, comme bon nombre d'entre nous, j'ai corrigé le tir, j'ai bouché les trous trop profonds, je me suis remué, je suis allé dans beaucoup de directions. Et ce travail m'a permis d'accomplir une révolution.

Aujourd'hui, j'ai fait le grand tour. Alors j'ai écrit un livre.

Encore un, encore mille

Je reviens de chez des amis, parents d'élèves assez chaleureux, qui ont déménagé cet été pour cause de mutation et qui voulaient nous montrer leur nouvelle maison. Leur petite était en moyenne section dans notre école, bien dégourdie, comme la grosse moitié de ses camarades, qui a eu le temps d'aborder l'écriture des lettres et des nombres et de suivre tous les travaux systématiques qui nous semblent nécessaires avant d'entrer en grande section. Elle est passée directement au cours préparatoire en arrivant dans sa nouvelle école. « Elle ne ferait en grande section rien de plus que ce qu'elle a déjà fait en moyenne section dans son école d'origine. » Ça devient systématique, nos plutôt bons élèves *sautent* une classe quand ils changent d'école. Si nous avions fait sauter sa grande section à Océane, nous l'aurions fait pour la moitié des moyens de l'an dernier...

Alors, puisqu'elle est au CP et que sa maman nous invite, nous lui offrons un livre en plus du bouquet de fleurs rituel pour ses parents... Instits ringards jusque tard le samedi, nous faisons toujours la promotion des livres et de la lecture – pas celle des Pokémons. Bien placés pour savoir où en sont des CP fin novembre, nous choisissons avec soin le joli petit livre sur les rennes du père Noël, impeccablement calibré en nombre de mots par page, en nombre de pages, en longueur des mots, et avec des dessins qui brillent – il y a quantité de superbe littérature enfantine disponible jusque dans les supermarchés. Et nous l'offrons à la petite : « Voilà un livre à lire toute seule, même si maman t'aide un peu. »

Pas de réaction. Elle attend que nous soyons assis dans les grands fauteuils à apéritif pour se caler contre son ancienne maîtresse et elle ouvre le livre sur ses genoux : « Montre-moi, Cathy. » Cathy essaie de la faire lire. Rien. Alors c'est l'ancienne maîtresse qui lit, pour que la petite ait au moins une part du plaisir.

Plus tard dans la soirée, la gamine tient à montrer ses cahiers. Elle est fière de montrer ce qu'elle sait faire. Elle lit les lignes entières de mots courts : « je, tu, il, lui, dans, comme... » Une fois, elle se trompe : elle lance une série de mots en commençant par « le, la, suis, des... ». Cathy la reprend, et elle identifie cette fois correctement le premier mot de la ligne : « Je ! » Puis elle déroule sans hésitation, la lecture de la bonne ligne entière « je, tu, il, lui, dans... ». Elle connaît ses lignes de mots par cœur. Elle n'a su lire aucun mot inconnu comme « maison » ou « renne ». Elle ne sait pas commencer « maison » parce qu'elle ne sait pas que *m* donne le son [m]. Elle ne peut pas commencer à écrire « Marc ». Elle dit juste que dans « Marc » on entend [r]. Elle apprend à lire depuis trois mois entiers.

Elle subit la méthode phonétique, avec sans doute un peu de « naturel » dedans : les mots apparaissent dans un ordre qui semble farfelu et qui est en fait l'ordre de leur apparition dans les textes soi-disant inventés par les enfants. Les parents d'Océane abordent la question eux-mêmes : « C'est vraiment bizarre, cette méthode phonétique. On dirait que c'est du global. On dirait que ça tourne à l'envers, du mot vers les lettres et non pas des lettres aux mots. Océane n'a pas encore vraiment fait des progrès. »

L'an dernier, c'était mon neveu, le petit Martin. Fin novembre, son père, découragé, m'apprend que Martin ne suivra pas les traces de son grand frère, qu'il est moins scolaire, qu'il est peut-être plus... *bête* (!!!). Je proteste, le Martin en question est certes un fripon mais il ne donne pas du tout l'impression d'être bête, en particulier au point de ne pas pouvoir apprendre à lire.

Les deux jeunes parents racontent le temps qu'ils consacrent au CP de Martin, en mettant à profit le décalage de leurs journées de travail. Elle travaille de nuit et consacre une heure tous les matins à la lecture; lui travaille de jour et trouve plus d'une heure tous les soirs, plus le samedi et le dimanche, selon la fatigue du petit bonhomme. Mais Martin ne décolle pas, il n'aime pas ça, il rechigne, il ne retient rien. Il y a quelquefois des cris et des pleurs. La maîtresse a déjà parlé de redoublement. D'ailleurs, un tiers de la classe seulement devrait passer au CE1.

Nous regardons les cahiers. Le diagnostic est rapide; méthode phonétique, c'est-à-dire globale... La maîtresse a même expliqué en début d'année qu'il ne fallait pas *syllaber* avec les enfants qui doivent découvrir les sons tout seuls.

Nous offrons une méthode Boscher[1] au papa. Nous donnons quelques instructions simples. Ce sont des parents très sérieux et très attentifs, capables de se mobiliser deux heures par jour pour un seul de leurs enfants.

Martin a appris à lire à la maison avec son papa. Il est maintenant au CE1. La maîtresse a fait une réunion de bilan en juin; elle a abordé sa maman : « On ne sait pas trop ce qui s'est passé, mais comme ça, à Noël, tout d'un coup, Martin s'est débloqué. Nous en sommes contents... » Et la maman de Martin, pourtant si réservée, a répondu qu'ils lui avaient eux-mêmes appris à lire à partir de Noël, avec les syllabes. La maîtresse a un peu rougi puis a conclu que ce qui comptait, finalement, c'était que le gamin lise.

Enfants sinistrés, enseignants aveugles. Ce sont désormais les parents qui apprennent à lire aux enfants. Les enseignants ne le savent pas. Et que sont donc devenus les douze ou quinze redoublants pronostiqués en décembre ? Leurs papas ne leur ont pas appris à lire, alors ils ne savent pas lire. Mais ils sont passés au CE1 quand même. Parce qu'on ne redouble

1. Méthode de lecture syllabique des années 1950.

plus dans l'Éducation nationale, c'est mauvais pour les statistiques.

Martin, Océane et tous les autres, ce sont vos enfants. L'Éducation nationale n'apprendra pas à lire à vos enfants. Ça fait plus de trente ans que ça dure. Plus de 80 % des élèves de cours préparatoire subissent encore ces âneries dogmatiques et fausses. *Tous* les manuels de CP font du global, qu'ils baptisent phonétique, ou naturel, ou « à hypothèses » et, contrairement à ce que semblent croire les ministres, la quasi-totalité des inspecteurs du primaire et quelques inspecteurs d'académie continuent de pourchasser les instituteurs syllabistes désormais clandestins. Beaucoup d'enfants lisent très mal et plus personne ne redouble. Il faut que ça cesse.

Je voudrais alarmer les parents. Il a bien fallu un jour que les médecins abandonnent la saignée et le clystère parce que ça ne marchait pas. Nos Diafoirus modernes sont-ils donc plus sots que ceux-là ?

Leçon 1

La lecture

J'observe Roland qui lit. Roland est un garçon intelligent, curieux, quelquefois avide de connaissances, fou d'histoire, et raisonnablement paresseux, comme à peu près tous les garçons de son âge. D'une famille très littéraire, il a tout pour le devenir aussi. Il a appris facilement le calcul mental. Après une mémorisation systématique et quelques entraînements simples, mieux que d'autres à mémoire moins active, il est devenu un redoutable calculateur rapide. Il aime les problèmes, qu'il résout facilement. Il aime moins certaines situations nouvelles, mais quand il a trouvé il dit toujours : « Ouais, finalement, c'était fastoche ! »

Mais Roland n'a lu seul que quatre romans. Il en a commencé plusieurs autres qu'il n'a jamais finis. En fait, il lit surtout des livres documentaires sur les sujets qui l'intéressent, ces magnifiques livres modernes pour enfants qui expliquent les choses avec images et légendes à l'appui et qui font envie chaque fois qu'on passe devant... Et des bandes dessinées.

Titeuf et *Le Petit Spirou* le font hurler de rire. Il est donc le spécialiste reconnu des araignées de plastique pour vestiaire de filles, mais aussi de l'armement du Moyen Âge ou de l'Ouest américain; il reconnaît aisément tous les Colt et autres Remington ainsi que les arbalètes ou les trébuchets.

Son père, constatant le retard en lecture, a cherché à réduire la difficulté. Suite aux recommandations de Daniel Pennac dans *Comme un roman*, il s'est mis à lire des histoires tous les soirs à son grand quinze côtes, couché tôt pour l'occasion, qui n'en a pas perdu une miette, qui a aimé les facéties du *Petit Nicolas* et particulièrement apprécié les bordées de jurons de *La Guerre des boutons*. Le gamin connaît maintenant l'intérêt du roman.

Ce n'est sans doute pas très grave de ne pas lire beaucoup de littérature. Le roman n'est peut-être pas le fond de notre culture. Et cet enfant sait lire efficacement un document dans lequel il trouvera le renseignement cherché, ce qui peut suffire. Pourtant, à mes yeux, c'est important. Pour lire, il faut avoir lu. Et la quantité dans le domaine apporte beaucoup. La qualité du lecteur est proportionnelle à la quantité de mots lus, comme la qualité du coureur de fond est proportionnelle au nombre de kilomètres parcourus. Quelles sont donc les méthodes qui ont amené un enfant avec un tel profil de grand lecteur à même ignorer le premier plaisir de la littérature ? La lecture de romans amène au moins la quantité de mots lus. C'est en lisant qu'on devient liseron. La question est importante. Il ne lit pas de romans, c'est un diagnostic de non-lecteur.

Roland a subi la méthode *naturelle-semi-globale-à-hypothèses*. Il y a quelques signes faciles à repérer par la lecture à haute voix, car je fais lire à haute voix. L'école normale m'a bien appris que la lecture à haute voix est une hérésie. Ce n'est pas la vraie lecture, m'ont dit mes maîtres, la vraie lecture du vrai lecteur est silencieuse et rapide, donc on ne doit pas lire lentement à voix haute. C'est un exemple type du raisonnement des modernes : la marche penché en avant, appuyé sur l'intérieur de la plante des pieds et avec les jambes raides, n'est pas la marche efficace du jeune adulte. Elle est donc à proscrire : il faut empêcher les bébés de marcher !

Quand Roland lit à voix haute, et c'est valable pour tous ceux qui ont subi le global, semi-global, phonétique, naturel ou semi-naturel, il lit « elle » pour « les » ou « les » pour « elles », « lui » pour « il », « avait » pour « avant », parce qu'il les a appris par cœur comme ça, sur des listes. La plupart des mots courts sont lus l'un pour l'autre – avec les conséquences qu'on imagine sur le sens des phrases. Les mots courts sont le ciment de la phrase, sans eux rien ne tient. Alors, deux possibilités. Après une de ces confusions de mots, la phrase n'a aucun sens, donc il doit la relire, avec une tendance forte à reproduire la même erreur. Gêne, brouille, travail inutile. Seconde possibilité, la phrase a un sens quand même, mais elle boite, elle dévie. Il aura tendance à la garder comme ça, comme vous gardez le petit caillou dans la sandale, par lassitude de la défaire sans arrêt. Et la lecture a perdu sa limpidité plaisante. C'est le faux sens, l'imprécision, le contresens quelquefois. Et comme les phrases qui suivent vont subir les mêmes accidents, la déviation due à un petit gravier peut prendre de l'ampleur, car il tirera ses mots vers un sens plausible, accordant le sens de ce qu'il lit avec le sens erroné de ce qu'il vient de lire. Il « émet des hypothèses » sur le sens du texte à venir. C'est le système qu'on lui a inculqué. La méthode par hypothèses pousse les enfants à deviner à l'avance ce que le texte va dire.

Les mots longs n'appartiennent pas au lexique de petits mots appris par cœur de notre jeune lecteur. Il doit donc les déchiffrer. Alors, là aussi, il émet des hypothèses sur la première syllabe qui sera, si possible, la seule composée par combinatoire. Et ça, c'est une pitié. On a mis cet enfant dans la situation infernale de se sentir incapable, c'est un haltérophile qu'on a toujours empêché de s'entraîner à soulever des poids : il n'a pas eu le droit se systématiser les combinatoires *p* et *a* font *pa*, *o* et *u* font *ou*, *o* et *n* font *on*, de les mémoriser, de les apprendre pour ne plus avoir à refaire sans cesse le travail. Il émet des hypothèses, il réinvente le son *ou* ou *ouin* par déduction chaque fois qu'il les rencontre, et un peu par habitude autonome, car c'est ce que la méthode lui a appris. Quand il lit, chaque mot est nouveau, chaque syllabe est à interpréter, à composer par proposition et vérification. Comme dans un problème d'arithmétique. On a imposé à cet enfant de réinventer la roue à chaque moi, quand d'autres utilisent avec aisance la bicyclette rapide et tellement plaisante dans les descentes.

Revenons à sa première syllabe. Il la déchiffre, par recomposition à hypothèse ou par sa mémoire acquise « en autonomie ». Et qu'a-t-il donc dans sa mémoire acquise « en autonomie » ? Eh bien, comme jamais aucun adulte dont ce devrait être logiquement la tâche n'y a installé proprement et bien rangées les choses de la lecture, c'est un fatras où il ne retrouve pas facilement ce qu'il cherche. C'est encore pire s'il n'a pas une mémoire très efficace. Et surtout, puisque c'est le principe même de sa méthode de lecture, c'est lui tout seul qui a construit par déduction et hypothèses sa mémoire à lecture, elle est pleine d'erreurs résiduelles. L'antique première solution qu'il avait mémorisée, même mauvaise, aura une nette tendance à revenir se proposer la première, sitôt le problème reconnu comme déjà abordé. Si la tactique proposée par la mémoire est fausse, il faudra encore refaire tout le raisonnement correctif... Il est un autodidacte de la lecture. L'enfant n'est pas sûr de sa « banque de données » à lecture, elle n'a jamais été certifiée ni vérifiée par les adultes en charge de le faire, il ne peut pas l'utiliser le cœur léger, il doit toujours vérifier lui-même la validité de ce que sa mémoire lui propose. Essayez de faire une multiplication à la main sans connaître vos tables. Voilà ce qu'il doit faire à chaque mot et à toute allure. Pauvre môme. On l'a empêché d'apprendre à lire.

On n'en est encore qu'à la première syllabe : il a une hypothèse – mettons que ce soit le son [u] – *ou*.

Roland va-t-il relancer la vapeur de son usine à lecture sur la deuxième syllabe ? Ça dépend... Il cherche rapidement un mot commençant par le son [u] qui tiendrait dans le contexte. S'il n'en trouve pas, il s'attaque à la deuxième syllabe, qui, sauf erreur, précisera l'affaire, et ainsi de suite jusqu'à ce qu'il ait trouvé un mot commençant par les syllabes dont le sens colle au contexte. Le mot est deviné, souvent à partir d'une seule syllabe, quelquefois deux, jamais trois. Je ne caricature pas. Je n'invente rien. J'essaye d'observer et je dis ce que je crois voir. La plupart du temps, ça marche à peu près, le lecteur-devin trouve un mot qui colle au contexte. Le mot peut être exactement celui du texte ou seulement approchant, ce qui donne un faux-sens, comme par exemple, « La Renaissance, un nouvel art de vie » au lieu de « art de vivre », ou « Léonard de Vinci a-t-il été seul à peindre ? » au lieu de « Léonard de Vinci a-t-il été seulement un peintre ? » Mais, quelquefois, le mot lu n'est pas du tout le mot écrit, ce qui donne un contresens : « Répète les verbes conjugués » au lieu de « Repère les verbes conjugués ». Ou : « J'avais été dérangé » au lieu de « J'avais été découragé ». Ce ne sera jamais vérifié que par le sens et le contexte, puisque le déchiffrage est si lourd, et puisque la méthode a soigneusement imposé ce seul système.

De tout cela, une première conséquence certaine : la dernière syllabe n'est jamais lue. C'est la méthode qui le veut. Mais, en français, ce qu'on appelle les marques grammaticales, les « s » ou « x » du pluriel, les maudits « ent » qui distinguent le verbe du nom, le pluriel du singulier, les accords, les conjugaisons et toute cette grammaire qui précise rigoureusement le sens des phrases, portent uniquement sur la dernière syllabe – qui n'est plus jamais lue. L'orthographe grammaticale est morte pour les trente dernières générations d'élèves. En même temps que l'exactitude, la sûreté, la netteté, la précision, l'habitude de la rigueur et de la vérification. Une phrase entièrement au pluriel (-s, elles, -ent, les) peut être complètement lue au singulier (-, elle, -e ou -t, le) et il faudra quatre phrases de plus ou même un chapitre entier pour comprendre que ce sont nos cinq héros qui sont entrés dans le château hanté et non pas seulement Claude. Le lecteur rétablira le sens à ce moment-là. Le sens du texte est devenu malléable, il est systématiquement déformé par les erreurs du lecteur. Pour comprendre ce qui s'est passé, il suffit de comparer les manuels de lecture.

La méthode syllabique

Voici une page de la méthode Boscher [1], considérée comme une caricature de la méthode syllabique. Le syl-la-ba-ge est cette façon de séparer les syllabes les unes des autres comme le fait la méthode Boscher qui va jusqu'à laisser un espace entre les syllabes du mot à lire pour que l'enfant n'ait plus qu'à combiner, de mémoire, le *b* et le *a*, le *p* et le *ou*... Ces exercices

1. M. Boscher, V. Boscher, J. Chapron et M.-J. Carré, *Méthode Boscher, La Journée des tout-petits*, Belin, 1984.

systématiques d'associations de lettres en syllabes faisaient donc partie des méthodes syllabiques (*ba*, *be*, *bi*, *bo*, *bu*... *p* et *o* font *po*, *l* et *ou* font *lou*...), la combinatoire. Cette combinatoire, ce syllabage devient l'ennemi.

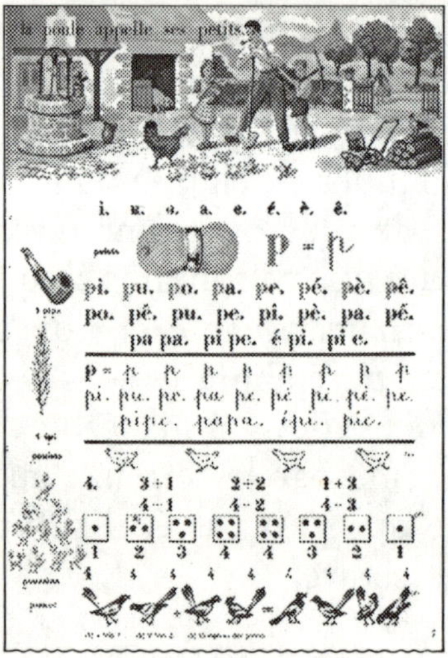

i, *u*, *o*, *a*, puis *e*, *é*, *è*, *ê*, puis le *p* de « pelote », et *pi*, *pu*, *po*, *pa*, *pe*, et « pi pe », « pa pa », « é pi », « pi e ». Et demain le *t* de « toto », puis le *r* du chat qui ronronne... *n*, *m*, et l'on peut déjà lire « Ma mère a ramené petite Marie » puisqu'on connaît toutes les lettres et qu'on sait les assembler. Le *c* est d'abord vu avec *a*, *o* et *u* mais pas encore avec *e* et *i*, le *s* ne fait que le son « sss », le *g* que le son « gue » (on apprend pour l'instant que *ga*, *go*, *gu*...).

On attaque ensuite les couples de lettres : *ch* de « cheval », *ou* de « soupe aux choux », *on* de « bonbon », *oi* de « l'oie », *an* de « danse », *in* de « sapin », *eu* de « jeudi ». Puis *br*, *pr*, *dr*, *vr* ; *bl*, *pl* ; *ar*, *or*, *ir*, *ur* ; *al*, *il* ; *ac*, *our* ; *ill*, *ail*, *euil* ; ô = au = eau ; *oin*, *ien* ; *ein*...

On dit à l'enfant le son que fait (habituellement) chaque lettre, on le lui fait retenir (il l'apprend !), puis il utilise ces sons pour arriver à les associer en syllabes. On l'entraîne alors systématiquement à combiner ces syllabes élémentaires : *b* et *a* font *ba*. On lui montre très vite les associations qui ne sont que des conventions pures (*o* et *u*, *a* et *n*...) et on les lui fait apprendre de telle façon qu'il n'hésitera plus une seconde devant un *oin* ou devant un *ou*.

C'est un petit dressage.

Voilà la première critique. Mais comment apprendre des conventions artificielles autrement que par mémorisation ? Quand on croise quelqu'un pour la première fois le matin, on dit « bonjour ». À vélo, on roule à droite de la route. En français, on écrit de gauche à droite. C'est bien du dressage, je le reconnais tout à fait. Mais je vous en prie, dressez vos enfants et vos petits-enfants à rouler à droite !

La deuxième critique est plus statistique. On nous dit que, dans les années 1960, un *certain* pourcentage d'élèves savaient déchiffrer, mais ne devenaient pas des lecteurs courants, sans doute parce qu'ils ne comprenaient pas ce qu'ils lisaient. On n'appelait pas ça dyslexie ni illettrisme à l'époque. On ne sait pas exactement combien d'élèves ne comprenaient pas ce qu'ils lisaient parce qu'il n'existait pas de statistiques sérieuses. Ce pourcentage jamais établi justifie à lui seul toutes les réformes qui ont suivi et cette question mérite donc notre intérêt.

Le déchiffrage par syllabage aurait été responsable de l'échec de ces enfants sachant lire mais qui ne sont jamais devenus des lecteurs avérés et efficaces... par incompréhension du texte déchiffré. Le syllabage des moins bons lecteurs hache les mots, et, surtout, le syllabage, petit dressage par apprentissage, serait assez monotone sinon stupide puisqu'il ne ferait pas appel à l'intelligence mais à la mémoire uniquement.

La fin du syllabage

Prenons la méthode *Daniel et Valérie*[1], fin des années 1960, début 1970. Méthode approximativement semi-globale, mais pas encore assez : elle faisait coexister des mots entiers et des syllabes artificielles destinées à un peu de combinatoire (par exemple : «*u*ne *mu*le est dans l'*écu*rie; *u*, *mu*, *cu*»). Cette méthode était très répandue dans les classes quand je suis entré dans le métier. C'est celle-ci que mes professeurs de français à l'école normale nous ont demandé de pourchasser de tout notre zèle de jeunes recrues du parti globaliste, parce que trop syllabique encore.

On aperçoit sur toutes les pages les traces du combat contre les exercices de combinatoire syllabique. Il ne faut plus lire de stupides syllabes qui

1. L. Houblain, R. Vincent, *Daniel et Valérie, Méthode mixte de lecture*, Nathan, 1964.

n'ont pas de sens (*mu*, *cu*...), mais uniquement des mots intelligents. Une main avertie les a barrées.

Dans les années 1920, le pédagogue utopiste belge Ovide Decroly (1871-1932) a croisé la *Gestalttheorie*[1]. Il en a conçu la méthode globale[2]. En Belgique, il « organise l'enseignement en centres d'intérêt, fondés sur les besoins naturels de l'individu. La classe est un microcosme démocratique où la discipline est assurée par des sanctions naturelles[3] ». Il crée son établissement scolaire à Bruxelles en 1907. Il est le fondateur de l'un des mouvements pédagogiques utopistes du début du siècle, comme Maria Montessori et d'autres. Comme elle, il a commencé par l'enseignement aux « arriérés » et aux « sourds » – ce sont les termes de l'époque; comme eux, il est partisan d'un « enseignement universel », d'une théorie unique et totale d'éducation, que lui baptise « globale » : « [L'enfant] s'y retrouve dans l'apparent désordre [du monde qu'il perçoit], et parvient à se comprendre; sa conscience s'édifie graduellement : comme le créateur des cosmogonies, il fait sortir l'ordre de ce chaos[4]. »

1. En allemand : théorie de la forme.

2. Il y a déjà eu trois ou quatre tentatives de méthodes de lecture « par les mots » (c'est-à-dire globales) au XIXe siècle, très peu utilisées et pour d'assez mauvais résultats, parmi le petit millier de méthodes de lecture créées pour l'enseignement de masse naissant. Elles sont aujourd'hui encensées par les prétendues « sciences de l'éducation ». Leur étude sort de mon présent propos, mais elle ne manque pas d'intérêt.

3. « La Méthode Decroly, sa portée, sa pratique », in *Sciences Humaines*, février 2001.

4. O. Decroly, *La Fonction de globalisation et l'Enseignement*, Bruxelles, Lamertin, 1929.

Comme la plupart des fondateurs d'écoles pédagogiques, il entreprend de fabriquer un homme nouveau par une nouvelle technique éducative unique, définitive et générale. Sa méthode de lecture globale – il préfère le terme « idéovisuelle » – n'est qu'un élément d'une théorie beaucoup plus universelle.

En Allemagne, dans les années 1930, une école de psychologie s'intéresse à la perception visuelle des choses par l'œil et le cerveau ; elle constate que beaucoup d'objets sont perçus d'un seul coup, « globalement », comme un tout. Le cercle nous apparaît effectivement comme un cercle, et non comme un ensemble de points équidistants d'un autre point. C'est la Gestalttheorie, illustrée par de nombreux exemples de dessins qui prouvent que nous avons souvent une vue d'ensemble des objets.

Nous avons en effet deux façons de percevoir : par le tout ou par l'élément – et il y a sans doute un aller-retour permanent entre les deux perceptions. Cette question des deux approches perceptives visuelles, élémentaire et globale, est désormais assez connue depuis que les progrès de la neurologie ont établi certaines différences de fonctionnement entre cerveau droit et cerveau gauche, global et analytique. La Gestalt est d'ailleurs une intuition précoce de cette différence entre les deux cerveaux ; la perception comme un tout d'un objet fragmenté par un cache en « grille de prison » nous est facile. Alors que c'est un problème insurmontable en informatique. Cette perception visuelle globale serait très ancienne, très animale : elle permet de reconnaître un prédateur ou une proie en mouvement à travers un rideau d'arbres[1]. En revanche, la zone corticale de l'écriture-lecture est située dans le cerveau gauche, le cerveau analytique, le cerveau de l'élément. Et elle est beaucoup moins « profonde », beaucoup moins « ancienne » que celle de la reconnaissance visuelle des objets en mouvement ; ça n'a rien à voir.

Decroly, influencé par la Gestalt, invente la méthode globale. C'est encore un de ces fougueux excès, engendrés par l'exaltation intellectuelle approximative qui marque si souvent les débuts de quelques *sciences* humaines. Il n'y aurait, exclusivement, qu'une seule façon de saisir l'information, la perception globale ? S'il y a du vrai dans la Gestalt, ça ne supprime pas l'approche par l'élément, ça ne renverse pas Descartes[2], et surtout, l'écriture-lecture n'est pas qu'une perception visuelle, elle est aussi le codage des sons d'une langue. Vision, audition et motricité sont liées[3]. Les méthodes globales ont été initiées par des pédagogues généralistes qui avaient commencé par l'enseignement aux enfants sourds. Les enfants sourds ne peuvent apprendre à lire que par la méthode globale – qui, dans ce cas précis, est utile. Appliquer aux élèves entendants une méthode

1. Cf. J. Lorenceau et D. Alais, « Form Constraints in Motion Binding », in *Nature Neuroscience*, 4 (7), p. 745-751.

2. R. Descartes, *Discours de la méthode*, chapitre II, troisième précepte : « De conduire par ordre mes pensées, en commençant par les plus simples et les plus aisées à connaître, pour monter peu à peu, par degrés, jusque à la connaissance des plus composées. »

3. Maria Montessori est très préoccupée des sens – jusqu'au toucher – lors de l'apprentissage de la lecture.

spécifique aux élèves sourds les prive du sens de l'audition nécessaire à l'apprentissage de la lecture-écriture, qui code des sons. La méthode globale rend fou.

Soixante secondes suffisent à montrer les excès théoriques de la méthode globale. Soixante ans de catastrophe culturelle n'ont pas suffi à en tirer les conséquences pratiques qui s'imposent.

L'écrivain Jean Orieux, ancien inspecteur, écrivain, historien, raconte :

> « En dépit des graves circonstances dans lesquelles nous vivions, la pédagogie faisait rage. Cette fièvre ne débordait pourtant pas le mur d'enceinte des cours de récréation. Depuis 1938, Paris prônait la méthode globale. La haute administration avait décidé qu'on n'apprendrait plus à lire et à écrire comme on l'avait toujours fait. Quand on dit Paris, cela signifie un peu moins d'une douzaine de vagues expérimentateurs d'une certaine psychologie dite, justement, "expérimentale". Ce petit cénacle avait fait une étonnante découverte : les lettres n'existaient plus. Les mots seuls existaient. En conséquence, les enfants ne devaient connaître que les mots "globalement" et non les lettres dont ils étaient jusqu'alors composés. La découverte venait d'anéantir l'alphabet. Tout cela expliqué dans le jargon "globaliste" parfaitement impénétrable. Quand ces gens-là divaguent et réussissent à communiquer leur délire à quelques personnages de la haute administration, cela se traduit par une pluie de circulaires explicatives et impératives qui s'abat sur les pauvres gens. C'est ce qui arriva. Ainsi fut balayée l'antique méthode du *b* + *a* égale *ba*.

Au moment où Hitler s'apprêtait à mettre l'Europe à feu et à sang, il devint presque aussi dangereux de refuser le "globalisme" que de nier, au XVIe siècle, la présence réelle dans l'Eucharistie.

Dans le corps enseignant, cette guerre des méthodes jeta la consternation. Je me souviens de la réflexion d'un vieil instituteur qui avait enseigné la lecture et, ce qui est encore plus admirable, l'orthographe à trente générations d'enfants. Il me dit : "Il n'y a pas de méthode qui ait empêché un enfant d'apprendre à lire, mais il n'y en a qu'une qui lui apprend en même temps à écrire correctement les mots qu'il lit, c'est la vieille méthode alphabétique."

Bref, le plus clair résultat de cette mirobolante découverte "psychopédagogique" fut que l'orthographe, orgueil légitime de l'enseignement primaire français, fut sacrifiée aux visions de quelques expérimentateurs en chambre. Certains maîtres s'insurgèrent ouvertement contre cette aberration prétentieuse; d'autres firent semblant d'appliquer la méthode des cuistres surdiplômés. Ils affichaient les inintelligibles tableaux qu'ils se gardaient bien d'utiliser et ils conservaient leurs bonnes recettes. Je calmais les premiers en leur donnant les seconds en exemple. En agissant ainsi, j'étais schismatique et rebelle, je crois bien avoir perdu mon âme pédagogique mais elle ne valait pas cher. En revanche, j'ai sauvé l'orthographe de quantité d'enfants! Mais ce bienfait était obtenu par fraude, je le confesse. C'est ainsi que, par une étrange et douloureuse coïncidence, la bonne orthographe se perdit au moment où nous perdions aussi la guerre. La cuistrerie déchaînée fit de l'orthographe une science clandestine.

Par bonheur, le corps enseignant du Limousin me donna dans cette épreuve de sérieuses satisfactions. Mon métier aurait pu être odieux par sa paperasserie et ses enquêtes; au contraire, la bonne grâce, le dévouement, l'intelligence de la plupart des instituteurs et des institutrices firent souvent de mes corvées de très instructifs échanges d'idées et, je crois aussi, de sympathies. Si nous n'étions pas "globalistes" et gonflés de fausse science, nous avions ensemble, en compensation, la grande joie de noter beaucoup de "0 faute" et de "10/10" aux dictées du certificat d'études. Nous nous accordions même la douce satisfaction de lire à haute voix, pour notre récompense, les exquises petites compositions françaises de nos jeunes lauréats. Ça vous fait sourire ? Pas moi. J'ai la larme à l'œil.

N'empêche que cette ridicule méthode globale nous fit perdre beaucoup de temps. C'est elle qui contribua à déconcerter et à désorienter le corps enseignant. Il fallait sans cesse recommencer les démonstrations, essayer de convaincre ou faire semblant d'essayer, préparer de fallacieuses statistiques pour les expérimentateurs de Paris. Que sont-elles devenues, les statistiques d'antan ?

Une de nos plus distinguées directrices en fit une maladie – elle était déjà un peu malade. Il fallait bien qu'elle le fût pour me dire un jour après une conférence qui l'avait, disait-elle, charmée : "Ah ! Monsieur l'inspecteur, c'était merveilleux, ça allait très bien avec votre air oriental." Tous ses collègues qui étaient là pensèrent s'étouffer de rire. [...]

Elle rappliquait chez moi n'importe quand. Ces visites étaient un peu "mondaines" et un peu administratives. Imprévues et imprévisibles sûrement. Elle venait m'exposer ses états d'âme pédagogiques. Comment appliquer la circulaire du 12 octobre ? Celle du 6 décembre semblait en corriger la rigueur. Devait-elle imposer la "méthode" à ses adjointes ou les laisser libres ? À force de rabâcher les préceptes ministériels, elle s'en fit un cas de conscience. "Doit-on ou ne doit-on pas croire au 'globalisme' ? Éclairez-moi. Je vous en prie, je n'en sors plus." Ce n'était plus de la Pédagogie mais de la Théologie. J'aurais dû prendre la soutane pour la recevoir. "Si je me convertis à la 'Méthode', je veux que toutes les adjointes me suivent dans cette voie. Mon école sera globaliste à fond", affirmait-elle. Et si elles ne voulaient pas se convertir ? J'avais envie de lui dire qu'elle n'avait plus qu'un remède, recommencer la Saint-Barthélemy. Tout cela n'est amusant qu'à distance[1]. »

La méthode globale

Sur les pages des manuels modernes, il ne reste plus que le texte à lire, et quelques illustrations... C'est tout. Par exemple, à la page 9 du manuel *Lecture en fête*[2] :

> Je suis allé à l'école, j'ai joué à l'école.
> J'ai joué avec Magali à la grande école.
> J'ai joué avec Olivier.
> J'ai dessiné Olivier.
> J'ai dessiné la grande école.
> J'ai dessiné Pierre et Magali.

Ce manuel ne contient que des textes de plus en plus complexes jusqu'à la page 36 sur 74 où commence enfin un peu d'analyse phonétique.

1. J. Orieux, *Souvenirs de campagne*, Flammarion, 1978.
2. P. Bonnier *et al.*, *Lecture en fête*, Hachette, 1983.

On donne des textes aux enfants, ils cherchent des indices du sens du texte dans les illustrations. Puis du sens deviné du texte, ils déduiront leur lecture. De leur lecture, ils déduiront le bruit que font les lettres. Aucun exercice systématique, pas une once de syllabage – puisqu'il serait responsable de l'illettrisme – pas d'explications aux enfants... La méthode globale, c'est avant tout l'absence de méthode.

Les enfants commencent à devenir les « acteurs de leurs apprentissages » ! Ce qui veut dire qu'ils se débrouillent seuls. Il ne reste dans le manuel que la progression, c'est-à-dire que les textes contiennent les *phonèmes*[1] à étudier en plus grande quantité dans la page qui leur est consacrée : un texte avec beaucoup de *ou* pour permettre aux enfants de retrouver par eux-mêmes comment on écrit le son [u]. Puis on passe au son [o], avec un texte plein de sons [o], mais écrits « eau », « op », « ôt », « au », « aux », etc.

La méthode globale pure a été appliquée par décision volontariste à partir de 1938 en plusieurs tentatives successives. Chaque fois, la catastrophe est si soudaine et si grave que, très vite, les parents des premiers élèves globaux se mettent à protester contre les écoles qui l'appliquent.

La méthode globale pure a été abandonnée. Apparemment, car elle ne changera que de nom. Elle se disait globale contre l'analytique, elle se disait globale contre

---

1. Le phonème est l'élément sonore du langage. Dans « bateau », il y a quatre phonèmes : [b], [a], [t] et [o]. La transcription alphabétique d'une langue se veut, au départ, phonémique. L'espéranto est absolument phonémique, l'espagnol et l'italien le sont presque.

le son des lettres. Elle va rester globale et elle va se dire analytique, elle va rester globale et se dire phonétique, elle ira même jusqu'à se prétendre « naturelle » !

LES MÉTHODES SEMI-GLOBALES

Dans les années 1960, on a remplacé la méthode globale pure par des méthodes dites « mixtes » ou à « départ global ». Quelques inspecteurs ont édité des méthodes de compromis qui se sont bien vendues : le début de l'apprentissage de la lecture doit se faire globalement sur des mots entiers, les mots « outils » : « le, la, les, et, des, pour, dans, comme, sur... » et sur des mots fréquents du texte lu : les noms des héros, « papa », « maman », « poupée », « cheval »... La combinatoire n'arrive qu'après. Elle est repoussée de quelques semaines à quelques mois.

Ce sont les méthodes à étiquettes de début d'année. Lire devient lire tout de suite des phrases entières, écrire devient assembler des mots déjà entiers inscrits sur des étiquettes. L'idée de base est la suivante : les bons lecteurs, à force de relire souvent certains mots, finiraient par les photographier; ils en ont une image globale, et comme ils les lisent d'un seul coup, leur vitesse de lecture est supposée en être augmentée. C'est toujours le principe global. C'est en plein l'époque de la généralisation des stages de lecture rapide pour cadres débordés. Nos mentors en lecture rapide sont canadiens. Ils comptent le nombre de « posés » d'œil par ligne lue, ils parlent de « largeur d'empan visuel », ils se chronomètrent... Il n'est absolument pas certains que les bons lecteurs, qui sont en effet assez rapides, lisent globalement. Il est possible qu'ils contrôlent sans arrêt, mais très rapidement, la combinatoire syllabique de chaque mot. L'histoire du posé de focus oculaire[1] en seulement deux points de la ligne lue n'est sans doute rien – consulter à ce sujet les travaux de neurologie repris par le Dr Wettstein-Badour[2].

La rapidité de lecture obtenue par le lecteur devant un mot déjà lu ne vient pas du tout d'une photographie, figée dans la mémoire, de sa silhouette globale. La silhouette globale n'est pas assez discriminante. Cette rapidité vient de ce que le mot a déjà été déchiffré et que le cerveau refait extrêmement rapidement un travail qu'il a déjà fait, cette combinatoire qui ne sert plus que de squelette au sens du mot, de *schème* pour reprendre la formule de Colette Ouzilou[3]. C'est la combinatoire qui a été mémorisée, c'est le travail de syllabage déjà fait, pas la silhouette du mot.

---

1. L'Association française pour la lecture (AFL) vend des logiciels qui entraînent les lecteurs à ne poser qu'une fois leur œil par ligne lue. Le nombre de « posés » d'œil (ou de mises au point visuelles : le focus) déterminerait la vitesse de lecture. La vitesse de lecture aiderait à l'émergence du sens.

2. G. Wettstein-Badour, *Lecture : la recherche médicale au secours de la pédagogie*, ouvrage édité à compte d'auteur, 1994 ; *Lettre aux parents des futurs illettrés*, Éditions de Paris, 2000.

3. C. Ouzilou, *Dyslexie, vraie-fausse épidémie*, Presses de la Renaissance, 2001. S'il n'y avait qu'un seul livre à lire sur la question de la lecture, ce serait celui-là. Les faits contre l'idéologie, l'observation intelligente contre la propagande, le travail pragmatique contre les grandes théories fumeuses. Remarquable et définitif.

En revanche, c'est une supercherie que de remplacer la méthode globale pure par des méthodes « semi-globales », ou « à départ global », ou « mixtes ». Le fond global de la méthode est conservé contre toutes les protestations, contre toutes les conséquences si brutalement observées. Il y a là un étonnant acharnement organisé pour conserver cette idée de global. Il faut d'ailleurs avouer que les enseignants, assaillis par la propagande globaliste, se sont facilement repliés sur ces méthodes de compromis, qui leur permettaient à la fois de suivre l'obligatoire tendance nouvelle mais inefficace, tout en apprenant quand même à lire à leurs élèves, grâce au syllabage, même s'il arrivait un peu plus tard dans l'année scolaire...

Seulement, comme dans toute activité humaine, il y a des puristes, des ascètes, des parfaits. Il s'est révélé de bon ton d'être capable d'apprendre à lire aux élèves sans aucune compromission, sans aucune systématique, sans aucune combinatoire syllabique. On s'est mis à chercher l'élégance du geste d'apprentissage; de là, certains de mes collègues ont tiré une impression de supériorité morale et intellectuelle qui ne les a pas quittés depuis.

La méthode phonétique (les années 1970)

Un inspecteur des Côtes-du-Nord, Jean Foucambert, participe à la fondation de l'Association française pour la lecture (AFL), à laquelle adhèrent les meilleurs d'entre nous. Ils ne tarderont pas à devenir professeurs des écoles, conseillers pédagogiques, inspecteurs même. On a un système, une théorie « scientifique », des colloques, des chaires de didactique dans les unités d'enseignement et de recherche de prétendues « sciences de l'éducation » créées pour l'occasion, et bientôt des postes à l'Institut national de recherche pédagogique (INRP), groupement officiel de chercheurs, grands inventeurs et promoteurs de réformes de fond – et enseignants sans classes, chargés d'expliquer à ceux qui en ont comment ils doivent la faire.

En même temps que tout le discours théorique s'installent une stratégie de communication, des plans médias et du lobbying. On commence par proscrire le mot « global », trop mal perçu depuis l'échec des années 1940 et 1960. On dit « méthode phonétique » (je montre plus loin pourquoi et comment elle est phonétique[1]). Quand le mot « phonétique » sera usé, ce sont les mots « méthode par hypothèses » qui prendront le relais, quelquefois soutenus par le vocabulaire des enseignants Freinet : méthode « naturelle ». Ces méthodes « phonétique », « phonologique », « par hypothèses », « idéovisuelle », « naturelle » ou « par voie directe » ne sont que les noms différents d'une seule et même méthode : la méthode globale.

Le plan médias est bon puisque, une fois de plus, les nouveaux programmes rédigés sous la présidence du nouveau ministre, juste après avoir dénoncé la méthode globale comme inefficace, font la promotion

1. Cf. tableau phonétique, p. 43.

de la « voie directe », de la méthode « phonétique » et de la « méthode naturelle » qui sont en fait les méthodes globales les plus utilisées depuis trente ans. Et qui sont donc responsables de l'actuel état des choses.

Malgré des théories pédagogiques fort complexes et l'apparition régulière de vocabulaire nouveau, les choses se présentent sous un jour assez simple pour qui les regarde d'en bas. En fait, nos modernes se sont contentés de regarder ce qui se faisait avant eux, et ils ont tout simplement chaque fois proposé le contraire. Les didacticiens se promènent à travers l'Éducation nationale ravagée, cherchant inlassablement une pierre encore dans le bon sens pour pouvoir la retourner, comme les mauvais pêcheurs de bigorneaux dans la baie de Quiberon. Mais quand on retourne un galet de l'estran, tout meurt.

La première inversion, c'est que les enfants partent d'un texte entier pour le décomposer eux-mêmes en paragraphes, puis en phrases, puis en mots, puis en phonèmes composés de lettres, dont ils connaîtront alors le « bruit » puisqu'ils l'auront découvert eux-mêmes grâce aux hypothèses qu'ils auront lancées et que le sens du texte leur aura confirmées.

C'est l'inversion générale de l'ordre des choses, du sens du travail de toute l'Éducation nationale dans les années 1970. Mathématique, histoire, grammaire, tout est inversé... Avant 1970, on commençait par les éléments de base. De l'élément vers le tout. Du simple au complexe, de la lettre à la syllabe, de la syllabe au mot, du mot à la phrase...

Voici la table des matières de la grammaire *Du texte au mot*[1] du CE2 contemporain :

Abréviations
Avant-propos
Je découvre mon manuel

LE TEXTE
1. Qu'est-ce qu'un texte ?
2. Tous les textes ne se ressemblent pas
3. Un texte est un ensemble organisé
4. Toutes les phrases ne se ressemblent pas

LE NOM ET LE GROUPE DU NOM
5. Le groupe nominal dans le texte
6. Les constituants du groupe nominal
7. Le nom
8. Les déterminants du nom
9. L'adjectif qualificatif
10. Les accords dans le groupe nominal

On part du texte puis l'élève descend dans l'analyse jusqu'aux éléments : les mots.

Le sens de l'apprentissage désormais, quel que soit l'objet étudié, est du tout vers l'élément, du complexe vers le simple. C'est un travail d'analyse. Qui plus est, cette analyse doit être autonome, c'est-à-dire faite par les enfants eux-mêmes, car elle représente la part d'intelligence qui manquait auparavant dans tous les apprentissages. C'est la conséquence du constructivisme, théorie pédagogique qui dit que « l'enfant construit lui-même ses apprentissages ». C'est donc à

1. G. Fouillade, M. Moulin, *Grammaire, Du texte au mot, CE2*, Bordas, 1996.

lui d'analyser seul les objets complexes qu'on soumet à son attention et d'en tirer des règles de fonctionnement. Cette théorie possède un caractère nouveau qui lui donne un avantage important pour sa survie : elle prétend diminuer le rôle de l'enseignant[1] puisque c'est l'élève lui-même qui apprend. C'est cette seule mutation qui a amené la domination du constructivisme dans notre monde où le coût des choses est un moteur.

On retrouve cette inversion dans toutes les matières.

Tous les manuels de lecture des années 1980 et 1990 (*Lecture en fête*[2], *Le Nouveau Fil des mots*[3], *Abracadalire*[4], *Crocolivre*[5]...) ont ce point commun que chaque leçon commence par l'exercice. En général, un texte assez long est imprimé sur la page de gauche, juste après le titre de la leçon, accompagné de quelques illustrations fidèles au texte — elles sont des indices qui « participent à la construction du sens ». Certains mots à étudier plus particulièrement sont encadrés ou soulignés.

L'exercice, appelé désormais « travail en autonomie », consiste à tenter de se débrouiller pour lire des textes tout de suite complexes, pour en tirer des « hypothèses autonomes » sur le son que font les lettres qui y figurent, hypothèses que le maître mettra en forme dans un tableau phonétique du type de celui qui est reproduit en page 43. C'est ce tableau qui tient

1. Cf. la question des effectifs, p. 233.
2. P. Bonnevie *et al.*, *Lecture en fête*, *op. cit.*
3. M.Touyarot *et al.*, *Le Nouveau Fil des mots. Lire au CP*, Nathan, 1990.
4. D. et E. Fabre, *Abracadalire*, Hatier, 1998.
5. J.E. Gombert *et al.*, *Crocolivre*, Nathan, 2001.

lieu de leçon, le maître se bornant désormais à faire dire aux enfants ce qu'ils ont compris. Mais seulement après avoir tenté de lire seul un texte sans connaître le son des lettres, car c'est l'exercice que de deviner le son des lettres et des mots avant de l'avoir appris. Le manuel *Lecture en fête* attend même la page 36 pour commencer à étudier le premier son. Exercice avant leçon, c'est la deuxième inversion.

La troisième inversion, c'est que, désormais, on partira du son pour en trouver l'écriture, contrairement aux méthodes alphabétiques qui écrivaient une lettre et en donnaient le son majoritaire, gardant les exceptions pour plus tard. À chaque lettre, un son. Exemple dans la méthode Boscher[1] :

Ici, à la lettre p, *on associe (et on mémorise) le son [p] de « poule » et on le combine avec les voyelles dont le son est connu.*

1. M. Boscher, V. Boscher, J. Chapron et M.-J. Carré, *Méthode Boscher, La Journée des tout-petits, op. cit.*

L'inversion est ici. Le tableau moderne reproduit ci-dessous montre à l'élève qu'il entend le bruit [o], et qu'il a trouvé les graphies « o », « au » et « eau ». L'oreille signifie « J'entends », l'œil « Je vois ». C'est-à-dire qu'on part du son qu'on entend (le *phonème*), pour trouver toutes les façons de l'écrire (ses *graphies* ou *graphèmes*). Ici trois.

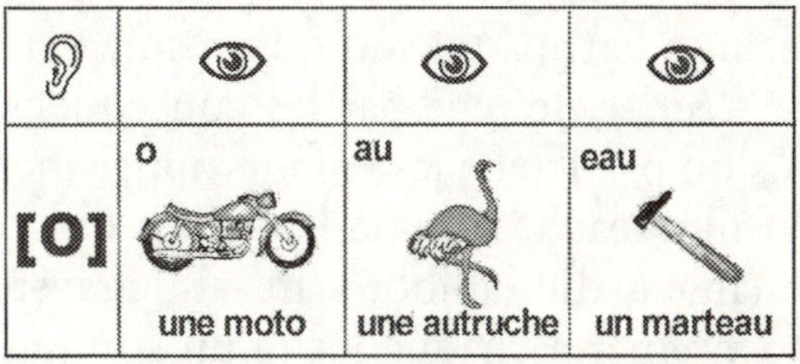

Au son [o], on associe trois façons de l'écrire : « o », « au » et « eau ».

Au lieu de partir d'une lettre pour en dire le son, on part d'un son pour trouver toutes les façons de l'écrire. Toutes, car les globalistes-naturels sont des puristes : ce tableau est incomplet. Les différentes graphies, que les enfants nomment quelquefois les « costumes » du son, ne sont pas toutes données. Ici il manque « ô », « ot », « ôt », « op » (de « trop »), « aud », « aux », « eaux », etc., de façon que les élèves puissent eux-mêmes « émettre des hypothèses » sur ce corpus de graphies diverses, et en tirer, par exemple, que les mots à son [o] final écrits « au » ou « eau » forment leur pluriel d'un « x ». Et, du coup, dix façons d'écrire un seul son sont présentées en une seule fois à l'élève...

De là, une quatrième inversion, qui n'est que la conséquence de la troisième : on apprend tout en une seule fois et les exceptions passent donc avec la règle. Ce qui fait qu'il n'y a plus de règle parce que le système se veut tout de suite exhaustif. Il décrit tout de suite tous les cas[1].

Est-il plus intelligent d'associer un son à une lettre ou une lettre à un son ? Je pense qu'il est plus efficace d'associer une lettre à un son qu'un son à six ou sept façons de l'écrire. Je juge par les conséquences parce que je suis un praticien : les enfants apprennent mieux par petits morceaux, comme les bébés qui commencent à manger du jambon. Et si le système qui consiste à donner à chaque lettre un son (en gardant pour plus tard celles qui font deux sons) génère une mémorisation plus rapide, ça justifie que je le conserve. De plus, lire commence avec les yeux : je vois une lettre, je dois en connaître le son. Très simplement. C'est faire le chemin à l'envers que de partir des sons.

La méthode naturelle

La méthode « naturelle », c'est la méthode sans livre. Le matin, les enfants racontent quelque chose au maître. Le maître écrit au tableau ce que les enfants racontent. Il en tire les étiquettes globales qu'il fera étudier. Il en fait tirer les graphies d'un son qui appa-

1. Cf. « La transversalité », p. 223.

raît dans ce texte, qu'on range dans un tableau du même type que celui d'*Au fil des mots*. C'est global et phonétique.

Les enfants étudient la langue, à partir de leur langue. C'est ce qui est naturel sans doute. Parce que la lecture, en elle-même, n'a rien de naturel. Les associations de lettres forment des sons de façon tout à fait conventionnelle. Le fait que *o* et *u* mis ensemble font [u] (le son *ou*) est une pure convention. Ça n'a strictement rien de naturel, c'est tout à fait artificiel, il n'y a pas de logique dans ce fait, donc aucune raison de le faire deviner. On peut comprendre l'intérêt qu'il y a à faire deviner le énième nombre d'une suite, mais faire deviner que *o* et *u* font [u]... Les conventions, on les donne à celui qui veut les apprendre. On ne les lui cache pas. Que diraient donc des étudiants d'informatique si on leur cachait les mots qui composent le langage à étudier pour que, les devinant eux-mêmes, ils les comprennent mieux ?

La méthode naturelle fait étudier aux enfants leurs textes d'enfants. Elle utilise leur langue enfantine telle qu'elle est. Elle n'apporte pas de littérature. Elle n'apporte pas de livres.

Les méthodes modernes, qui ne sont en fait que des méthodes globales, sont fièrement annoncées comme analytiques par leurs promoteurs. L'enfant est chargé lui-même d'analyser les textes pour y lancer ses hypothèses, c'est-à-dire qu'il en est réduit à des devinettes. Ce qui est très inefficace et théoriquement faux. Mais on peut espérer que certains enfants au moins réussiront par cette analyse à retrouver quelque signification aux lettres dont ils pourraient se servir plus tard.

Eh bien non. Les grands théoriciens sans rigueur peuvent tout et son contraire; ils ont promu la technique des silhouettes de mots que voici [1] pour aider les enfants dans leurs mémorisations de mots.

Stupidité nihiliste saisissante au premier coup d'œil, cette technique, très répandue dans les classes, bloque toute tentative d'analyse des caractères par l'enfant, forçant bel et bien au pur global, en contradiction totale avec l'analyse autonome. Ils ont des théories stupides et contradictoires et ils ne sont même pas capables de s'y tenir. On a malheureusement laissé la direction théorique d'une question aussi précieuse que la lecture à de tels incapables.

L'écriture sépare l'histoire de la préhistoire et nous avons désormais quelques éléments sur les apparitions des écritures sumérienne, égyptienne, crétoise ou grecque. L'écriture cunéiforme, les hiéroglyphes, les écritures mycéniennes ont évolué. Le point commun de ces évolutions apparaît clairement : elles avancent toutes dans le sens de l'économie du nombre de signes. Les premiers signes représentent

1. Exemple repris d'Élisabeth Nuyts, *L'École des illusionnistes*, ouvrage autoédité, 66, rue Azalaïs-d'Altier, 34080 Montpellier, 2000.

un mot. Pour « faucon », le dessin d'un faucon, pour « œil », un œil qui signifiera également « voir ». Quelques milliers de signes à connaître. Commencent alors à s'installer des conventions entre les scribes qui utilisent les symboles pour leur première syllabe : un mot commençant par la syllabe « ra » associé au symbole d'un mot commençant par « to » produit le mot « rato »[1] (pour autant que les Égyptiens aient eu besoin du mot râteau !). C'est une écriture rébus : une écriture syllabique. Syllabique, c'est-à-dire, lorsque ce principe sera systématisé, un signe par syllabe au lieu d'un signe par mot. Un signe pour « pa », un signe pour « ra », un signe pour « pi », un signe pour « ar », etc. Quelques centaines de signes au lieu de quelques milliers. Ce sont les écritures systématisées de l'Antiquité, jusqu'au linéaire B mycénien[2].

Les écritures sémitiques, pour traduire leurs langues et par recherche naturelle d'économie de signes, n'ont pas besoin de traduire les voyelles, qui sont nettement moins signifiantes que dans les langues indo-européennes. Elles deviennent donc naturellement consonantiques, c'est-à-dire qu'on n'écrit plus quinze syllabes différentes commençant par *p*, mais seulement le signe pour *p* qui vaudra pour toutes les syllabes commençant par *p* et que le lecteur

1. Cette genèse est un peu plus complexe car les signes symboliques et les signes syllabiques coexistaient au départ dans une même écriture (hiéroglyphique, cunéiforme, etc.).

2. Écriture linéaire : écriture caractérisée par des contours syllabiques linéaires qui remplacent les images-signes de l'écriture hiéroglyphique.

accompagnera lui-même de la prononciation facile à déduire du mot. L'économie est évidente : quelques dizaines de signes au lieu de quelques centaines. Ce système permet les premières alphabétisations massives et... la Bible.

L'alphabet grec naît de cette convergence entre le linéaire B partiellement syllabique et l'alphabet sémitique (les *aleph* et *beth* hébreux deviennent *alpha* et *bêta*). Pour une langue indo-européenne comme le grec ou le latin, les voyelles sont nécessaires au sens (en particulier à cause du système de déclinaisons : *domini*, *domino*...), on utilise donc quelques signes des consonnes sémitiques qui n'existent pas en grec pour en faire des symboles de voyelles (*aleph* devient *alpha*, la voyelle *a*). Et voilà le monde grec ancien à la tête d'un système d'écriture complet d'une grosse vingtaine de signes, permettant de rendre compte phonétiquement de n'importe quelle langue, avec tous ses mots, tous ses raisonnements, toutes ses abstractions. Un système qui permet les écrits d'Homère, de Platon, d'Aristote, d'Euclide...

On passe des écritures symboliques de quelques milliers de signes aux écritures syllabiques de quelques centaines de signes, pour finir par les écritures alphabétiques de quelques dizaines de signes. La conséquence inattendue de cette économie est la disparition de ses inventeurs : les scribes. La conséquence de cette économie est la popularisation de l'écriture et de la lecture. L'écriture de milliers de signes ou même de centaines était un métier; l'écriture alphabétique, pour peu que quelqu'un vous l'apprenne, c'est-à-dire vous donne les bruits conventionnels des lettres, l'écriture alphabétique est un loisir[1], un signe de richesse, une richesse que ceux qui disposent d'un peu de temps peuvent afficher, comme le montrent ces portraits étrusques de citoyens arborant fièrement calames et tablettes.

Quand la République moderne, celle de Condorcet, organise le nouveau monde, elle commence par décider la lecture et l'écriture pour tous. Ce qui était possible pour seulement quelques-uns qui disposaient du loisir de le faire devient obligatoire, la République organise l'apprentissage de cette lecture pour tous ses citoyens.

Une fois cette évolution explicitée, on peut juger des méthodes d'apprentissage de la lecture par le nombre de signes qu'elles obligent à apprendre. Les méthodes globales qui apprennent des mots entiers par leur silhouette ramènent notre écriture à une écriture symbolique de plusieurs milliers de signes. Les méthodes dites phonétiques, qui à chaque son associent entre trois et dix façons de l'écrire, augmentent le nombre de signes à apprendre (plusieurs centaines de combinaisons à mémoriser), nous rapprochant alors des écritures syllabiques. Une écriture alphabétique ne peut être maîtrisée qu'après un apprentissage alphabétique.

1. Le mot « école » vient du grec *scholê* qui signifie « relâche, trêve, temps libre, pendant lequel on est déchargé du travail », puis « occupation d'un homme de loisir, libre du travail servile » et « activité intellectuelle faite à loisir ».

Nous avons en fait moins de lettres que de sons; il y a donc des lettres accentuées et des combinaisons de lettres qui représentent un son (par exemple, *o* et *u* font *ou*, *c* et *h* font *ch*) et qu'il faut apprendre comme autant de signes déjà synthétisés. Il faut connaître et reconnaître sans hésitation aucune *ou*. Ma collègue de CP dit qu'il y a, en tout, 48 lettres et combinaisons de lettres à apprendre. Au passage, il est hors de question de faire analyser *o* et *u*, mais il faut au contraire que *o* et *u* ou bien *c* et *h* soient reconnus comme assemblés, comme une seule lettre[1].

Il a fallu plus de trois mille ans à l'humanité pour qu'elle parvienne à décomposer les mots en leurs éléments ultimes, les lettres. Et on demande aux petits CP de déduire eux-mêmes, à six ans, et en six mois, ce génial travail de conception de plusieurs millénaires, tout en leur imposant des systèmes qui les en empêchent !

Résumons-nous. Sur la constatation statistique non vérifiée que quelques lecteurs des années 1960 ne comprenaient pas ce qu'ils lisaient par déchiffrage syllabique appris, certains théoriciens ont modifié le sens et le fonctionnement de tout l'apprentissage de la lecture en France. Leurs collègues, au même instant, jugeaient aussi des apprentissages de la grammaire, de l'histoire, des mathématiques, et mettaient effectivement tout cul par-dessus tête, tellement il était évident que dans le passé on avait tout faux. La

1. Cf. M. Sommer, T. Cuche, *Lire avec Léo et Léa*, Belin, 2004. Méthode d'apprentissage de la lecture sans départ global conçue par des orthophonistes de l'association du même nom (www.leolea.org).

pédagogie serait bien la seule science à avoir à ce point tout renversé. Mais la pédagogie est-elle une science ?

Pour apporter compréhension à ces lecteurs déchiffrants mais mal-comprenants, ils ont interdit la combinatoire syllabique génératrice – selon eux – d'incompréhensions. Ils ont ainsi empêché le déchiffrage non seulement de ceux qui ne comprenaient pas, mais aussi d'une partie des autres qui, avant, déchiffraient et, conséquemment, comprenaient. Maintenant, il y a un pourcentage plus élevé de non-déchiffrants qui sont par conséquent des non-comprenants par défaut, c'est-à-dire les nouveaux illettrés.

Les responsabilités des théoriciens de la méthode globale, quels que soient les noms qu'on lui donne, de l'Éducation nationale, de l'INRP et de l'AFL sont énormes. La méthode globale n'apprend pas à lire. Le livret de l'INRP édité récemment, *Lire au CP*[1], pour lutter contre l'illettrisme, a été manifestement rédigé par des globalistes dominants. Il propose obstinément de lutter contre l'illettrisme, conséquence du globalisme, par plus de globalisme encore. Les méthodes phonétique et naturelle proposées dans les nouveaux programmes en remplacement de la méthode globale sont des méthodes globales. Elles n'apprennent pas à lire non plus. Les résultats de ces trente dernières années en sont la preuve.

1. Cf. *Lire au CP*, annexe 9.

Et, dans sa *Lettre à tous ceux qui aiment l'école*[1], Luc Ferry écrit : « Il est vain d'incriminer la fameuse méthode globale, abandonnée pour l'essentiel depuis trente ans. » Erreur d'analyse. Méconnaissance de la réalité. La méthode globale est générale, régnante, exclusive, hégémonique, obligatoire même. Elle a seulement changé de nom.

Les inspecteurs continuent à enlever des points aux collègues syllabistes (Yonne, Val-d'Oise, Ille-et-Vilaine...). Il va bien falloir que quelqu'un les calme ! Le ministère le sait-il seulement ou bien fait-il semblant de ne rien voir pour ne pas avoir à incriminer les quelques mandarins qui en sont responsables ? Un tel scandale ne peut pas continuer à prospérer ainsi malgré ses conséquences ; l'illettrisme ne sera pas vaincu sans une analyse claire de ses causes, et sans les quelques gestes énergiques et salutaires que cette analyse implique.

1. Luc Ferry, *Lettre à tous ceux qui aiment l'école*, Odile Jacob, 2003, chapitre « Prévenir et combattre l'illettrisme. L'origine du mal », p. 66.

Leçon 2
L'illettrisme

Je vous ai raconté l'histoire de Roland. C'est un bon élève qui aurait dû être un bon lecteur et qui ne le sera pas. Mais il sera lecteur quand même, ses parents y veillent, les lectures du soir vont peut-être payer, qui sait. Depuis ce récit, il a lu quelques autres romans, qui l'ont aussi fait hurler de rire : à onze ans, avec beaucoup d'efforts, des parents attentifs et un peu de souffrance, il commence à lire. Mais il y a aussi René. Il n'a pas redoublé le CP. Pourtant, au milieu de son CE1, j'ai été alerté par le maître.

René, petit garçon râblé, amateur de foot, de roller, particulièrement adroit dans tous ces domaines, serviable, anticipant et comprenant toujours finement ce qui se passe et ce qu'il va falloir faire, est pratique et rapide. Hors du domaine scolaire, il est intelligent. Il n'aime pas les nouveautés. Il ne mémorise pas vite, ni les données à connaître, ni les raisonnements. Je le retrouve dans son CE1 face à une consigne d'exercice de deux lignes à lire, du genre : « Compte le nombre de dizaines de cubes assemblés et écris ce nombre dans la case. » Il n'a pas saisi au coup d'œil, à l'allure du dessin, à l'intuition, ce qu'il fallait faire. Il doit lire. Il me regarde et me dit : « Je ne comprends pas. » Il me le dira souvent pendant les deux ans qu'il passera avec moi. Il est buté et fâché. Je le contrains à lire. C'est lent, erreur de son, retour en arrière, nouvelle erreur, si je corrige il oublie le début déjà lu, si je ne corrige pas le mot n'a pas de sens. Il ne peut pas lire cette consigne. Je la lui lis à voix haute, il me regarde, et hop, il fait. C'est tout bon. « Je peux aller en récré ? » Heureusement qu'il y a des récrés à l'école primaire.

René ne sait pas lire

René n'a pas redoublé le CP, on ne redouble plus le CP depuis les cycles de la loi Jospin (1989)[1]. Il a redoublé le CE1, une classe où l'on n'apprend pas à lire, mais où les autres lisent couramment et où tout ce qui se passe est fondé sur la lecture... Les enfants qui ne lisent pas y sont malheureux. René est malheureux.

Dans ma classe, plus tard, il reprendra un peu confiance, il se lancera le plus souvent dans le déchiffrement, mais il me sortira régulièrement son « J'ai pas compris » qui lui sert d'argument pour ne pas faire. Il lit un peu maintenant, mais n'a jamais lu de roman de plus de quinze pages. Il ne sera jamais lec-

1. Cf. « Maintenir ou faire redoubler », p. 253.

teur avéré, seulement déchiffreur. Il fuit toute lecture avec un art consommé. Il déploie des trésors de stratégie pour faire sans lire. Il y est même remarquable. L'absence de lecture l'a empêché d'atteindre facilement les abstractions. Sa mémoire a peu travaillé : paresse native ou manque de cet entraînement d'haltérophile qu'aurait été la méthode syllabique. Difficile à dire...

Son petit frère, profil très proche, lui ressemblant beaucoup, même physiquement, vient de passer deux ans dans ma classe. Il lit, ce qui lui est très utile pour son travail scolaire. C'est énorme. La différence, c'est que, depuis, nous avons un CP purement syllabique. Le petit frère était dans le premier wagon de CP syllabique de l'école. Bien sûr, la méthode syllabique ne va pas transformer tous nos élèves en petits génies. Mais je suis persuadé que René a été perdu par la méthode globale-naturelle-phonétique-à-hypothèses, qu'il aurait mieux appris à lire avec une méthode syllabique, que sa scolarité se serait bien mieux déroulée et que ses parents se seraient fait moins de cheveux blancs.

Il ne nous reste en fait comme bons lecteurs que ceux qu'on n'a pas réussi à empêcher de lire et quelques autres. Ceux qu'on n'a pas réussi à empêcher de lire ? Tout le monde en connaît. Ceux-là auraient lu de toute façon, ils voulaient lire et, dès qu'ils ont pu, ils ont récupéré quelques informations sur le bruit que font les lettres, se sont jetés sur les romans enfantins à leur disposition et ils ont lu. La quantité de mots lus a fait le reste. Mais ils sont nuls en orthographe. Je ne fais pas une propagande qui collerait mieux à mon propos sur la dernière syllabe. Je sais de qui je parle et il y en a plus d'un qui a dépassé l'âge de vingt ans. Les jeunes gens d'aujourd'hui ont un sérieux problème d'orthographe. Mais quelques-uns ont quand même appris à lire et à écrire sans faute.

Un jour, je donne des livres scolaires à couvrir à une maman d'ancienne élève qui le fait gentiment parce qu'elle soutient l'école, qu'elle a du temps et qu'elle a gardé un bon souvenir de notre travail. Il faut dire que son aînée a particulièrement bien réussi sa scolarité, mais alors, particulièrement bien... On en a eu quelques-uns comme ça. La soigneuse maîtresse du CP de l'époque, dévouée et sérieuse mais très globale-naturelle-phonétique-à-hypothèses, était souvent fière de ces réussites exemplaires qui confortaient sa méthode et nous aussi du même coup, qui pouvions espérer le passage toujours agréable de quelques phénix dans nos classes. Quelquefois, comme par exemple pour le petit Julien, ça donnait lieu à un passage anticipé, c'est-à-dire que le bonhomme sautait une classe; celui-là est entré en CE1 à Noël... Un jour donc, je donne à couvrir à cette dévouée maman d'ancienne élève une méthode Boscher. La méthode Boscher, citée plus haut, est reconnue par les modernes comme la plus stupide des méthodes syllabiques. Le simple fait de prononcer son nom dans ma classe à l'école normale aurait provoqué une hilarité générale. Mais personne ne s'y est jamais risqué.

Pourtant, cette méthode a permis d'apprendre à lire à la quasi-totalité des gens qui ont quelques années de plus que moi. C'est la méthode de lecture des années 1950. Plus ringard, tu meurs. Je venais d'acheter, chez Belin, cette méthode décriée, parce que je voulais la voir, à une époque où je commençais à me poser de sérieuses questions sur le global-naturel-phonétique-à-hypothèses. Et, surtout, je me retrouvais avec, au CM2, le jeune W., pur illettré après une scolarité entière dans notre école, ce dont je n'étais pas fier. Ah, la géniale méthode ne lui avait pas fait sauter de classe à ce petit bonhomme-là, mais il avait fallu lui en faire doubler : à douze ans, il ne lisait toujours pas. Alors perdu, pour perdu, j'ai acheté une méthode Boscher chez Belin. Et lorsque je l'apporte à couvrir à ma dévouée maman d'ancienne élève – la maman de cette jeune fille qui avait si bien réussi son CP –, celle-ci s'exclame, en apercevant la couverture aux dessins vieillots : « Oh, une méthode Boscher, c'est avec ça que j'ai appris à lire à ma grande ! Je ne sais plus où je l'ai rangée... Ah oui, je l'ai prêtée à la maman de Julien pour qu'elle lui apprenne à lire avec et je crois qu'elle ne me l'a pas rendue. »

J'ai les jambes coupées. Nos deux derniers cracks en lecture, les deux fiertés de la méthode globale-naturelle-phonétique-à-hypothèses de notre école, avaient en fait appris à lire avec... la méthode Boscher ! Ce qui leur a donné un an d'avance ou la tête de classe jusqu'aux premiers prix du concours général... De retour chez moi, je me suis assis, j'ai bu un whisky et j'ai reconsidéré calmement bien des choses.

Il va bien falloir que ça cesse

Qui est à l'origine de toutes ces stupidités, de tout ce gâchis ? La responsabilité des progrès de l'illettrisme et le bousillage aveugle de générations entières de lecteurs, c'est trop. J'ai été formé aux méthodes de lectures naturelles semi-globales à hypothèses sous le patronage de Foucambert, « grand prêtre » (*sic*) de la lecture dans l'Éducation nationale à l'époque et pour un bon moment encore, et théoricien de l'Association française pour la lecture.

Ils disent tous que c'est fini, le ministre dit que c'est fini. Que les méthodes globales, semi-globales, naturelles et semi-naturelles ou à hypothèses sont en perte de vitesse. Et que j'enfonce des portes déjà ouvertes. Si ces méthodes ne sont qu'en perte de vitesse, c'est qu'il en reste encore dans les écoles. Que vingt-cinq élèves subissent encore ça, c'est vingt-cinq de trop. Et puis il faut réfléchir à ce qu'on a fait pour savoir ce qu'on fera. Il faut analyser, expliquer ces erreurs que je juge monstrueuses. Il va bien falloir que nous analysions les échecs passés comme les échecs qu'ils sont, ne serait-ce que pour voir si nous ne les continuons pas actuellement.

Messieurs les modernes, vous n'allez pas continuer à pérorer du haut de vos perchoirs pédagogiques, pour nous prêcher une autre nouvelle théorie qui n'aura pas plus de raisons que la dernière d'être bonne ? Il va bien falloir qu'on vous décrive la catastrophe culturelle dont *vous* êtes responsables, et que vous assumiez vos responsabilités. Vous m'avez largement fait assumer les miennes quand je ne voulais pas vous suivre dans vos marais. Car l'Éducation nationale a un très grave problème d'encadrement : chez nous, on sélectionne sur l'orthodoxie. Et pour penser ce que je viens d'écrire, je ne serai jamais professeur des écoles, je gagnerai toujours cinq cents euros de moins que mon collègue au même poste...

Presque tous les CP continuent à fonctionner au moins en partie sur ces bases fausses. Tous les manuels de lecture sont globalistes. Ainsi, presque toutes les classes de CP perdent un certain nombre d'enfants qui auraient dû devenir des lecteurs. Et les inspecteurs veillent : si jamais ils ont la chance de trouver un instituteur qui n'est pas outrageusement globaliste, ils le « redressent » très soigneusement, sûrs de leur supériorité de théoriciens, ravis de pourchasser l'infâme réaction.

Jusqu'ici, je tâchais assez soigneusement de conserver une solidarité professionnelle. Je faisais comme le deuxième médecin que l'on consulte parce qu'on est encore malade, je ne critiquais pas le premier. Mais j'ai prévenu mes cousins et mes neveux, et finalement tous les parents qui me l'ont demandé, d'essayer de savoir quelle méthode a cours dans le CP de leur petit afin de pouvoir faire le travail d'accompagnement systématique si la méthode suivie les y contraint.

remier indice est souvent une curieuse volonté d'éloigner les parents, une sorte d'interdiction aux mamans de se mêler du travail de leurs enfants. On vous expliquera que vous ne devez pas intervenir dans l'alchimie du CP, qu'il ne faut surtout jamais « syl-la-ber », que ça irait à l'encontre de LA méthode – mais alors, syl-la-bez quand même, et la meilleure solution pour syllaber quand même, c'est d'aller acheter la moderne *Lire avec Léo et Léa*[1]. Ou bien une méthode Boscher, qui se vend par centaines dans presque tous les supermarchés (rien que cette considération-là devrait suffire à tirer des bilans).

Si on vous détaille les raisons du départ global de long en large, si on vous dit qu'il est normal que l'enfant ait du mal, que tout va se mettre en place doucement, si votre enfant rapporte des listes de mots qu'il ne sait pas lire et qu'il doit apprendre, si vous devinez qu'il n'y aura pas de manuel de lecture mais que les enfants vont écrire eux-mêmes les textes qui leur serviront de support pédagogique, alors méfiez-vous. Si votre enfant vous demande régulièrement de ne pas jeter les pubs du supermarché « parce qu'on lit des trucs dedans », comprenez alors que c'est ce qui va lui servir de manuel. Votre petit élève ne peut lire que le livre de l'école, mais pas un autre ? Il est capable de lire sa lecture du soir en regardant le plafond ? Ce sont encore des signes. On vous répète souvent ces phrases clés : « Il suffit d'attendre que ça se débloque. » Ou : « Pour l'instant, il n'a pas eu le

1. *Lire avec Léo et Léa*, *op. cit.*

déclic. » C'est révélateur : le maître attend que l'élève commence à se débrouiller seul, personne n'a donc encore commencé à lui apprendre à lire. Votre enfant dépérit, il n'a plus envie d'aller à l'école et là, c'est moins drôle. L'INRP théorise et, quelquefois, les enfants trinquent !

Car à l'extrême, et j'espère que c'est rare, les choses peuvent se passer ainsi. La hiérarchie a bien distingué le collègue global-naturel-phonétique-à-hypothèses, on lui a expliqué qu'il était en avance, précurseur, meilleur, membre de l'élite, que la méthode qu'il a choisie (comme si c'était lui qui l'avait choisie...) est la plus efficace, la plus intelligente. Parfois même le collègue, exalté par tant de distinction, peut laisser s'émousser l'acuité de son jugement. Et comme, dans la réalité, cette méthode est lamentablement inefficace et, hormis la tête de classe qui de toute façon aurait appris à lire sans instituteur, les autres petits rament, n'avancent pas, surtout si les parents respectent les consignes de non-intervention du début d'année. C'est le bazar dans leur tête, rien n'est carré comme les enfants aiment, rien n'est ni blanc ni noir, tout est gris et imprécis et on a envie d'aller jouer dehors. Alors, quand ça ne marche pas, est-ce la faute du distingué maître, précurseur d'élite, élu de sa hiérarchie, ou bien de son intelligente méthode, si supérieure aux autres ? Bien sûr que non ! C'est forcément à cause des mômes et de leur maudite envie d'aller jouer ! L'ambiance peut s'en ressentir. Alors il va bien falloir que ça cesse.

Je ne veux pas médire plus que ça de mes collègues, souvent très dévoués. Un seul ou quelques-uns des tics que je dénonce ne font pas le maître inefficace. Souvent, d'ailleurs, les enseignants ne méritent pas tant d'opprobre. Ils auraient plutôt tendance à réussir à apprendre à lire aux élèves malgré les méthodes imposées. Ça n'empêche qu'ils travailleraient bien mieux à partir de théories efficaces. Ça n'empêche qu'il va bien falloir qu'on arrête tout ça rapidement. Et si votre enfant de six ans tombe sur un ou une fan de la méthode naturelle ou semi-globale, intervenez, commencez la contre-propagande, expliquez qu'il ou elle est en retard, ringard, que ce n'est plus à la mode, que seuls quelques arriérés en sont encore là.

Et, surtout, faites le travail vous-même. Comme un parent d'élève sur trois le fait déjà. Sans le dire. Cette année encore, j'ai inscrit des élèves venant de l'extérieur. Une maman m'annonce que l'un de ses enfants a eu quelques troubles dyslexiques, cinquante séances d'orthophonie, une confusion entre *p* et *b* à l'écrit seulement. Elle est très précise dans sa description, très technique même, elle souhaite que je fasse attention à la question, c'est une maman attentive à ses enfants. J'essaie de connaître le nom de la méthode de lecture. Il n'y en avait pas, la maîtresse donnait des feuilles jour après jour. Je demande si c'étaient des textes d'enfants, c'est-à-dire une méthode naturelle. Non, la plupart du temps, il s'agissait de textes pris dans un livre qu'elle donnait jour après jour, pour éviter que les parents fassent le travail à la place des enfants. Ce volontaire maintien à distance des parents est caractéristique. Je lui dis simplement que son enfant n'est sans doute ni malade, ni dyslexique, ni idiot mais qu'il est possible que quelques-unes de « nos » méthodes de lecture ne soient pas adaptées. Nous visitons l'école et nous inscrivons le petit et ses frères sur le registre. Au moment de prendre congé, elle m'interrompt : « Si vous ne m'aviez pas parlé de lecture tout à l'heure, je ne vous l'aurais pas dit, mais j'ai récupéré à la mairie de mon village, avant qu'ils ne soient brûlés, quelques vieux livres d'école. Et lorsque j'ai vu comment la maîtresse commençait la lecture, j'ai pris une méthode Boscher et j'en ai fait un peu avec lui tous les soirs. D'ailleurs, ça ressemble beaucoup à ce que fait l'orthophoniste. Mais je ne l'ai pas dit, parce que l'année dernière, une maman qui faisait pareil l'a avoué à la maîtresse qui ne lui a plus adressé la parole de l'année. » Je lui ai montré le petit manuel blanc et rouge rangé dans mon bureau. Elle a souri. « Oui, c'est bien celui-là... »

Cette maman a sauvé son petit garçon toute seule. Avec son bon sens de mère, qui n'a pas tout à fait suffi à éviter quelques erreurs : elle manque un peu de métier. Le petit lit bien, la confusion *p* et *b* va être vite réglée.

Un rayon de soleil dans la nuit

Que proposer, me direz-vous ? La méthode syllabique ne sauve pas tous les mauvais lecteurs. Elle ne transforme pas tous les enfants en lecteurs avérés.

C'est comme s'il y avait une échelle avec différents degrés : le vrai lecteur, qui lit des dizaines de romans par simple plaisir et sans aucun effort; le lecteur efficace, qui lit facilement des textes informatifs; le lecteur utile, capable de tirer le renseignement qu'il cherche dans un texte; le lecteur déchiffrant qui bute mais qui comprend; et le non-lecteur, qui ne lit rien sinon à grand-peine. Il semble que les méthodes globales-naturelles-phonétiques atteignent systématiquement un ou deux degrés de moins que ce qu'on aurait atteint avec une méthode ouvertement syllabique. Et s'il y a des lecteurs globaux, ils sont nuls en orthographe. Plus grave, ils ont tendance à être intellectuellement peu rigoureux. J'ai vraiment envie d'écrire qu'il y en a qui ont réussi à devenir lecteurs malgré la méthode globale-naturelle-phonétique.

Je ne suis qu'un forgeron qui crie parce que le fer est cassant, je ne suis pas l'ingénieur métallurgiste. Celui-là, il est à l'INRP ou dans les instituts universitaires de formation des maîtres (IUFM), qui remplacent les Écoles normales depuis la loi Jospin de 1989. Et tous les artisans de base qui, comme moi, crient que le fer est cassant, sont relégués au fond de l'atelier. Les ingénieurs de la pédagogie sont bien trop forts pour avoir besoin d'entendre les plaintes des artisans. Mais il y a eu beaucoup de fer cassé. Et il y en aura encore.

« La méthode syllabique est un retour en arrière. » Rien que la formule « retour en arrière », qu'on m'oppose systématiquement, est déjà une manipulation d'opinion, une formulation négative. On ne retourne jamais en arrière, on doit tenir compte de ce qui vient de se passer – et ici c'est un échec monstrueux. Mon propos est d'abord de dénoncer. Il y a un bilan à faire. Parce que j'observe les conséquences, je les décris, et j'essaie d'en trouver la cause. La déduction est tellement criante et évidente qu'on peut se demander comment plus de voix ne se sont pas déjà élevées, ou alors pourquoi elles n'ont pas été entendues... Là, et c'est peut-être grave aussi, il y a un système installé. Il y a partout des chœurs, des claques organisées pour siffler les propos qui sortent de l'orthodoxie, des persiflages systématiques. Il y a eu, et il y a encore, une propagande permanente, qui montre du doigt les blasphèmes antididactiques, qui fustige les hérésies pédagogiques, qui fait huer tout propos non conforme pour l'empêcher d'émerger, mais aussi qui porte au pinacle tout zélateur, tout sectateur, tout orthodoxe violent. Il y a un système sectaire – j'hésite entre le fonctionnement des sectes religieuses et celui des cohortes staliniennes – dangereux dans la direction pédagogique de l'Éducation nationale. Elle a même ses « fous de Dieu ». J'en ai subi un...

La méthode Boscher, caricature du syllabage, est-elle ou non la bonne méthode ? On nous dit qu'elle n'est pas parfaite, qu'il y a peut-être eu depuis quelques progrès scientifiques à prendre en compte – je ne sais lesquels. Les illustrations du manuel sont vieillottes – ce n'est pas bien grave – et la méthode ne travaille pas sur les mots les plus courants. Maintenant, elle est cinq fois plus rapide que n'importe quelle méthode globale-naturelle-phonétique-à-hypothèses, trois fois plus simple à mettre en œuvre, deux fois plus efficace et surtout elle *rate* moins d'enfants, elle *bousille* moins d'élèves. Elle a fait ses preuves pendant des décennies, elle. Les autres méthodes, même semi-méthodes, sont fausses, partent de préceptes faux, ne marchent pas ou mal, sont très lourdes, demandent un travail fou et, surtout, elles *manquent* tout une frange d'enfants. Elles aussi ont malheureusement fait leurs preuves depuis trente ans. Elles transforment les lecteurs avérés prévisibles en lecteurs déchiffreurs et les déchiffreurs en non-lecteurs. Alors ça suffit. C'est tout ce que je dis.

Que faudrait-il faire, alors ? Ces observations, ces réflexions viennent de mon travail de tous les jours, du *terrain*, comme l'on dit. Elles méritent confrontation, études, vérification... Il faut être sûr de ce qu'on fait. Des deux choses que je peux avancer avec certitude, la première est celle-ci : si la pédagogie voulait enfin se muer en science, il faudrait en chasser tous ces gourous qui affirment toujours de plus en plus fort sans jamais modifier leur opinion en fonction des conséquences observées. Et la seconde : il faut qu'un observateur indépendant examine les conséquences [1], trouve de vrais protocoles d'observation et, déjà, les établisse et les vérifie. Nous n'avons aucun protocole d'observation expérimentale décent dans l'Éducation nationale [2]. Nous n'avons aucune théorie honnête. Scientifiquement, la pédagogie est complètement vide.

1. Je parle ici du travail des scientifiques, s'ils existent.
2. Cf. « Des notes à l'évaluation moderne », p. 265.

Quant au travail à fournir dans les classes, c'est mon métier. Alors, au même titre que mes collègues, je peux tirer quelques conclusions de mon expérience. Je pense simplement que c'est à l'école primaire que reviennent les travaux systématiques, les entraînements d'haltérophile, la musculation des neurones, l'entraînement de la mémoire. Les définitions, la systématisation et la modélisation. Comme on entraîne un coureur de fond, par beaucoup de courses différentes et répétées, de façon à être capable du marathon à venir. Je pense que les connaissances qui n'ont pas été systématiquement travaillées et confirmées à l'école primaire sont perdues à jamais. Les enfants du collège n'ont plus l'âge d'aimer les répétitions et les confirmations renouvelées. Les professeurs de collège n'ont pas la possibilité matérielle de le faire : ils manquent de temps, de continuité et ont un autre rôle, celui de faire avancer vers plus d'abstraction. Un enfant qui n'a pas appris à marcher au bon âge ne marchera jamais aussi bien que les autres et ne saura pas bien courir. Un enfant qui n'a pas appris à lire au bon âge ne lira jamais aussi bien que les autres et ne saura pas bien abstraire.

Dans la méthode de lecture doit figurer cet entraînement à reconnaître très aisément *be* et *ba*, *ou* et *on*, *ai* et *est*, *oi* et *oin*... C'est de la mémorisation systématique, travail assez exigeant pour le maître et les élèves, plus artisanal et répétitif qu'artistique et flamboyant, mais c'est pour ce travail que nous sommes payés. Ne pas le faire est un non-sens.

Depuis trente ans, aucune méthode de lecture résolument alphabétique n'a été éditée. Aucun éditeur n'a osé contrarier ce lobby dangereux des dictateurs du néo-globalisme. Seule la méthode Boscher est rééditée chaque année, par centaines d'exemplaires, et discrètement vendue au rayon parascolaire des librairies et des supermarchés, sans aucune publicité... Ce simple fait, à la fois édifiant et troublant, est un indice flagrant que quelque chose ne va pas.

Aucune méthode alphabétique éditée ? Si. Une. À compte d'auteur. Refusée par tous les éditeurs mais éditée par une association et diffusée pour l'instant par le bouche à oreille avec un taux de progression impressionnant, qui commence à faire se retourner les grands éditeurs scolaires, pour voir s'il n'y aurait pas là quelque bénéfice à tirer. Une méthode syllabique, progressive, où l'on ne lit que les lettres que l'on connaît. Une méthode qui marche, qui convainc les instituteurs en une seule année d'utilisation. Les faits sont têtus contre les théories fumeuses. Cette méthode a été créée par deux orthophonistes de centre médicopsychopédagogique lassées d'avoir à rééduquer des enfants prétendument dyslexiques et qui ne sont que des victimes de tout ce cirque global et qui prennent dans les files d'attente la place des enfants en vraie difficulté. C'est *Lire avec Léo et Léa*, disponible sur www.leolea.org ou chez tous les bons libraires.

La théorie pédagogique « hypothèse-vérification » ne s'applique pas à la lecture.

Leçon 3

Le calcul

« C'est une moins ? »

Audrey réfléchit toujours avec un doigt près de la bouche, comme ça, en cas d'erreur lue sur mes sourcils, elle n'a pas long chemin pour toucher sa lèvre en aspirant un sifflement de recul :

« Vvvvhhh ! Alors c'est une diviser ! »

Là, elle incline la tête, cherchant avec insistance une confirmation dans mes yeux.

Nous sommes debout devant le tableau. Les autres sont en récré, ils ont trouvé depuis longtemps. J'ai gardé Audrey pour comprendre. Quatre fois de suite, elle a enlevé le montant de son chèque de classe de neige du solde du compte de la coopérative sur lequel on le verse. C'est le vrai chèque dans sa main, et le vrai relevé de compte dans la mienne. Alors j'ai failli me fâcher. Qu'est-ce qu'elle me fait ? Pourtant, par expérience, je sais bien qu'il ne faut pas gronder face à une mauvaise compréhension. Au CM, un enfant qui ne comprend pas ne fait pas de la résistance sauvage ou de la comédie, il fait sans doute ce qu'il peut. S'il répond des choses qui ont l'air saugrenues, c'est qu'il parle d'autre chose, qu'il ne sait pas ce qu'on lui demande, qu'il ne voit peut-être même pas le problème.

Forcément, elle me regarde par en dessous puisqu'elle est plus petite que moi, levant la tête juste au moment de lancer sa réponse vivement, prête à la reprendre. À dix ans, elle ne veut pas avoir l'air bête devant les autres, ni même devant le maître tout seul, elle veut mon estime. Elle pense qu'elle n'aura cette estime que lorsqu'elle aura compris, c'est-à-dire réussi, trouvé. Elle est prête à beaucoup d'efforts pour ça.

Audrey est donc perdue mais, déjà, j'ai vu qu'elle a répondu quatre fois la même chose. C'est un point acquis : ce n'est pas par entêtement à répéter une ânerie ou pour me déplaire, comme ça me vient à l'idée à chaque fois, c'est seulement signe qu'elle a une fausse idée ou une mauvaise tactique, mais qui est toujours la même. Je dois trouver quelle fausse idée la tient. Le moment est venu.

La précision du vocabulaire

Quatre fois, elle a proposé une soustraction, puis, hésitante, une division. C'est un symptôme clair : elle veut trouver un résultat plus petit. C'est typique d'une stratégie erronée d'élève actuel : chercher l'opération qui permet d'atteindre un résultat qu'on devine plus petit. La soustraction et la division, dans l'esprit des enfants qui ont subi les maths postmodernes, permettent d'obtenir un résultat plus petit que le point de départ. Pour obtenir un résultat plus grand, ce serait l'addition ou la multiplication.

Je lui demande :

– Quand on aura fini, il y aura moins d'argent ou plus d'argent sur le compte ?

– Moins !

Elle veut effectivement « faire une moins », c'est-à-dire une soustraction. Mais comment a-t-elle choisi que le résultat serait inférieur au point de départ ? Je le lui demande gentiment.

– Je ne sais pas moi... Quand on verse, il faut faire une moins !

– Ah ?

– Ben si...

– Quand est-ce qu'on verse ? Qu'est-ce qu'on verse ? Tu verses des choses, toi ?

– Oui. Quand maman a fini de passer la serpillière, elle verse l'eau dehors.

– Elle la jette dehors ?

– Oui, elle la verse, quoi...

Là, j'ai de la chance. Le diagnostic est assez rapide. Audrey utilise le verbe « verser » le plus souvent quand elle jette dehors, ce qui fait qu'elle a en effet moins d'eau après. C'est pour ça qu'elle « fait une moins ». Le verbe « verser » lui donne l'idée de quelque chose en moins parce qu'elle l'utilise le plus souvent dans le sens « verser hors de ». À partir de ce moment-là, les choses vont vite.

– Est-ce qu'on peut verser de l'eau dans une bouteille ?

– Ben, bien sûr...

– Après, il y a plus ou moins d'eau dans la bouteille ?

– Plus ! répond-elle avec le ton de celle à qui on pose des questions stupides.

Puis elle ajoute :

– Comme sur le compte, on verse les sous sur le compte, après, il y en a plus... Que je suis bête !

C'est toujours ce qu'ils disent au moment où ils comprennent, c'est l'exclamation qui accompagne l'ampoule qui s'allume au-dessus de leur tête. Or c'est lorsqu'ils se disent bêtes qu'ils ne le sont pas. Ils trouvent qu'ils ont été bêtes juste avant, alors qu'ils ne comprenaient pas. Je réponds toujours que non, ils ne sont pas bêtes.

Elle finira le problème.

Et elle en finira d'autres après cette histoire de versement. Depuis ce moment, elle réussit beaucoup plus souvent les mathématiques, elle est plus précise dans les problèmes. Elle ne s'est pas tout d'un coup transformée en « bonne en maths » mais, du jour au lendemain, elle a changé d'attitude face aux problèmes abstraits.

J'ai souvent remarqué un lien entre le manque de logique, ou les défaillances de raisonnement arithmétique et le manque de précision dans le vocabulaire. Ici c'était un sens trop vague pour le verbe « verser ». Si un enfant n'utilise que des verbes imprécis, comme « faire » et « mettre », il raisonnera mal. Je crois voir un lien entre la précision du vocabulaire et la fiabilité du raisonnement.

À l'époque des francs, Donovan a écrit : « Le prix du mètre de drap est 198 francs. » Je lui ai demandé de m'expliquer : « Eh bien, c'est simple – il est très nature quand il explique ce qu'il a compris, il met la main gauche à la taille et agite la droite devant lui avec l'index levé pour marteler son propos –, c'est que tout le morceau de tissu coûte 198 francs. »

Il énonce un contresens : tout le tissu (18 mètres) ou un mètre de tissu ? Il l'énonce seulement. Derrière les mots erronés, il sait ce qu'il veut dire, et ce qu'il veut dire est juste. Ce n'est pas qu'il raisonne de travers, c'est seulement qu'il a un langage imprécis : pour parler d'une grandeur, il en donne l'unité usuelle. Il cherche les francs du pain, il parle du mètre de tissu. Francs pour prix, mètre pour longueur. Il utilise mètre dans le sens de métrage : « le prix du métrage de drap est ». Plus jeunes, vers trois ans, certains enfants appellent lumière la lueur mais aussi l'ampoule, la lampe, le plafonnier, l'abat-jour et même l'interrupteur.

Plus tôt la distinction entre ces différents objets de différentes natures se fait, plus tôt cette précision de vocabulaire est installée, plus la structuration des idées s'organise. Et plus les enfants seront rigoureux. C'est par la quantité de vocabulaire que s'en installe la qualité, et non l'inverse comme le prétendent les didacticiens. La précision de la phrase est un outil nécessaire au raisonnement. La précision de la phrase vient beaucoup de la quantité de vocabulaire. Il ne sert à rien que l'enfant se penche sur sa façon d'apprendre, il suffit qu'il apprenne beaucoup, et c'est de ce beaucoup que s'extrairont différents « modèles » de classements et de raisonnements. Les modernes prétendent construire l'intelligence des enfants en les amenant à considérer eux-mêmes les « métaconnaissances » qu'ils seraient en train d'installer dans leurs propres cerveaux. C'est l'histoire du cycliste qui descend de vélo pour se regarder pédaler. Les modernes sont d'immodestes Pygmalion.

Il y a là une autre question soulevée par l'enseignement des mathématiques : suffit-il d'un amas désordonné de livres pour que l'enfant travaille à les ranger et invente alors le « concept » de bibliothèque ? Ou bien vaut-il mieux une simulation, consciemment fictive et volontairement simplifiée pour pouvoir servir de « modèle » ? Faut-il que les enfants travaillent sur le vrai ou bien leurs exercices ne doivent-ils être que des questions fictives – des questions d'école. Le fait que le chèque soit vrai pour le vrai compte aide-t-il beaucoup Audrey ? Ou bien prend-elle la question exactement comme Donovan prend son problème d'arithmétique tiré d'un manuel ? Donovan n'est pas tailleur, il est élève de CM2, il le sait très bien, il sait très bien ce qu'il est en train de faire, et en plus il veut bien le faire.

Certains élèves ont un vocabulaire imprécis – ils ont « construit » eux-mêmes leurs définitions –, ils mélangent les grandeurs et les unités qui les mesurent – le travail sur les grandeurs et les unités a été complètement abandonné, puis interdit.

Pour comprendre ce qui s'est passé, on peut, comme pour la lecture, comparer des manuels scolaires, mais ils ont vraiment beaucoup changé. Jusqu'à leur nom : ils s'appelaient livres de calcul, ce qui était somme toute assez modeste. Ils s'intitulent désormais manuels de mathématiques. L'ambition était belle.

Voici l'exemple d'un livre de calcul de CE1 de 1960[1], au moment où il aborde la division (début janvier du CE1). Ce n'est pas le premier contact des élèves avec la division : des divisions simples par 2 et par 5 ont déjà été pratiquées et utilisées au CP.

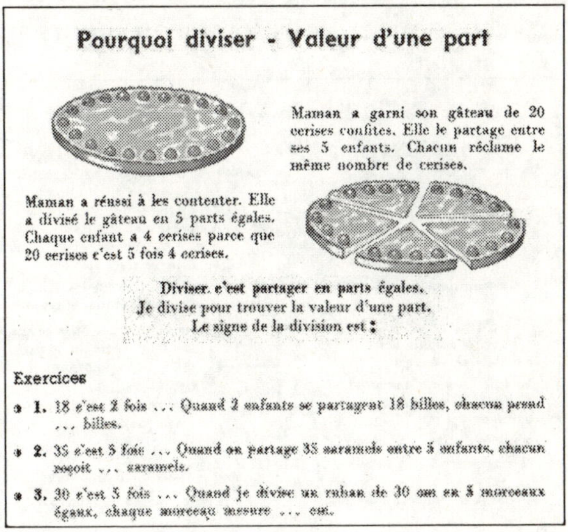

Pourquoi diviser - Valeur d'une part

Maman a garni son gâteau de 20 cerises confites. Elle le partage entre ses 5 enfants. Chacun réclame le même nombre de cerises.

Maman a réussi à les contenter. Elle a divisé le gâteau en 5 parts égales. Chaque enfant a 4 cerises parce que 20 cerises c'est 5 fois 4 cerises.

Diviser c'est partager en parts égales.
Je divise pour trouver la valeur d'une part.
Le signe de la division est :

Exercices

- 1. 18 c'est 2 fois ... Quand 2 enfants se partagent 18 billes, chacun prend ... billes.
- 2. 35 c'est 5 fois ... Quand on partage 35 caramels entre 5 enfants, chacun reçoit ... caramels.
- 3. 30 c'est 5 fois ... Quand je divise un ruban de 30 cm en 5 morceaux égaux, chaque morceau mesure ... cm.

Nous retrouvons du déjà vu : premièrement leçon, avec des définitions bien apparentes, puis exercices d'application, simples au début, progressifs. Et, pour la division, deux cas sont mis en évidence dans des cadres

1. Ardiot, Wanauld, Budin, *Calcul. Cours élémentaire*, Hachette, coll. « Classiques Hachette », 1960, p. 56.

de couleur jaune, qu'il faudra sans doute apprendre : « La division sert à trouver la valeur d'une part. »

« La division sert à trouver le nombre de parts. »

Ces leçons sont là pour le sens, expliqué aux enfants sur le modèle « à quoi ça sert ».

Plus loin dans le livre, on passe à la technique, après les triangles au compas, les additions d'heures, les nombres jusqu'à 10 000 et avant le système métrique, les périmètres et les surfaces, la distance parcourue à telle vitesse, le poids brut, le poids net, la tare, le gain, la dépense, l'économie... Nous sommes toujours au CE1.

Pose de la division - Valeur d'une part

La commune possède 23 drapeaux.
Le cantonnier a décoré
4 mâts.
A chaque mât, il a fixé
5 drapeaux.
Il lui en reste 3.
Avant de garnir également les 4 mâts, le cantonnier a fait l'opération suivante :

le DIVIDENDE c'est le nombre d'objets à partager. → 23

le DIVISEUR dans ce cas indique le nombre de parts qu'on doit faire. → 4

Le RESTE c'est le nombre d'objets qu'on ne peut plus partager. → 3

Le QUOTIENT dans ce cas indique la valeur d'une part. → 5

$$\begin{array}{r|l} 23 & 4 \\ \cline{2-2} 3 & 5 \end{array}$$

Solution : Sur chaque mât le cantonnier a fixé :

23 drapeaux : 4 = 5 drapeaux.
Il reste 3 drapeaux inutilisés.

ou bien

$\frac{23 \text{ drapeaux}}{4} = 5$ drapeaux.
Il reste 3 drapeaux inutilisés.

Exercices

1. 5 fois 6 = ... 8 fois 4 = ... 6 fois 3 = ... 7 fois 5 = ...
   ... : 6 = 5 ... : 4 = 8 ... : 3 = 6 ... : 5 = 7
2. $\frac{30}{5} = .$ $\frac{24}{.} = 6$ $\frac{27}{9} = .$ $\frac{20}{.} = 4$ $\frac{48}{8} = .$
3. 15 | 3 36 | 4 43 | 6 26 | 3 32 | 5

Il suffit de regarder, les mots sont donnés (« dividende », « quotient »...), expliqués, puis redemandés le lendemain dans une situation proche. Les objets concrets qu'on fait manipuler à l'élève, des drapeaux, apparaissent dans l'opération en ligne : *23 drapeaux : 4 = 5 drapeaux, reste 3 drapeaux*. Les exercices suivent, simples et nombreux. À la fin de ces deux leçons, le petit CE1 aura déjà fait plus de dix divisions à un seul chiffre au diviseur. Il en fera d'autres. Les auteurs insistent sur un de leurs objectifs dans leur préface.

> « Faire acquérir les mécanismes de base est indispensable parce que l'enfant ne goûtera le calcul qu'étant maître de ces mécanismes. Le CE est, par excellence, l'âge de cette acquisition. Notre livre offre une progression systématique dans l'étude des opérations dont toutes les difficultés ont été disséquées (14 leçons nous ont paru nécessaires pour étudier la division). Chaque difficulté circonscrite a encore fait l'objet de gammes graduées qui conduisent à l'acquisition définitive du mécanisme[1]. »

Prenons, pour comparer, le premier contact avec la division dans un manuel moderne[2]. Il faut attendre la page 98 (sur 220), également abordée en janvier, d'un livre de CM1, deux ans plus tard, pour trouver une activité comparable avec ce qu'on faisait à la sortie du CP en 1960. Mais avec quelques différences.

D'abord, les unités n'apparaissent plus dans les opérations. Ensuite, les deux cas d'utilisation de la division ne seront pas mis en évidence. On peut en effet, par soustractions successives, trouver le

1. Ardiot, Wanauld, Budin, *Calcul. Cours élémentaire*, *op. cit.*
2. Clavier, Bia, Maréchal, *Objectif calcul*, Hatier, 1987.

nombre de pas de 24 verstes qu'un géant qui doit en parcourir 650 doit effectuer. 650 verstes moins 24 verstes, puis encore moins 24 verstes, et encore moins 24 verstes... Mais si on devait calculer la longueur des pas qu'un géant devrait faire pour rejoindre son château en 36 bonds ? L'explication par soustractions successives, 650 verstes moins 36 bonds et encore moins 36 bonds..., n'aurait aucun sens. La technique proposée ne permet de comprendre que la moitié des divisions. Elle est simple à comprendre, mais longue à pratiquer. Elle n'est pas connue des parents, elle constitue donc une rupture dans la transmission culturelle. D'ailleurs, dans ce livre comme dans les programmes, l'algorithme général de la division ne sera abordé que partiellement. En tout et pour tout, dans le manuel qui me sert d'exemple, les élèves ne feront que six divisions entières complètes. C'est tout. Ils entreront au CM2 comme ça. Autant dire qu'ils ne sauront même pas les faire.

Les inversions déjà rencontrées en lecture ou en grammaire sont là. Ce sont les mêmes bases théoriques. L'exercice passe avant la leçon. Il est la découverte de laquelle s'extraira le savoir-faire, la compétence visée. En didactique des mathématiques, on appelle ça une « situation-problème ». La découverte remplace l'intelligence qui manquait auparavant dans l'apprentissage « dirigé » de la division. On donne un objet complexe, une situation à analyser. C'est l'analyse autonome, du tout vers l'élément. On ne commence pas par le plus simple, on commence directement par un diviseur à deux chiffres, pour que l'élève affronte tout de suite le cas général. Le but de la séance est qu'il construise lui-même sa technique de la division, comme le petit CP qui apprend à lire et qui doit « construire » lui-même le bruit que font les lettres. C'est le constructivisme : « L'enfant construit lui-même ses apprentissages. »

LEÇON DE MATHÉMATIQUES CHEZ LES MODERNES

Dans une leçon de mathématiques actuelle, le maître installe une situation qui pose un problème, le plus réaliste possible.

> Fabriquez une boîte distributrice de mouchoirs en papier, le carton et les ciseaux sont là. *Objectif : dégager des méthodes pour construire un patron, mettre en évidence qu'un solide peut avoir plusieurs patrons.*

Ou bien :

> Le géant aux bottes de 24 verstes se trouve à 5 940 verstes du château, va-t-il l'atteindre, et en combien de bonds ? *Objectif : comprendre le sens de la division entière, élaborer ses propres techniques de résolution d'une situation de division.*

Puis on laisse les élèves se dépatouiller. Un par un ou par groupes, ils se lancent alors dans la recherche. Et si je me moque un peu ici, c'est aussi de moi-même, parce que je continue de penser qu'il faut aussi que les élèves, à certains moments, apprennent à chercher seuls. Certains commencent à gribouiller des trucs, d'autres ont développé une vraie compétence à faire croire qu'ils participent au bouillonnement de la marmite, d'autres, tout de même, s'occupent vraiment de l'affaire en cours. L'idéal moderne serait qu'ils ne puissent pas avancer d'un pouce sans la solution. Ce seraient des exercices auto-évalués : « J'ai bon (la boîte tient debout et le trou est bien placé), je passe à la suite. » « Je n'ai pas bon (la boîte ne ferme pas, le trou est sur le côté...), je m'en rends compte tout seul et je recommence, si je n'en reste pas là... »

Si, comme les modernes, on s'impose de n'utiliser que des situations vraies, il va falloir que les instituteurs inventent soigneusement, pour chaque enfant qui doit travailler et comprendre une chose, la situation dont il ne sortira qu'en ayant inventé l'abstraction qui la résout. « Les “jeunes” doivent construire eux-mêmes leurs savoirs. »

Les modernes s'imposent beaucoup de choses. Il faut essayer de remettre l'enfant dans la situation de celui qui a inventé l'affaire étudiée. On va le mettre directement dans la peau de Pythagore, on va le plonger dans la baignoire d'Archimède, et attendre. Nos petits élèves ne reçoivent plus la culture de l'humanité, ils passent leur temps à essayer de la réinventer... Ça n'avance pas vite, et ce n'est jamais net et sûr.

Et quelle difficulté pour trouver ces fameuses situations autocorrectives, qui intéressent vraiment les enfants et qui couvrent une par une toutes les « compétences » mathématiques du programme !

Mais, surtout, c'est prendre les enfants pour ce qu'ils ne sont pas : ils ne sont pas autonomes puisqu'ils sont des enfants, et la plupart du temps ils réalisent très bien qu'il s'agit d'exercices scolaires dont la réalité est factice. Ils ne seront jamais ce dont rêve le maître moderne : un individu autonome, indépendant, placé dans la situation d'avoir à construire une boîte de mouchoirs sous peine d'y perdre son salaire. Ils ne sont pas ingénieurs dans une usine d'emballages. Ils sont des élèves de cours élémentaire qui font un exercice de géométrie et ils le savent très bien ! Et ils n'ont souvent que faire du réalisme de leur réponse.

« Il est préférable que les sanctions (réussites, échecs) ne proviennent pas du maître dont les finalités échappent à l'élève, mais qu'elles soient apportées par la situation elle-même[1]. »

Et si ce n'est pas le cas, parce que ce n'est jamais le cas, il nous reste la panacée : le « conflit sociocognitif », une des merveilles, à toutes sauces utile, de la pédagogie moderne, inventée par les didacticiens des mathématiques qui rendent ainsi service au reste de la « communauté éducative », ce dont ils ne sont pas peu fiers.

Une des rédactrices des nouveaux programmes, professeur de mathématiques dans un IUFM, nous l'a expliqué en conférence pédagogique : il s'agit d'organiser le débat entre les élèves confrontés à une « situation-problème » ; il faut leur apprendre à sur-

1. Ermel, *Apprentissages mathématiques à l'école élémentaire*, cycle moyen, tome 1, INRP, SERMAP Hatier, 1981, p. 25.

monter leurs éventuels désaccords, en construisant « un débat indépendant des préjugés et des idéologies », en organisant le « conflit sociocognitif »... En clair, elle propose qu'on les fasse discuter entre eux pour savoir lequel a raison. Il suffirait alors de les empêcher de se disputer sur la place du trou de la boîte de mouchoirs, pour qu'ils en arrivent automatiquement à prouver leurs dires.

« Moments et fonctions de communication : les phases de recherche en équipe sont [...] des occasions propices de communication [...] et de manifestation d'attitudes de preuves [1]. »

Cette preuve, émanant du discours conflictuel et que le maître doit réussir à faire passer devant la force physique, emportera la conclusion du débat... La prof d'IUFM demande très sérieusement qu'on fasse « émerger du groupe de discussion une culture mathématique ». Faire « émerger » de l'enfant ce qui y serait enfoui ? Caché là, et par qui donc ? La culture mathématique serait déjà dans le cerveau des enfants et il suffirait de l'en faire sortir en les laissant discuter entre eux, mais en veillant à ce qu'ils ne se donnent pas trop de coups de poing dans le nez pour décider qui a raison. Il faudrait leur apprendre à tisser leurs relations sociales, à canaliser leurs émotions, pour qu'il en sorte des mathématiques. Il faut travailler ce qui ne se travaille pas, et ne pas travailler ce qui se travaille.

1. Ermel, *Apprentissages mathématiques à l'école élémentaire*, *op. cit.*, p. 42.

La démonstration d'un fait, qui n'est plus au programme désormais d'aucun lycéen – sauf les terminales, série S, option maths –, devient un objectif de l'école primaire et le moyen pour y arriver, une fois de plus, est de laisser s'exprimer la nature. Il suffit de faire « émerger ». Je n'exagère pas. Tout est malheureusement vrai.

Ainsi, la classe de mathématiques contemporaine avance de jour en jour en essayant de faire fleurir ses intuitions enfantines. Lorsqu'une bonne intuition apparaît, le maître en est si visiblement satisfait que l'enfant se réjouit... La vérification qui aurait été nécessaire, le vrai fait mathématique – que l'enfant n'énonce son résultat qu'à coup sûr – sont remplacés par la satisfaction du maître, lisible à sa hauteur de sourcils, le système qu'on voulait justement éviter. Les objectifs d'autonomie intellectuelle ne seront pas atteints. Tous les élèves vont ainsi chercher à obtenir le succès social apporté par une bonne réponse à voix haute, alors ils vont toutes les essayer : ainsi, les modernes leçons de mathématiques se transforment en séances bruyantes de devinettes à nombreuses réponses plus ou moins fantaisistes et qui se chevauchent les unes les autres, entre des groupes de taille variable, dans le brouhaha de la classe. C'est le respect total de la parole enfantine. On ne travaille plus que ce qui ne se travaille pas : l'intuition. Et le bavardage infondé. Mais jamais on n'exploite ces intuitions, jamais on ne systématise, jamais on n'installe fermement des lois ou les techniques opératoires nécessaires. Jamais on ne dépasse vraiment le niveau de l'intuition pour avancer vers la pensée abstraite.

Et la bonne élève de sixième, sage et sérieuse[1], qui a tout fait comme on le lui avait appris, a mis plus d'une heure à diviser 367 234 par 60. Elle a fait des dizaines et des dizaines de soustractions, comme le propose le livre moderne. Elle n'a pas pu finir, elle a pleuré.

En 1970, les « maths modernes à l'école » ont été les premières à s'attaquer au certificat d'étude, symbole de l'école de Jules Ferry, inaugurant au passage la nouvelle méthode de travail des cadres de l'Éducation nationale. Pour démolir le « certif », il fallait démolir les instits. Comme des missionnaires en Afrique, inspecteurs et conseillers, professeurs et chercheurs sont descendus dans nos campagnes, pour, dans des conférences exceptionnelles, expliquer aux instituteurs d'alors que ce qu'ils avaient fait jusqu'ici n'était pas bon du tout et que, désormais, grâce à cette vérité qu'on allait leur révéler, ils pourraient enfin éveiller l'intelligence des élèves, étouffée par l'excès de calculs et d'arithmétique. C'était la première offensive organisée; c'était la première utilisation à grande échelle des techniques de rééducation de toute une profession. C'était le vrai début de la grande fin.

Ils ont fait pleurer Mme Le Clainche, ma maîtresse de CP. Elle s'est réveillée toutes les nuits de ce sombre été en se demandant si elle saurait faire, en se

1. Consulter le site de Michel Delord, professeur de mathématiques, http://michel.delord.free.fr/ferry_calc2.pdf.

demandant ce que, jusqu'ici, elle avait fait. Elle qui nous faisait mettre des chemises et des salopettes aux lettres de l'alphabet, elle qui savait si bien nous faire tout lire avant Noël et tout compter sans jamais élever la voix plus haut que « saperlipopette », sans jamais nous avoir donné l'impression de travailler, ni celle de s'ennuyer. Et pour remplacer ses dominos et ses bûchettes, ses douces exigences, ses images et ses bons points – il en fallait dix pour un bonbon –, nos nouveaux experts proposaient, sérieusement et fermement, des intersections d'ensembles non disjoints et des réunions d'ensembles disjoints, ou des calculs en base huit; ils enlevaient les centimètres de nos opérations, supprimaient la division du CP et ne tardaient pas à proscrire la règle de trois pour imposer les tableaux de proportionnalité.

On le sait maintenant. Ç'a été une faillite complète, c'était ridicule de stupidité. Destructeur. Ils prétendaient faire l'économie du concret, pour amener directement les enfants à l'abstrait. Ils voulaient sans doute économiser toutes ces heures coûteuses perdues en triviales études concrètes, en calculs répétés, en problèmes d'argent ou de mesure.

On ne peut pas.

On ne peut pas conduire facilement un vélo effilé de champion sans avoir commencé par le tricycle. On ne peut pas interdire le tricycle. Et c'est pour cet échec retentissant qu'ils ont fait pleurer Mme Le Clainche. C'est elle qui avait raison, c'est elle qui savait faire, elle connaissait des trésors de façons de faire et de tours de main de maîtresse d'école, perdus maintenant que deux générations d'instituteurs sont passées. C'était elle, la perle de nacre. Et vous avez marché dessus avec vos chaussures de ville. Elle n'a pas osé, devant tant de science, défendre ses tours de main. Elle avait pourtant pratiquement et donc théoriquement raison.

Depuis les « maths modernes à l'école », il y a un livre mythique, très cher, avec beaucoup de volumes, qui propose une situation-problème pour chaque compétence, qui couvre tous les besoins d'auto-apprentissage de l'enfant. C'est un livre de didactique des mathématiques, sans cesse réécrit par un groupe de didacticiens toujours renouvelé, qui sert de base à tout ce qui se fait dans les IUFM et à tous, absolument tous, les manuels de maths actuels. Un peu comme pour la lecture, un seul modèle, pas vraiment obligatoire, mais il n'y a que celui-là dans les livres. Un membre de la hiérarchie pédagogique m'a bien fait savoir que *le* Ermel, il fallait le suivre mais qu'il était difficile à lire, que c'était un livre pour les spécialistes, les chercheurs en didactique, qu'il fallait un tel travail pour inventer la situation-problème d'une seule « compétence-visée » que ce n'était pas vraiment fait pour les instituteurs. Il faut le suivre, mais pas le lire. C'est comme la Bible d'avant les protestants. La didactique est une science réservée aux initiés. Les didacticiens se sont auto-installés comme notre clergé. Ils se sont arrogé les pouvoirs intermédiaires entre la divinité nouvelle et la plèbe des enseignants de base...

Ils énoncent leurs principes – à comparer avec les objectifs du livre de calcul de CE1 : « Dans la classe, il est nécessaire que les relations pédagogiques conduisent les élèves à percevoir qu'il leur appartient d'établir eux-mêmes leurs convictions mathématiques et, pour cela, de prendre des initiatives, de mettre en œuvre les moyens dont ils disposent [et] de s'appuyer sur les échanges qu'ils ont entre eux[1]. »

Le maître peut presque sortir, il n'est plus très utile, il n'est plus que l'animateur des nombreux jeux et bricolages en groupe proposés par le livre et du « conflit sociocognitif » dont, bien sûr, émergera la « preuve » qui remplacera le petit cadre jaune de la leçon de 1960. Mais ils dénoncent aussi les tares de l'école du passé dans laquelle, avant les apports de la didactique moderne, « les élèves devaient savoir calculer mentalement 48 × 1,25 mais n'étaient pas censés connaître d'autre méthode que le calcul écrit pour trouver 48 × 1,2. [...] Par ailleurs, la démocratisation des procédés électroniques de calcul met à la portée de chacun des outils incomparablement plus performants que le calcul humain[2] ».

Je traduis : rien ne sert de calculer mentalement, il suffit d'avoir une calculette !

Multiplier par 1,25 est en fait une suite du calcul mental traditionnel sur les moitiés. Savoir calculer de tête la moitié de n'importe quel nombre jusqu'à

1. Ermel, *Apprentissages mathématiques à l'école élémentaire*, *op. cit.*, p. 26.
2. Ermel, *Apprentissages mathématiques à l'école élémentaire*, *op. cit.*, p. 96.

200 me semble, à moi, très utile. Non seulement le calcul mental est le seul moment de la vie des enfants où les nombres deviennent les purs nombres abstraits que les modernes souhaitent tant faire découvrir, mais, en plus, savoir prendre la moitié d'une quantité permet mille estimations, mille partages de la vie courante... Je les y entraîne. En 1960, on faisait ça dès le CP. Couper en deux, c'est diviser en deux mais aussi multiplier par 0,5. Je veux que ce savoir-faire devienne un outil dont ils pourront se servir, je fais tout pour qu'ils y soient rapides, à l'aise et confiants. Comme quand je leur apprends le virage élémentaire à ski en classe de neige. Parce que avec un virage élémentaire, on en fait de grandes choses. Alors, 1,25 ? Couper en deux, deux fois de suite, c'est couper en quatre (prendre le quart de), c'est-à-dire multiplier par 0,25. Trois fois de suite, c'est couper en 8, c'est-à-dire multiplier par 0,125. Multiplier par 1,25, c'est couper en 8 puis multiplier par 10. Multiplier par 1,25 c'est donc multiplier par la fraction 10/8.

Tout ça n'a sans doute pas grand intérêt pour vous, messieurs les didacticiens supérieurs qui parlez si légèrement de ce que vous ne faites pas. Quant à calculer 48 × 1,2 de tête, mes élèves s'y entraînent. C'est prendre 48 et y ajouter deux fois le dixième de 48 soit 9,6. Calculer ce genre de chose mentalement fait partie de ce que je crois nécessaire à la compréhension de la numération décimale. Je crois qu'il faut avoir multiplié par un nombre décimal de tête pour comprendre vraiment ce que sont les dixièmes par rapport aux unités. Alors je le fais faire. Et c'est vous, messieurs les modernes, qui avez enfin obtenu que la multiplication par un nombre décimal ne soit plus au programme du primaire, ni par calcul mental, ni par calcul écrit, depuis 1995. C'est vous qui ricanez sur les vieux instituteurs qui faisaient, mécaniquement donc un peu bêtement, multiplier par 1,25, les fustigeant parce qu'ils ne faisaient rien pour multiplier par 1,2.

Maintenant que le groupe Ermel tient toute la mathématique du primaire depuis plus de vingt ans, la question est, hélas, résolue : personne ne multiplie plus ni par l'un ni par l'autre, ni de tête ni en posant l'opération. Ils ont tout simplement supprimé la multiplication par un nombre décimal des programmes du primaire. Voilà un de leurs véritables titres de gloire. C'est une faillite.

Jamais on ne systématise, jamais on ne légifère, jamais on ne mémorise, jamais on n'ordonne les choses. Le déficit actuel en calcul mental en est la preuve. Ce travail systématique et quelquefois fastidieux – on peut le rendre attractif – n'est plus beaucoup pratiqué. Et les élèves n'ont plus dans la tête des notions bien installées de quantité que donnait, par exemple, l'apprentissage des tables. Ni de notion d'ordre de grandeur. Ni de pratique aisée et simplifiée des chiffres et des nombres pour les transformer en ces efficaces outils de manipulation de quantités.

Il est arrivé au calcul mental en mathématiques ce qui est arrivé à l'orthographe pour le français. C'est devenu la science des ânes car il faut apprendre et répéter, ânonner et chanter; c'est scolastique, dinosaurien, et vos enfants ne sauront donc pas compter. On ne pourra pas m'empêcher de penser que c'est en apprenant les tables jusqu'à celle de 15 qu'on comprendra, par exemple, la distributivité de l'addition par rapport à la multiplication. C'est en calculant que 12 × 15 c'est 10 × 15 (ce qui est simple) et encore deux fois quinze en plus. Facile à montrer, facile à prouver, facile à mémoriser, facile à généraliser... Quand le professeur de maths de quatrième abordera la distributivité avec des élèves qui savent bien multiplier mentalement par 15, il devrait avancer assez rapidement. L'abstrait se tire du concret, et l'abstrait d'hier sera le concret de demain duquel on tirera un nouvel abstrait.

Quel instituteur réactionnaire je dois être, moi qui fais apprendre les tables de multiplication jusqu'à 15, ce qui est bien plus facile qu'il n'y paraît ! Je pense, par expérience pratique, que les nombres décimaux n'entrent pas bien dans les consciences si on ne les a pas manipulés mentalement. Je crois qu'il faut savoir, de tête, ajouter 0,8 à 4,5 pour comprendre les dixièmes. Et pour y arriver, il faut s'entraîner. Et si on s'entraîne, si on y joue souvent, ça prend forme, ça devient facile, comme un jeu bien connu auquel on a plaisir à jouer ; comme les galets polis par la mer, les nombres peuvent être travaillés jusqu'à devenir les outils efficaces et lisses de manipulation des quantités.

Je crois que la construction des mathématiques dans la tête de mes élèves passe par la manipulation des quantités, des grandeurs et de leurs unités. C'est-à-dire par une illustration arithmétique, physique, palpable, par des pommes et des euros, des poires et des kilos, des ficelles et des mètres et pourquoi pas des robinets et des litres. J'affirme que l'abstrait s'extrait du concret, au moins dans les têtes d'enfants. Mais je m'avance peut-être. J'aurais besoin de vrais psychologues, de vrais matheux et peut-être même de vrais philosophes : je n'ai jamais pu avaler l'idée que les mathématiques seraient seulement hypothético-déductives. Et si elles le sont, alors c'est que la psychologie enfantine ne peut pas l'accepter; je suis presque sûr qu'il faut manipuler des carottes, des cartes à jouer, des euros et surtout des mètres et des centimètres au lieu des nombres purs et abstraits comme on nous oblige à le faire depuis les maths modernes.

Alors quoi ? Qu'est-ce que les « mathématiques modernes » ont donc fait de l'arithmétique ? Où est-elle passée ?

Les « mathématiques modernes » ont unifié les diverses mathématiques (analyse, algèbre, topologie, intégration...) en une seule : « la mathématique ». Douze mètres cinquante de tissu à 8,40 euros le mètre, ont décrété les didacticiens, singeant les Bourbakis[1] jusque dans la fabrication de leur groupe de travail, c'est de la physique qui manipule des quantités avec leur système d'unités usuelles. Ça n'a rien à faire avec « la mathématique » qui, elle, ne manipule que l'abstraction. Un nombre est une abstraction. Le

1. Nicolas Bourbaki, nom du célèbre groupe de mathématiciens français qui a rédigé « La théorie des ensembles » dans l'ouvrage collectif *Éléments de mathématique* – sans « s », Hermann, 1939-1998.

3 de 3 pommes, ce n'est pas 3 pommes, c'est le cardinal de l'ensemble des pommes.

Exit les problèmes de pommes. C'est de la physique. Les instituteurs d'avant pensaient que les histoires de pommes, ou de partages inégaux d'argent et de surface de terre, ou de cuves qui se remplissent, c'était de l'arithmétique. Comment l'arithmétique a-t-elle été supprimée ? On l'a sortie du cadre. On a décidé que l'arithmétique ne faisait plus partie de « la mathématique ». Elle en a pourtant été un secteur au même titre que l'algèbre, non ?

Comme les nombres sont pures abstractions, il ne faut plus les manipuler qu'en tant que tels. L'opération racontant une histoire concrète de 3 poupées à 6,40 euros, la poupée devra s'écrire 6,40 × 3 (ou 3 × 6,40 car la multiplication est une loi de composition commutative), mais surtout pas 6,40 euros multipliés par 3 (6,40 euros × 3), parce que les euros sont des unités monétaires qui transforment notre pure opération mathématique en vulgaire opération de comptabilité, qui, les modernes le disent, n'est pas de la mathématique ! La multiplication « algébrique » est commutative, mais la multiplication arithmétique, lorsqu'elle apparaît devant la jeune conscience de l'élève, ne l'est pas encore. Trois paquets de bonbons à 2 euros, c'est bien 2 + 2 + 2, c'est-à-dire 2 × 3 (2 multiplié par 3 ou en lisant à l'envers : 3 fois 2), mais ce n'est pas 3 × 2 qui sont 3 + 3 !

La surface d'un rectangle ne doit pas se calculer 34 m × 25 m = 850 m^2, mais 34 × 25 = 850. On ne peut plus dire que des mètres multipliés par des mètres font des mètres carrés. Ce ne serait pas mathématique... Et pourtant, je vois bien que des mètres multipliés par des mètres font des mètres carrés. Et je vois bien que Laura comprend mieux l'opération avec les unités écrites dedans, comme je le lui demande. Je voudrais bien que le philosophe et le mathématicien prennent ce fait très important en compte. Je veux qu'on prenne Laura en compte. Je crois que c'est forcément mathématique que des mètres multipliés par des mètres fassent des mètres carrés[1]. Je crois que c'est facile à comprendre et que ça structure bien les choses dans les jeunes esprits qui les découvrent...

Je me rappelle certaines vieilles règles structurantes de l'enseignement de mes maîtres où les unités prenaient une grande place : « Quand on multiplie des mètres par des mètres, on obtient des mètres carrés. » Et aussi : « Quand on divise des mètres carrés par des mètres, on obtient des mètres. » « Quand on multiplie des francs un certain nombre de fois, on obtient des francs. » Ou bien : « Quand on divise des francs par des francs, on obtient le nombre de fois. » Sans compter le célèbre : « On n'additionne pas des torchons et des serviettes ou des pommes à des couteaux », qui signifie que l'addition – et donc la soustraction – associent des quantités de même nature, ce qui les différencie bien de la multiplication et de la division.

La mathématique est-elle hypothéticodéductive ? On part de n'importe quel axiome qu'on développe

1. Au sujet des grandeurs et des unités, consulter le site de Michel Delord : http://michel.delord.free.fr/.

et ça n'a rien à voir avec la réalité ? Mais les enfants semblent construire leurs mathématiques à partir de la réalité observée, comme on le faisait en 1960 :

> « Éveiller le sens du calcul, c'est amener l'enfant à imaginer que la vie pose des problèmes. Toute science du calcul part de la vie, découvre des lois et, par retour, applique ces principes à des faits analogues pour une meilleure connaissance de cette vie. Une pédagogie rationnelle du calcul se moule sur la "nature expérimentale de cette science" [1]. »

Les axiomes desquels les enfants partent sont leur observation des faits réels.

L'instituteur, pour entraîner ses élèves au raisonnement, les pousse à observer. 2 + 2 = 4 parce que 2 bonbons et 2 bonbons font 4 bonbons. Le « plus » représente pour un enfant l'action de mettre la deuxième poignée de bonbons dans la poche où se tenait d'avance la première poignée. Le « égal » représente l'action de tout ressortir pour voir combien on en a dans la main. Manipulation, activité avec leur transcription, du concret à l'abstrait. C'est avec la pratique régulière de ce signe « égal » qui donne l'ordre de faire que la réalité apparaîtra aux jeunes élèves, avec le temps et le travail d'enseignants soigneux et avertis. « Les deux termes de l'égalité sont des écritures différentes d'une même grandeur. »

1. F. Gonseth, préface à Ardiot, Wanauld, Budin, *Calcul. Cours élémentaire*, *op. cit.*

Ce qui n'est apparu au début que comme une propriété deviendra alors la définition, qui était bien trop abstraite si elle n'a pas été pratiquée.

De la même façon, alors qu'il a fallu plusieurs siècles aux Égyptiens pour arriver à l'abstraction du nombre pur, au point commun entre les pattes d'un âne et les coins au sol d'une pyramide, on demande à nos enfants de six ans d'y aller tout droit, comme ça, sans jamais écrire ce qu'ils comptent. Il faut avoir compté 4 bonbons +3 bonbons = 7 bonbons, en vrai (je pense qu'il faut même les manger pour vraiment bien savoir) avant de comprendre que 4+ 3 = 7, tout en se rendant compte qu'on ne peut associer avec cette opération que des données du même type.

Abstraits et purs, sans quantités concrètes et coupés de toute réalité manipulable ? Comment voulez-vous qu'on fasse ? Voici un appel aux grands mathématiciens : s'il vous plaît, rendez-nous l'arithmétique. Faites-la retourner dans le sein de la mathématique qu'elle n'aurait jamais dû quitter. Rendez-nous $4 \text{ m} \times 3 \text{ m} = 12 \text{ m}^2$, qu'on puisse enfin remettre les enfants à ce merveilleux travail que sont les maths, par le biais de l'arithmétique qui est tout de même une belle méthode d'organisation du réel observé. Diderot a tranché il y a longtemps pour le matérialisme contre le sensualisme. Kant posait la question de savoir « pourquoi les structures abstraites comme la géométrie et le calcul différentiel s'appliquent *a priori* à l'expérience ». Il faudra bien qu'on m'explique la « miraculeuse adéquation des mathématiques avec la réalité »[1], à moi qui suis chargé d'initier les enfants aux mathématiques et qui ne peux faire autrement que de partir de la réalité.

Je me demande d'ailleurs comment se passe concrètement l'enseignement supérieur actuel, avec de jeunes étudiants qui ont subi toutes ces mathématiques très abstraites depuis le début de leur scolarité. J'ai des informations : il n'y a plus beaucoup d'étudiants en mathématiques et, pour les rares qui s'y risquent, il faudrait une année de remise à niveau avant de commencer le cycle universitaire...

Du raisonnement à la déraison

Puisque, selon les modernes, l'enfant doit lui-même construire son savoir, il doit lui-même construire ses raisonnements. Reprenons des exemples simples. Comment un enfant va-t-il savoir, dans un problème à une seule opération, laquelle utiliser ? Pour nos modernes, il va tout simplement s'y entraîner seul. Et vérifier seul si c'est bon. Ce sont les fameuses « situations-problèmes autocorrectives ». Mais grâce à l'intervention des mêmes modernes sur les programmes, il ne connaîtra les quatre opérations qu'en fin de CM1, année de l'apparition de la division dans la scolarité actuelle. Au CM2, il connaît enfin les quatre opérations, il peut donc travailler pendant

1. Citations d'un article de *Science et Vie* de février 2002 de Jean Petitot, cognitiviste, directeur du centre de recherche en épistémologie appliquée de l'École polytechnique.

un an à choisir laquelle est la bonne parmi les quatre. Lorsqu'il est entré au CE2, il ne connaissait que l'addition – sauf l'obstination des instituteurs à faire, malgré tout, ce qui leur semble nécessaire. « À la fin du cycle 2 (CP-CE1), seule la technique opératoire de l'addition est exigible [1]. » Les enfants modernes sont tellement imprégnés de l'addition seule qu'ils confondent longtemps le mot « opération » avec le mot « addition ». À chaque question du maître sur ce qu'on doit faire pour trouver quelque chose, ils répondent « l'opération », puisqu'ils n'en connaissent qu'une. À force de tout remettre à demain, on ne peut plus rien faire.

Je voudrais seulement que les élèves aient assez vite les quatre opérations sous la main. Avant la fin du CP. Un partage simple par 2 ou 5, ritualisé dans la division verticale, est tout à fait envisageable, comme cela se faisait avant la circulaire des « maths modernes à l'école » de 1970, première vraie modification des programmes depuis 1887. Pour que ne s'installent pas les tactiques simplistes qui permettent de trouver à coup sûr un résultat exact parmi seulement deux opérateurs (résultat plus petit = soustraction). Maintenant, nous ne sommes pas bien avancés sur le « comment choisir la bonne opération ».

J'ai quelquefois l'impression que les enfants modernes en sont réduits à utiliser simplement leur liberté de choix pour décider quelle opération va le mieux. On ne leur a jamais montré de type de raison-

1. *Documents d'application des programmes : mathématique*, cycle 2, appliqués à la rentrée 2002, CNDP.

nement. On n'a pas défini les opérations par les services qu'elles peuvent rendre comme, par exemple, la division nombre de parts et la division valeur de la part – voir le vieux livre de CE1 évoqué plus haut. Puisque les enfants ont déduit eux-mêmes à quoi elles servaient et comme on a uniquement favorisé leur tâtonnement expérimental, ils se débrouillent comme ils peuvent. La méthode la plus fréquente issue de ce tâtonnement expérimental est celle-ci : l'enfant applique les quatre opérateurs aux deux nombres du problème puis il compare les quatre résultats obtenus pour choisir celui qui « va le mieux », selon son bon sens ou son estimation naturelle : on retrouve les mêmes aberrations que pour la lecture. Cette façon de faire, à mes yeux très néfaste, n'est pas même combattue car elle est censée favoriser l'autonomie. Elle est considérée comme une méthode parmi d'autres. Pour bien décrire jusqu'où tout cela mène, il faut parler ici de l'utilisation encouragée des calculettes dans les classes modernes, puisque la pratique manuscrite des opérations est stupide et lourde. Le problème est posé, l'élève tape sur sa calculette les quatre calculs possibles en une demi-minute, puis il choisit le résultat qui lui plaît le mieux. Une de mes collègues appelle ça le « zapping mathématique ». Nous en sommes là.

Toujours pour raison de « construction autonome des savoirs », les enfants n'abordent pas directement la soustraction, mais ce qu'on appelle l'addition à trou. Livrés à eux-mêmes, ils trouvent combien il manque de bonbons dans le paquet de 25 qui n'en contient plus que 17 en utilisant l'addition : 17 plus combien égale 25 ? Et il leur suffit de compter de 17 jusqu'à 25 en levant un doigt à chaque nombre pour arriver au résultat. C'est bien, c'est vrai, c'est une première approche de la soustraction comme l'inverse de l'addition. Mais voilà, les modernes prétendent que cette étape suffit, que l'enfant qui a compris l'addition à trou a compris le « sens » de la soustraction. (Cf. *Une addition différente : la soustraction*, film réalisé par l'équipe ERMEL-CNDP.) C'est-à-dire qu'ils suppriment, comme d'habitude, ce que l'adulte apporte à l'enfant : la technique éprouvée de la soustraction, son algorithme général de résolution. L'enfant reste un autodidacte, il ne disposera donc pas de cet outil fondamental qu'est la soustraction. Il ne s'y frottera pas. À chaque « situation soustractive », il refera le raisonnement d'inverser l'addition. La soustraction ne fera pas partie de sa culture.

J'appelle à un bilan des « maths modernes à l'école ». Comme pour la lecture globale, il y a eu un apparent retour en arrière. On a enlevé les éléments les plus outrageusement impossibles, on a enlevé les bases exotiques, les ensembles, mais on a gardé l'abstraction des nombres, la défiance contre le calcul mental, le rejet de l'arithmétique, la volonté de retarder les techniques opératoires dans les programmes, la domination exclusive des tableaux de proportionnalité, sans qu'aucun bilan véritable en soit jamais tiré.

Je ne dis pas que les « mathématiques modernes », celles de Bourbaki, sont ou seraient mauvaises ou inutiles. Elles sont peut-être bien précieuses aux grands mathématiciens. Je dis seulement que ce qu'on a appelé les « maths modernes à l'école » était une folie. Je dis seulement qu'avec les petits, il faut partir de choses concrètes, de paquets de bonbons, de pommes, d'argent, et que dans ce but il faut réhabiliter l'arithmétique qui manipulait des objets, des quantités, des grandeurs et des unités. On a perdu dans ce domaine une foule de savoir-faire qu'il va bien falloir reconstruire.

On s'entraîne aux raisonnements en les effectuant suffisamment souvent pour les transformer en outils. Je pense qu'ils se retiennent et se mémorisent, et qu'une sorte de typologie des raisonnements s'installe quand on les a suffisamment pratiqués, par des procédés neurologiques complexes que nous ne connaissons pas. Ce disant, je subordonne un peu l'intelligence à la mémoire et le travail de la mémoire est particulièrement renié par l'école contemporaine ; ou plutôt, je réduis l'intelligence à la qualité de l'organisation de la mémoire. En fait, j'avance que les mémorisations nombreuses sont nécessaires à la construction de l'intelligence. Il n'y a jamais de qualité dans l'organisation de peu de choses. Pour qu'il y ait qualité, il faut la quantité. Je dis qu'il faut faire beaucoup de problèmes, similaires et différents.

L'enseignant apporte alors des « modèles » de raisonnement, éprouvés par des siècles de réflexion, à l'enfant qui, lui, apprend à s'en servir avant d'inventer les siens. Il aura à reconnaître, dans un énoncé, le modèle de raisonnement qui s'applique. Et ce ne sera jamais mécanique; une fois le modèle bien installé, arrivent les exceptions, les variantes, les subtilités. Après, pas avant. La règle avant les exceptions. Pas tout en vrac, comme les modernes le pratiquent dans toutes les activités d'enseignement.

Il s'est passé en calcul ce qui s'est passé en lecture. Les points communs sont nombreux. Ce sont les mêmes inversions de sens du travail, la même tentative de saut direct à l'abstraction, les mêmes refus de la transmission orale, la même négation de la mémoire, de l'apprentissage, de la structuration, de l'apport culturel par l'adulte. La même négation de la réalité de l'enfance. Le même recul politique apparent de la théorie, pour mieux se perpétuer et continuer à dominer sous d'autres noms. Les « maths modernes à l'école » sont la méthode globale appliquée au calcul, et la méthode globale ressemble bien à une sorte de « maths modernes » pour la lecture. Alors, ce n'est pas tant la méthode globale seulement ou les « maths modernes à l'école » toutes seules qui ont détruit l'école mais bel et bien un plan d'ensemble, lancé depuis les années 1970 sur la lecture et le calcul; c'est une théorie unique et générale de la pédagogie, une théorie d'ensemble.

Leçon 4
La formation

UNE COURSE FOLLE À LA MÉTHODE

En 1975-1976, on n'apprenait déjà plus grand-chose à l'école normale d'instituteurs. On nous apprenait beaucoup *comment* faire, mais jamais *quoi* faire. Bien sûr, savoir comment enseigner peut sembler utile à de futurs instituteurs. Mais c'est là que le serpent a commencé à se mordre la queue. Les enseignants qui nous enseignaient comment enseigner se sont mis à s'intéresser à comment nous l'enseigner, plutôt qu'à nous l'enseigner (bon, relisez plus doucement). Et c'est comme ça que nous, jeunes normaliens, n'avons rien appris. C'est une course folle à la méthode. Le moyen est devenu le but. C'est vraiment une histoire de fous.

Notre remarquable professeur de sciences naturelles s'acharnait et réussissait à nous montrer comment obtenir de bons croquis de squelettes de pigeon avec des CM2, sans que nous ne sachions rien du squelette du pigeon. Il ne voulait pas comprendre la conséquence élémentaire de ses propositions : il tuait sa discipline, car si la connaissance directe du squelette de pigeon en tant que telle n'a pas d'intérêt, alors son étude non plus. Il est fou de vouloir étudier l'étude en elle-même. L'étude est toujours l'étude de quelque chose. Et ça n'a pas traîné : les activités d'éveil ont tué les disciplines qu'elles ont remplacées. Elles les ont vidées grâce à l'étude de la « brouette à travers le temps[1] » qui n'a servi qu'à transporter hors de la conscience des actuels jeunes gens leur histoire. C'est bien mon propos : étudier le vide, pour pouvoir en étudier l'étude. La brouette était vide !

Notre prof d'histoire était là, disaient les mauvaises langues, pour le salaire. Il paraît que l'école normale était beaucoup plus intéressante que le lycée. Question salaire, bien sûr. Parce que, du point de vue enseignement, quand le but avoué est de ne pas enseigner, c'est plus délicat. Un enseignant mal à l'aise souffre en classe. C'était une enseignante mal à l'aise, et elle a souffert. C'était le début du modernisme, mais on ne s'en rendait pas bien compte. La catastrophe était seulement amorcée, elle n'était pas consommée et absolue comme maintenant. Notre professeur d'histoire était une vraie prof d'histoire qui avait appris l'histoire. Et pour des questions matérielles qui ne me regardent pas elle se retrouvait là, à nous expliquer l'intérêt des « activités d'éveil », qui ne sont pas de l'histoire. Travaux de groupes, élaborations de fiches, recherche de sujets... Haro sur la chronologie (stupidité factuelle !) et sur les

1. Thème de travail préconisé dans les années 1970, sous le vocable « activités d'éveil » qui remplaçaient l'histoire, la géographie et les sciences naturelles.

rois de France qui, en plus d'être de fieffés réactionnaires, sont bien trop loin de la perception immédiate des élèves... Tandis que l'évolution de la brouette à travers les âges, celle de la charrue, la visite du vieux Rennes, l'expo photo sur le vieux Rennes méritaient tout notre intérêt. Notre pauvre prof revenait sans cesse d'un stage de formation continue, d'un stage de dynamique de groupe, d'un stage de conduite de réunion qu'elle nous racontait, innocente victime qui nous distribuait ainsi la matière de nos facéties d'étudiants. C'est en particulier au retour d'un de ces stages qu'elle a prononcé devant nous ces propos mémorables, pour justifier qu'il fallait installer les tables en rond et non pas face au tableau : « Les enfants ont autant à nous apporter que nous avons à leur apporter... peut-être même plus ! » *Nous* signifie ici « les enseignants ». Merveilleux raisonnement moderne fait de maximes sans fond. Si les enfants nous apportent plus que nous ne leur apportons, nous ne servons à rien.

Je vais vous l'avouer tranquillement, nous n'avons pas beaucoup travaillé. Une des vraies raisons est aussi que, dans le vieux Rennes, il y a beaucoup de bistrots. Nous n'avons pas étudié plus d'histoire de France que de sciences naturelles. Puisque leur étude était proscrite. Il fallait faire de l'éveil, pour éveiller, sans doute, ceux qui, sans nous, auraient dormi... Quelle prétention ! De l'éveil donc, pour remplacer l'histoire qui, elle, endort, bien sûr.

Ils m'ont tellement laissé livré à moi-même pour trouver quoi faire dans ma classe qu'un jour j'ai fait sur une longue bande de papier une frise chronologique avec les siècles pour que mes élèves s'y retrouvent un peu. Mais je l'ai décrochée du mur la veille d'une inspection, tant je craignais que ce ne fût pas conforme. Quinze ans plus tard, peu après l'emménagement dans l'école neuve, la nouvelle frise n'était pas encore affichée. « Comment, vous n'avez pas de frise chronologique au mur ? » m'a-t-on reproché.

Lecture... Là, nous avons travaillé. Le professeur, frais émoulu de je ne sais trop où, était motivé, sérieux, efficace et convaincu. « Seule la méthode de lecture phonétique est efficace, seule la méthode de lecture phonétique permet de bien lire, seule la méthode de lecture phonétique permet d'accéder au sens, lecture rapide, Foucambert, largeur d'empan. » Et nous écoutions, ébaubis mais fiers d'avancer vers la modernité. « La méthode syllabique ? La méthode syllabique : "Miko, mimi koko..." que vous voyez dans les classes, il faut la combattre, il faudra convaincre les instituteurs que vous remplacerez en stage de situation. Eux, ils seront ici en stage de lecture phonétique pendant ce temps, et il faudra les aider à franchir le pas. » Toute une entreprise de réfection de la lecture dans l'Éducation nationale !

Réfection... ou destruction ? *Daniel et Valérie* est une méthode stupide et dangereuse... Voilà le fond de ce qu'on nous a appris et c'est bien ce que j'en ai retenu. C'était un des seuls profs de français sérieux. Il était très bien. Il travaillait, lui. Il donnait confiance. Je l'ai cru. Nous étions ses disciples. À tel point que j'ai toujours de l'affection pour l'homme, mais plus aucun respect pour le professeur.

Le prof de maths ne nous a pas laissé un souvenir impérissable, il était pourtant sérieux et intéressant, mais lui aussi était de la vieille école et ne savait trop vers où nous mener dans cette houle changeante. Je me rappelle seulement plusieurs séances de travail appelées « critiques de manuels ». Comme si nous pouvions, à l'époque, avoir une opinion sur des manuels que nous n'avions pas pratiqués. Mais c'était dans l'air du temps et nous avons bien compris qu'aucun manuel ne saurait être retenu. La mode était à l'école sans livres, l'école naturelle où tout vient des enfants, un peu mis en forme par le maître. Notre prof de maths ne pouvait s'empêcher de montrer que le Magnard [1], quoi qu'on en dise, était excellent.

J'allais oublier le vieux prof de gym, proche de la retraite. Il était entraîneur d'athlétisme et prof à l'école normale. Il nous montrait des jeux sportifs faciles à lancer en classe. Nous l'aimions bien. Il a été remplacé par un professeur plus jeune qui a commencé ses cours d'éducation physique au tableau noir... Ça se comprend un peu, nous devions réfléchir à ce que nous allions pratiquer avec les élèves, mais nous n'avons pas tout compris. C'était une de mes premières rencontres avec le « pédagol [2] » balbutiant.

1. Thirioux, Gaspari, Mirebeau, Leyrat, *Mathématique contemporaine*, Magnard, 1975. Ce manuel tentait de concilier les maths modernes avec l'arithmétique : la quadrature du cercle !

2. *Pédagol* : « novlangue de l'Éducation nationale », selon l'expression du journaliste Philippe Meyer dans sa « Chronique matutinale » du 10 mars 1999 sur France Inter. Cf. annexe 7.

Au bout de quelques semaines de discussions théoriques, il nous demande d'enfiler la tenue de sport. Enfin de l'activité concrète. Nous entrons dans la salle de sport où il a étalé le riche matériel sportif d'une école normale, cordes à sauter, haltères, sautoir, ballons et balles, cerceaux et raquettes diverses. Il est assis sur le sol au milieu de tout ça, appuyé sur ses bras inclinés derrière lui, les jambes allongées en V. Nous nous agglutinons, il ne dit rien, nous attendons, il ne dit rien. Quelqu'un pose une question, il nous répond de faire ce qu'on veut, que lui, il observe. L'un après l'autre, nous commençons alors à faire semblant de nous intéresser à quelque balle. L'ambiance est lourde et désagréable. « Faites ce que vous voulez... » On est allés au bistrot du coin, finalement rejoints par toute la classe. Il est resté seul. Nous avons fait ce que nous voulions. Après ça, il n'a quasiment plus rien obtenu de nous qui avons su lui opposer toute l'année un silencieux front de refus. J'espère qu'il en a souffert. Nous étions payés pour apprendre, avec l'argent des contribuables, et lui pour nous enseigner avec encore plus d'argent des mêmes contribuables. Tout ça n'est pas très brillant...

Il y avait, à l'école annexe de l'école normale d'instituteurs, une maîtresse de CP que nous admirions tous, assez petite, toujours coquette et encore bien jolie. Tailleur pimpant et mise en plis soignée, elle traversait quelquefois les couloirs de l'école normale de son pas pressé et discret, saluant ceux d'entre nous qui avaient eu la chance – presque l'honneur – de faire un stage dans sa classe. Elle appliquait « LA » méthode de lecture en cours d'expérimentation dans notre école normale, méthode savamment élaborée par notre professeur de français, le « phonétiste » que nous aimions tous beaucoup, en collaboration avec le professeur de psychopédagogie.

L'école normale d'instituteurs fonctionnait ainsi : l'« école annexe », une école primaire installée dans son enceinte, accueillait dans ses classes les jeunes normaliens pour qu'ils y apprennent comment travailler. De temps en temps, on nous demandait de prendre une classe pour quelques séances d'essai, très longuement préparées avec l'aide des instituteurs de cette école. Nous avions à notre disposition de vraies classes avec de vrais élèves, habitués à supporter nos divers cafouillages avec plus ou moins de tolérance, et leurs maîtres. Des « maîtres d'application », des maîtres sélectionnés par les inspecteurs pour leur sérieux, leur efficacité, leur intelligence du métier. De vrais maîtres, qui savaient d'un regard obtenir l'attention de tous et de chacun, des purs qui travaillaient avec rigueur et sérieux, qui défendaient notre métier avec une belle fierté. Nos meilleurs ouvriers. Quelques-uns d'entre eux prêtaient leur classe et leurs talents professionnels aux professeurs de l'école normale, qui pouvaient ainsi tester leurs théories, avant de les transformer en manuels nouveaux et modernes, mais qui se vendraient bien quand même.

Il est bien normal que nous ayons eu quelque admiration pour les meilleurs de ces maîtres. Moi, j'avais jeté mon dévolu sur M. T., instituteur de CE2 de l'« école d'application », une école du même type mais hors nos murs, un peu comme une seconde école annexe. Les deux écoles se chicanaient d'ailleurs leur réputation. M. T. faisait travailler son CE2 sans peine, dans la rigueur et avec plaisir, sans perte de temps, avec une aisance stricte et efficace, en parlant clairement et simplement et en nous distribuant quelques rares conseils soutenus et adéquats. Un maître. Il m'a marqué.

L'IUFM a désormais pris la place de l'école normale. Pour pouvoir y loger toutes les nouvelles théories, ils avaient besoin de place : ils ont rasé l'école annexe aux grandes fenêtres 1900 pour y construire de blancs amphithéâtres de psychopédagogie. L'école d'application est ainsi devenue la seule école primaire proche de l'IUFM.

Je ne défends pas seulement ces vaillants instituteurs de ma jeunesse. Je défends aussi, malgré les apparences, tout le corps professionnel des instituteurs, si particulier et dont le dévouement est exemplaire. Le surcroît travail, la paye modeste, les déplacements non défrayés, les réunions inutiles, les changements permanents, le pouvoir acide, la morgue et quelquefois le mépris de certains inspecteurs... et les élèves, souvent bruyants ou agités, fatigants. Les instituteurs supportent bien des choses. Et c'est même ce dévouement et leur trop grande modestie face aux affirmations péremptoires de quelques universitaires – ou prétendus tels – qui les a fait adopter et accepter bien trop facilement, « pour le bien de leurs élèves », toutes ces théories miraculeuses dont l'inefficacité les crève.

Il est temps de regarder un peu derrière nous. Les théories d'experts n'ont pas apporté le « bien des élèves ». Il est facile de voir que les cadres pédagogiques du primaire sont tous issus du secondaire et qu'ils ne connaissent pas notre travail. Ils ne savent pas faire, mais ils ont développé une sorte de mépris permanent envers nos coups de patte, envers notre métier, envers « les instits », y compris ceux qui les servent. Ils tentent de remplacer notre savoir-faire d'artisans par leurs théories d'experts : le « constructivisme », la « situation-problème », le « conflit sociocognitif » ou la « méthode par hypothèses ». Et beaucoup d'entre nous, modestes inférieurs, suivent. Quelques-uns résistent, mais à quel prix ? Un jeune collègue m'a raconté, tout récemment, comment une de ses amies professeur d'histoire en lycée venait d'être nommée professeur d'IUFM. Elle a passé la fin de l'été à piocher le « constructivisme » et la « psychopéda » qu'elle découvrait. Elle n'a jamais enseigné dans une classe de jeunes élèves mais elle enseigne désormais aux futurs instits comment enseigner aux jeunes élèves. Et pendant ce temps, combien d'excellents collègues, qui connaissent les enfants sur le bout des doigts, ont démissionné des classes de l'école d'application ? Beaucoup.

Ils me contredisent pourtant quelquefois, ces excellents collègues. En général, ils savent ce qu'ils veulent pour leurs élèves et une fois passé le quart d'heure « constructiviste », consenti ou jugé obligatoire, une fois rangé le « relevé de conceptions », refermé le « conflit sociocognitif », ils donnent finalement des dictées, répètent les opérations, font chercher des problèmes, apprendre, réciter. Il n'y a pas trente-six méthodes. Et nous en discutons quelquefois. « Tu fais souvent comme moi, finalement. Mais toi, tu dis tout. » Bien sûr. On « cherche » aussi dans ma classe. Je ne dis pas qu'il ne faut jamais chercher et comprendre, je dis seulement qu'il faut aussi définir et apprendre, surtout pour les enfants jeunes – il faut même en profiter, car à l'adolescence, c'est trop tard. Je dis surtout que la quasi-totalité des théories pédagogiques qu'on nous impose sont fausses et qu'il faut plusieurs années aux jeunes enseignants pour s'en rendre compte. Je dis surtout que les programmes scolaires ont dramatiquement diminué leurs ambitions. Sous prétexte de plus grande profondeur, ils couvrent moins de surface. Mais ça ne marche pas. Il faut qu'il pleuve souvent, et sur de grandes surfaces, pour alimenter la nappe profonde. Si l'arrosage n'est pas assez large, le sol n'est qu'à peine humide.

L'explication au fait qu'il y ait encore des enfants qui savent lire et compter, c'est que, la plupart du temps, les instituteurs ne font pas ce qu'on leur demande. Ils font ce qui est nécessaire, en se l'avouant ou non, quelquefois même en jurant très fort leur fidélité au modernisme. Un important pourcentage des textes de didacticiens est occupé par leurs jérémiades ou leurs imprécations contre ces instituteurs bornés, qui continuent, malgré toutes les preuves théoriques publiées année après année, à pratiquer les mauvaises méthodes. Pas si bornés. Simplement réalistes.

J'ai revu M. T. à l'anniversaire d'une collègue en retraite. Assis bien droit, il écoutait de loin une conversation que j'avais avec d'autres invités sur l'intérêt des silhouettes de mots. Il a donné une opinion très claire. Je l'ai reconnu, j'étais un peu ému. Et nous avons bavardé. « Il y a cinq ans que je n'ai pas dit un mot de ces sujets. Je ne veux plus en parler : j'ai quitté l'école d'application six ans avant ma retraite, pour une petite école à la campagne, où je me suis bien plu. » Lui aussi a démissionné. J'évoque tout de même quelques souvenirs forcément communs, le vieux prof de gym, le surgé, et cette maîtresse de CP que nous admirions tous un peu. « Elle appliquait la méthode phonétique, me dit-il, mais elle me disait le soir, discrètement, pour ma fille qui était dans sa classe : "*Daniel et Valérie*, page tant." Elle trichait. »

Deux leçons ont été imprimées dans nos jeunes cœurs de vaillants instituteurs. Les manuels ne sont jamais bons, il est toujours plus profitable d'enseigner sans livre de classe. Ce que nous avons été nombreux à faire, travaillant toutes les nuits de nos premières années pour écrire nous-mêmes nos manuels feuille à feuille, sur du papier carbone hectographique qu'on duplique le matin à la manivelle, dans l'odeur de poussière de craie et d'alcool qu'il faut toujours rajouter au réservoir. J'en suis revenu et, d'ailleurs, cette mode anti-livre est un peu passée. Il était trop incongru que l'école dénigre le livre et les manuels scolaires en particulier, qui sont des livres fondamentaux. C'est bien d'avoir dans son cartable un livre de grammaire couvert avec l'aide des parents, dans lequel on peut revoir, montrer, relire ou lire à l'avance. Ou bien un livre d'histoire, qui montre le temps passé, les œuvres d'art, les rois si lointains. Quelquefois, on peut tout simplement les aimer pour ce qu'ils sont, même si on n'a pas eu la chance de tomber une année de livres neufs qui sentent si bon au creux de la reliure. Aujourd'hui, mes élèves ont des manuels. Mais il n'y a plus beaucoup de grammaire dedans.

L'autre leçon concernait les collègues d'avant nous. Les pauvres. Sans que ce ne soit jamais dit ouvertement, la médiocrité récurrente des instituteurs en poste traçait la ligne directrice de notre formation. Nous les prenions pour des tâcherons dévoués à leur mission mais sourds au progrès. J'étais jeune et ne me rendais pas compte que cette opinion me gagnait aussi. C'est tellement plus facile de prendre *les autres* pour des... mauvais. Toutes les sectes le font.

Le plus enfiévré des cadres, le plus affûté des modernistes que j'ai croisés, quand il n'était encore que mon collègue, me l'a exprimé crûment : un jour de stage informatique, je lui ai enlevé la souris des mains parce qu'il n'allait pas assez vite – c'est vrai que ça ne se fait pas. À la fin du repas, il a lancé à la cantonade, en guise de revanche et assez fort pour que cela atteigne mes oreilles : « Quand j'entends parler des hussards noirs, des instituteurs de la IIIe République, je ricane... » (En substance.) La haine pour ce qui mérite l'hommage. La haine et le mépris pour tous ces collègues plus âgés que j'ai vus partir en retraite le dos voûté et le dégoût au cœur, fatigués de ce métier et des enfants bruyants certes, mais surtout alourdis par le mépris que nos jeunes cadres sont venus leur signifier, lors de leurs dernières inspections. « Dehors, monsieur le professeur ! »

Alors je souhaiterais ici adresser à ceux-là mes plus chaleureux remerciements. Hommage à Mme Le Clainche, qui nous apprit si facilement à lire et à compter, hommage à M. Le Clainche, qui m'apprit à tourner sept fois ma langue dans ma bouche avant de parler, hommage à Mme Plassart, qui nous rendit les mathématiques limpides jusqu'à la troisième, hommage à bien d'autres encore. Hommage à tous ces instituteurs d'orthographe et de propreté, de rigueur et d'honnêteté, sans qui nous ne serions pas ce que nous sommes. Hommage à mes parents, instituteurs ruraux, nommés par la IIIe République. Hommage à ma mère et à la petite école rurale de mon enfance qui porte désormais son nom[1].

Maintenant que je suis devenu un instituteur *d'avant*, je vois régulièrement arriver quelques fleurons de la formation moderne. Ce sont les seules occasions qui nous renseignent un peu sur ce qui doit se passer à l'intérieur des IUFM, ces successeurs modernes des écoles normales. Celui-là, par exemple, avait un chapeau à large bord, une jolie femme et une licence d'histoire. Il était, à mes yeux, un assez bon instituteur débutant. Je l'ai bien jugé parce qu'il fai-

1. L'école publique de Silfiac, dans le Morbihan, où elle a fait toute sa carrière, s'appelle l'école Louise-Favennec.

sait du calcul mental de temps en temps. Avec une boîte à pellicule contenant quelques graines comme des maracas, il scandait un rythme assez rapide que les enfants devaient suivre en comptant de trois en trois. J'ai trouvé ça très bien. L'année d'après, j'ai réalisé qu'il n'avait utilisé ses maracas que de trois en trois, mais jamais de deux en deux ou de cinq en cinq, ce qui limite l'intérêt de la technique. J'ai appris plus tard que la moitié des situations-problèmes issues de l'IUFM sont enfermées dans des boîtes à pellicule. Il faisait faire de grandes peintures de planètes qu'il allait accrocher dans tous les couloirs, décrochant les peintures des autres classes, et avec des fautes d'orthographe dans ses légendes. Il écrivait la Gaule avec deux *l*, semblait surpris lorsque je corrigeais ses propos approximatifs sur les rois de la fin de la guerre de Cent Ans, détails qui m'ont informé sur le niveau actuel de la licence d'histoire. Et cela ne me fait jamais rire, car ce jeune homme a subi son école primaire avec des instituteurs de ma génération.

La formation initiale des jeunes « professeurs des écoles » est, depuis la loi Jospin de 1989, confiée aux instituts universitaires de formation des maîtres (IUFM). Quelques informations sur ce qui s'y passe filtrent de temps en temps. Souvent lorsqu'un ou une jeune collègue finit par se laisser aller aux confidences. Ou à la colère froide contre ce qu'on a été obligé de faire et de dire, contre ces menaces insistantes de licenciement, contre l'obligation de conformité, contre la rédaction de mémoires vides de sens, contre le temps perdu, contre le discours éloigné de toute réalité, contre la propagande, contre la fatuité de certains formateurs, contre leur laisser-aller personnel alors même qu'ils sont si exigeants à l'égard des étudiants. Si je crois ce que j'ai entendu à plusieurs reprises, la bêtise y règne, la violence morale est si forte qu'elle impose le silence et étouffe toute manifestation de critique ou d'opposition. Ce n'est plus de la formation, c'est de la conformation.

Çà et là, des voix s'élèvent aujourd'hui, qui disent tout haut ce que beaucoup pensent tout bas. Comme cet article paru dans le quotidien *Le Monde*, pourtant défenseur habituel de toutes les modernités pédagogiques :

> « L'IUFM doit assurer son pouvoir. Il use de tous les moyens pour se développer et s'imposer. Il s'incruste dès la licence, en distribuant généreusement les bonifications à ceux qui suivront ses cours. Ensuite, il fait régner un régime de terreur sur ses stagiaires en punissant l'absentéisme et en brandissant, en tant qu'employeur, la sempiternelle menace de la retenue sur salaire.
>
> Monde orwellien où les mots employés travestissent la réalité qu'ils sont censés décrire, l'IUFM assure en réalité la paix sociale en ses murs grâce à son pouvoir de sanction et de validation sur les jeunes professeurs. Ils ne sont plus évalués par le corps indépendant de l'inspection mais, dans leur grande majorité (professeurs certifiés), "visités" par leurs formateurs et astreints à rédiger un "mémoire professionnel" qu'ils soutiendront à la fin de l'année scolaire. Jugés en fin de compte davantage sur leur assiduité et leur capacité à reproduire dans cet écrit dérisoire le discours qui leur a été inculqué que sur leurs qualités effectives

d'enseignant face à leurs élèves, les stagiaires sont contraints au silence. Et l'IUFM peut poursuivre sereinement, malgré quelques éclats épars de colère froide, son entreprise accablante.

Finalement, les cours qui y sont dispensés sont souvent dogmatiques, jargonnants (qui n'a pas entendu parler du “triangle didactique” ?) et d'une exigence extrêmement faible[1]. »

La formation initiale dans les IUFM vient d'être superbement décrite. « Tout est faux ici. [...] On ne cesse de m'intimer l'ordre de parler librement, et on me dit ce que je dois dire[2]. » C'est une formation à la conformité, sous la contrainte et les menaces. C'est un des hauts lieux modernes de culture de la médiocrité, peut-être un terrible endroit d'oppression idéologique. On ne confie pas impunément la gestion d'un des plus précieux secteurs de la culture à n'importe qui. Quand les imbéciles règnent, les esprits indépendants souffrent.

EH BIEN DANSEZ, MAINTENANT !

La formation continue des instituteurs est principalement composée de conférences pédagogiques. Elles ont l'avantage de ne durer que trois ou quatre heures et non une année comme la formation initiale

1. F. Barthélémy et A. Calagué (agrégés d'histoire), « En finir avec les IUFM », *Le Monde*, 3 septembre 2002.

2. R. Boutonnet, *Journal d'une institutrice clandestine*, Ramsay, 2003.

que nos jeunes collègues subissent. Ce sont des regroupements locaux d'instituteurs et de professeurs d'école en fonction, souvent le mercredi matin, sous la responsabilité de leur chef local, le très craint inspecteur de l'Éducation nationale, l'IEN, responsable direct des instituteurs devant l'inspecteur d'académie (un par département). Quelquefois, il délègue l'animation à l'un de ses deux acolytes, les conseillers pédagogiques, le généraliste ou bien le « à dominante sportive ». Ces deux-là sont des instituteurs (ils ont presque tous été promus professeurs d'école) chargés d'aider les débutants. Sélectionnés par la hiérarchie, ils sont donc supposés être les meilleurs d'entre nous.

L'IEN fait parfois appel à un conseiller départemental plus spécialisé en musique ou en arts plastiques. Je ne crois pas qu'il y ait des conseillers pédagogiques départementaux spécialisés pour le français, la lecture ou bien les mathématiques. Chaque chose a la place qu'elle mérite.

Cette fois, le conseiller pédagogique spécialisé est un petit homme arrondi et mou de bientôt quarante ans, au cheveu déjà rare et presque imberbe. Il est vêtu avec soin. Le pli net de son pantalon gris tombe exactement sur l'avant de ses chaussures au cuir fin. Il ne marche pas, il déplace ses mocassins avec des gestes précis et étudiés, d'un mouvement arrondi de la jambe terminé par un jeté latéral du pied qu'il dépose au sol selon un angle ouvert du plus bel effet. Il n'a fait que deux pas et, déjà, on a senti l'artiste.

Notre jeune inspecteur, soutenu par sa très solidaire équipe, nous le présente fièrement : « Voici

Georges Truc, conseiller pédagogique en arts plastiques. Si peu d'entre vous le connaissent, c'est bien le signe que les activités artistiques ne sont pas assez pratiquées dans les classes (yeux baissés dans l'assistance). Nous continuons et continuerons donc ce cycle d'animations sur l'expression artistique qui a déjà ses partisans convaincus et ses ennemis résolus. Non pas tant pour changer ce que vous êtes, mais ce que vous faites, nous allons initier quelque chose cette année, nous discuterons sur le faire, pour réinscrire dans le travail une réflexion sur ce domaine de travail... »

Bref, on va faire du théâtre ! En fait, un collègue m'a prévenu par téléphone hier : ils avaient prévu une formation aux arts graphiques mais voilà, ils n'avaient plus de spécialiste disponible. Alors, à la dernière minute, ils nous ont sorti le Georges Truc, conseiller pédagogique spécialisé dans les « actions-théâtre ». Un collègue me montre discrètement un nez rouge de clown, qu'il espère utiliser pour s'exprimer... « On va donner un corps à ce thème, il faut être à même de ressentir un certain nombre de choses dans le domaine personnel... Se dépoussiérer, retrouver cette perception de se lancer, ce qui arrive souvent à nos élèves. »

Ça, je l'entends volontiers : quand un petit bonhomme de huit ans doit lire son texte plus ou moins bancal devant sa classe, risquer le ridicule d'une réponse persiflée ou réciter devant les autres, il risque sa position sociale. Ce qui est beaucoup pour lui. Comme la plupart des collègues sans doute, je fais attention à ce confort-là pour mes élèves. Georges prend la parole : « Pour moi, le théâtre, c'est la rencontre avec le public. Les enfants ont-ils la possibilité de s'offrir un public ? »

Vaste question. Dont je me fous. Et qui semble bien éloignée de mes préoccupations professionnelles quotidiennes. Depuis combien de temps est-ce que je subis des conférences pédagogiques qui ne m'apportent strictement rien ? C'était quand la dernière conférence intéressante ? Les propos de Georges se perdent dans mes souvenirs de matinées perdues... Il annonce les « prétentions de la matinée ». Ce n'est sans doute pas volontaire, mais le mot est bien choisi. Suit une projection de vidéo exemplaire : une classe parisienne est allée au théâtre, a rencontré des acteurs, a loué les services d'un metteur en scène professionnel – avec quel argent ? –, puis a consacré du temps – beaucoup de temps – à monter son projet de pièce de théâtre, apparemment sans trop tenir compte de l'équipe de télévision qui les filmait pour l'édification de la masse des instituteurs.

Quelques commentaires sur cette projection nous sont soutirés et nous passons aux choses sérieuses. La consigne semble étonner quelques-uns d'entre nous. Mais si, c'est bien ça : il va falloir marcher d'un pas alerte autour de cette petite salle et dire bonjour d'un geste de tête à tous ceux qu'on croisera. « Allons-y ! » nous dit Georges, lançant pour l'exemple, mais élégamment, son pied droit en avant. Et chacun se met à déambuler au hasard en faisant des signes de tête à ceux qu'il croise. Il faut ensuite dire bonjour d'un regard appuyé. Sourires discrets, rires gênés, moues dubitatives... Puis d'une poignée de main franche... Personne n'est parfait : j'ai un problème au métacarpe droit; depuis quelque temps, j'évite les poignées de main trop viriles en les déviant savamment vers le bout des doigts. Là, je n'y coupe pas : cinquante, soixante poignées de main à suivre. Tête inclinée, avec marque d'assentiment, de neutralité, etc. C'est long. Certains plaisantent un peu pour alléger le sentiment de ridicule qui nous trouble. Petits rires. Notre leader nous rappelle à l'ordre : « Du sérieux, du sérieux. Sans sérieux, ce genre d'exercice n'est pas possible. » Tu m'étonnes !

C'est ce moment-là que choisit notre collègue Louise pour faire irruption dans la pièce parcourue en tous sens mais qui se fige à son entrée. Debout devant tout ce monde, elle est rose et confuse, bredouille quelques mots, « autre école... excuse... retard... ». Elle porte une caisse de plastique rouge débordant de matériel divers; on identifie facilement les pinceaux, les grilles à bruine, les demi-bouteilles de plastique aux étiquettes arrachées, les éternels rouleaux de carton à PQ, les vieux catalogues de mode déjà découpés, les feuilles de Canson : elle venait pour les arts graphiques. La chaîne téléphonique des modifications de dernière heure a dû la contourner sans la toucher. « On continue, on continue ! » vitupère Georges, inquiet de cette interruption. Nous reprenons notre manège hallucinant sous les yeux neufs de Louise. Son étonnement de maintenant vaut bien le nôtre à son entrée. Elle se joint à notre quête du salut perpétuel, sans son cageot, et sans poser les questions qui lui barrent évidemment le front.

Maintenant, toujours marchant, il faut se regrouper par deux, puis par trois, puis par sept. Les groupes ainsi formés au hasard doivent se déplacer sans conscience de leur direction, éviter de percuter les limites de la salle – les murs, quoi – sans en avoir la volonté précise, sans leader, « comme les bancs de sardines face à un obstacle », comme les vols d'étourneaux aux directions communes mais fantasques. Il devrait ainsi se dégager du groupe une sorte de *menta*, cette âme collective chère aux sociologues du début du siècle, qui représentait la communauté culturelle chez les tribus primitives. Aurions-nous une menta pédagogique ? Rappel à l'ordre : « Ne riez pas, ce genre d'activité ne supporte pas... »

Pour mieux sentir cette communauté qu'on nous suppose, on nous invite à nous rapprocher davantage les uns des autres, à nous toucher les côtes pendant le déplacement. Je suis le seul homme parmi six femmes – hasard ? Petits rires encore, gêne, les uns masquant l'autre... Pour dissiper cette gêne, je risque une première plaisanterie chuchotée, sans doute pas très drôle, mais qui nous soulage d'un rire retenu bien que pas vraiment mérité. « Allons, silence, il n'est pas possible de... sans sérieux. C'est très sérieux ! »

Et voilà notre Georges qui se lance dans une courte envolée moraliste sur les compétences en cause ici et, parmi celles-ci, il énonce bientôt les incontournables « compétences transversales », vocable qui continue à me hérisser et auquel j'oppose une incompréhension farouche. Je le dis à mes collègues : « “Compétences transversales”, je ne comprends pas ! Il aurait dit “horizontales”, passe encore... » Notre gêne explose en un rire fort et soudain irrépressible. Il fallait se toucher les côtes, eh bien nous nous les tenons, mais chacun les siennes.

Il nous a sortis, il nous a mis à la porte. Clac, isolés, dans la pièce vitrée d'à côté ! Virés ! Ça tombait bien. Il n'avait plus besoin que de deux groupes à fort menta : celui du *non* et celui du *oui*. Et voilà nos collègues qui, groupés en deux bandes d'étourneaux opposées, avancent d'un pas en s'engueulant d'un « oui ! » collectif hurlé, suivi de la réponse non moins agressive du menta de l'autre groupe qui crie « non ! », assez fort aussi, et puis un pas en avant, « oui ! », et un pas en avant, « non ! », « oui ! » et « non ! » finissant dans des hurlements mêlés au moment de l'inévitable rencontre-fusion-libération ! « Heureusement qu'il nous a virés, souffle une collègue, parce que nous, on aurait été le groupe des *peut-être.* Ç'aurait été plus difficile à jouer ! » Nouveaux éclats de rires, nous sortons du bâtiment afin que l'on ne nous entende pas.

Après un café pris tous ensemble pour la pause, ils ont refondu les groupes. Il a fallu monter, en une demi-heure, un court spectacle de mime sur un thème donné – des paysans au travail. Puis le jouer devant les autres. Pourquoi pas ? Mais le rapport avec mon métier... D'autant plus – j'ose à peine le raconter tellement c'est niais – que le brillant inspecteur, qui jouait aussi, a claironné dans son sketch une plaisante improvisation sur mon appartenance syndicale.

Accueillie par quelques gloussements de bon aloi. Je n'ai pas trop aimé. Je dois manquer d'humour.

À une heure moins deux, on nous demande des commentaires. Rapide mais un peu froide approbation des rieurs de tout à l'heure. Ils disent s'être bien « éclatés ». C'était « positif ». J'hésite à prendre la parole à cette heure-là. Un peu de lâcheté ? On a hâte de partir. Et puis c'est toujours moi qui parle, et quatre heures c'est déjà long... On s'en va. Je ne dis rien. J'entends seulement le Georges, entouré de deux admirateurs, confier qu'il prend un congé l'année scolaire prochaine. Pour jouer les éclairagistes avec une troupe de théâtre qui part en tournée.

Je n'ai rien dit. Mais ça m'étouffe. Aucun travail au jardin ne me lavera l'esprit. Je me sens mal. Je n'aime pas ce qu'on nous a fait. Je n'aime pas n'avoir rien dit. Une collègue me téléphone le soir, j'en rencontre une autre le lendemain. Elles partagent toutes les deux mon sentiment.

Un instituteur qui préférerait être éclairagiste intérimaire se voit confier trente enseignants adultes pendant quatre heures. Il les manipule à l'aide des quelques trucs de gourou qu'il a cru comprendre dans l'Actor's Studio et on nous baptise ça « formation continue » ! Ce ne sont pas simplement quatre heures perdues ! « Il faut être à même de ressentir un certain nombre de choses dans le domaine personnel. » Qu'est-ce qu'on nous veut ? Notre domaine personnel ? Nous sommes des salariés en formation continue, non des âmes ou des fidèles. Qui a le droit de s'occuper de notre personne, de notre personnalité ? Et quelle prétention infâme : dans la république, l'organisation hiérarchique est technique. Elle est professionnelle. Pas humaine. Qui êtes-vous pour prétendre manipuler notre domaine personnel ? Nous ne sommes pas des sujets. Vous n'êtes pas nos gourous. Quelle exagération, me dit-on. Utiliser un vocabulaire décrivant les sectes pour si peu. Mais oui, secte, gourou, fidèles, âme, supplément d'âme, se dépasser, se dépoussiérer sous conduite...

J'ai bien dit secte.

Cette façon d'utiliser un groupe, de faire accomplir des choses incongrues en public, de fragiliser les gens.

Cette façon d'amener les fidèles sur un terrain connu d'avance par le gourou.

Cette façon d'affirmer toujours l'inverse de l'évidence, l'opposé du bon sens.

Cette méthode qui consiste à être toujours le seul à connaître les règles avant les autres et à les changer sans prévenir... Tout ça, ça vient des sectes.

J'entends me dépoussiérer tout seul, si je veux, quand je veux, comme je veux. Et je ne vous permets pas.

Une autre conférence pédagogique à laquelle j'ai assisté avait pour thème l'argent. Cette fois-là non plus, rien à enseigner !

L'argent est interdit dans une école. Une école n'a pas de budget propre, son fonctionnement est géré par la municipalité. La monnaie des tickets de cantine ne doit en aucun cas traîner dans un pot sur un coin de bureau, l'argent des photos non plus... L'inspecteur y veillera. Comme souvent désormais, nous sommes tous en faute. Tout le monde a ce maudit pot de monnaie sur un coin de bureau parce qu'on ne peut pas faire autrement. On s'en passerait bien, d'ailleurs, de ces comptes d'apothicaires pour des photos ou autres bricoles. Mais c'est impossible. Alors nous sommes tous en faute. Pour la bonne marche du service, nous acceptons de plus en plus souvent de nous mettre en faute. Il suffit à notre supérieur d'avoir brandi le texte du décret au-dessus de nos têtes pour qu'il soit protégé, lui. Pas nous. C'est ça, la subsidiarité dont ils nous rebattent les oreilles.

Mais je suis d'accord, l'argent n'a rien à faire dans une école, la piscine doit être gratuite et les fournitures scolaires aussi. C'est l'école de la République et tous ces jeunes citoyens doivent être égaux devant l'instruction. Pour que le niveau social de leurs parents ne rompe pas cette égalité, il n'y a que la gratuité qui vaille.

L'inspecteur nous présente l'intervenant de la conférence, qui est instituteur comme nous, mais aussi président de l'Office central de la coopération à l'école (OCCE) du département. L'OCCE est une association loi 1901, reconnue d'intérêt éducatif par l'Éducation nationale. C'est une association pédagogique voisine des associations Freinet et des mouvements d'éducation active dont je parlerai plus loin. Les coopérateurs, les vrais, font fonctionner leur classe comme une coopérative. Tous les matins, la journée commence par la réunion du grand groupe dont l'instituteur est membre. Ordre du jour, président, secrétaires, avancement des divers projets, actions en cours, comptabilité... C'est de cette vie réelle et organisée de la société formée par une classe d'école que se tireront tous les enseignements nécessaires. De la comptabilité vraiment tenue, on tirera additions et multiplications. Des comptes rendus et autres écritures nécessaires, on fera la composition française (avec l'aide d'un peu de correspondance scolaire...) et on en tirera la grammaire, la conjugaison et l'orthographe. Le maître est trésorier, il a la responsabilité du compte chèque de la coopérative scolaire qui dispose, en s'affiliant à l'OCCE, d'une tutelle bancaire organisée et légale et de tout un système d'assurances scolaires spécifiques, ainsi que d'une coopérative d'achat de matériel de travaux manuels.

Ça, c'est la théorie, car bien peu d'écoles adhérentes font fonctionner leurs classes en suivant rigoureusement ce modèle. La plupart des écoles de France sont adhérentes pour avoir une structure légale qui permette un compte chèque : celui de la coopérative scolaire. Sur ce compte chèque se retrouveront la monnaie des photos et les finances de toutes les activités scolaires de l'école.

Parce que, si l'argent est interdit dans les écoles, de plus en plus d'activités coûteuses se glissent dans la scolarité. On paye pour les marionnettes, pour le trajet vers la piscine, pour la classe de neige... jusqu'au voyage d'imprégnation culturelle et linguistique aux États-Unis.

Ces diverses activités-là sont donc les « projets » ou les « actions » organisés par la coopérative scolaire. Les coopérateurs sont depuis longtemps amateurs de ce genre de projets divers. Le « projet pédagogique » de la loi Jospin a institué l'obligation de pratiquer ce genre d'activités dans les classes. Nous sommes obligés de rédiger des « fiches-action » pour nous engager à peindre le mur du préau, à vendre des petits pains à la récré, à partir en classe de neige... La loi Jospin nous oblige à fonctionner totalement en classe coopérative, ce que sans doute aucun coopérateur n'a jamais réussi à faire absolument. J'évoquerai plus loin la question du niveau scolaire atteint par les élèves qui passent leur scolarité à repeindre des murs de préau.

J'en reviens à mon collègue de l'OCCE qui nous fait la conférence pédagogique. Le voilà qui se met à raconter comment ses élèves ont réussi à financer je ne sais plus trop quelle activité du type « kayak et macramé dans les gorges du Verdon ». Le maître d'école a organisé avec ses élèves de neuf ans des brigades de nettoyage de pare-brise et de lavage de voitures dans les rues de sa ville et dans les parkings de supermarchés. Et il en est fier.

Je ne mettrai jamais mes enfants dans ton école pour qu'ils aillent laver la voiture du directeur du supermarché d'à côté. Je les mettrai dans ta classe pour qu'ils s'y instruisent, pas pour qu'ils travaillent au noir comme dans ces pays misérables et sans lois sociales où les enfants doivent pour survivre accepter toute tâche un peu rémunératrice. Le travail des enfants est interdit. Tu es un négrier et tu en es fier parce que c'est justifié pédagogiquement. La pédagogie justifie l'infamie sans que tu sourcilles. Jusqu'où faudra-t-il donc qu'elle aille pour que tu comprennes ce qu'elle te fait faire ?

Dans ce droit fil, le gouvernement socialiste du même Jospin a autorisé le travail des enfants en abaissant à quatorze ans la limite d'âge pour les stages alternés en entreprise. J'étais déjà furieux quand je voyais ce petit collégien de seize ans et demi s'éloigner de son école où le car du ramassage scolaire l'avait déposé et s'enfoncer dans la brume des matins d'hiver, vêtu d'un bleu neuf et trop grand, portant sa gamelle, tout fier la première fois, puis de plus en plus résigné, pour aller à pied balayer le cambouis et la sciure au fond d'un garage du village voisin. Désormais, les petits bonshommes en bleu de travail auront quatorze ans. En France, pas au Pérou.

Je crois bien que je n'ai jamais assisté à une conférence pédagogique qui me parle de mon travail de tous les jours. Sauf pour le dénigrer. Quand le ministre met en place les études dirigées, conférences pédagogiques. Quand il s'apprête à changer les programmes, conférences pédagogiques. Quand il change les programmes, conférences pédagogiques. L'école du XXIe siècle, la réforme des cycles, la nouvelle évaluation..., conférences pédagogiques. La conférence pédagogique est devenue un outil de propagande.

Nous recevons aussi une formation continue sous forme de stages à l'IUFM. Quelques intitulés de stages :

Quelles compétences méthodologiques pour gérer la diversité des élèves au cycle 3 ? De la problématisation aux scénarios pédagogiques.

Culture et langage de l'image.

Vivre ensemble à l'école : espace citoyen, enfants citoyens.

Construction et mise en œuvre d'un projet pédagogique pour sa classe dans le domaine du patrimoine et de la citoyenneté.

Projet artistique danse et rencontre avec des danseurs professionnels.

Découvrir les langages et les pratiques du cinéma.

Danse : ateliers d'écriture.

En optimisant l'action motrice des élèves, découvrir, appréhender, apprivoiser des espaces nouveaux pour y agir.

Approche interdisciplinaire : articulation entre oral, découverte du monde vivant, activités mathématiques et éducation physique au cycle 1.

Pluridisciplinarité et continuité des apprentissages : écrire dans toutes les disciplines.

Dans un plan départemental de formation de plus de deux cents stages, on en trouve seulement deux en mathématiques, aucun de français systématique, deux sur l'écrit, chacun d'eux noyé dans la pluridisciplinarité, la transversalité ou la remédiation... On trouve en revanche quantité de stages concernant l'oral, les langues vivantes, les pratiques artistiques, l'image, l'informatique... Quant aux très improbables ateliers d'écriture en danse, ils doivent permettre, certainement, d'apprivoiser des espaces nouveaux. Qu'est-ce que tu fais demain, toi ? J'apprivoise des espaces nouveaux pour optimiser l'action motrice de mes élèves.

Certes, c'est bien le désir d'y agir qui pousse à apprivoiser des espaces nouveaux.

CHERCHONS LA PORTE

Le stage qui m'a le plus appris sur la didactique n'était pourtant pas compris dans un tel inventaire. C'était le seul stage qui devait ne pas en parler. Plusieurs circonstances tordues m'ont lancé une fois dans une session d'informatique pour enseignants organisée parallèlement à un diplôme d'études supérieures spécialisées (DESS) de l'université de Rennes. Tout y était axé sur le contenu, la discipline : l'informatique, rien sur les méthodes d'enseignement.

C'est une excellente chose que de se retrouver sur les bancs de l'école quand on en occupe habituellement la chaire. Comme tous les collègues de ce stage, j'étais un pur autodidacte de la science étudiée et j'ai dû y subir des cours *ex cathedra*. C'est grâce à ces cours que j'ai décidé de changer ma façon d'aborder la soustraction au cours élémentaire.

J'avais découvert la récursion dans une étude sur les objets fractals, proposée dans une petite revue de vulgarisation. Les fractales, bien que passionnantes, n'entrent pas dans mon sujet. La récursion non plus, mais pour les besoins de mon propos, je me sens obligé à une explication limitée. La récursion est une technique de programmation où une procédure s'utilise elle-même pour arriver à son but. C'est très élégant. J'utilisais souvent la chose avant de participer à ce stage, mais j'en connaissais à peine le nom. À chaque utilisation, je refaisais à la main tout le raisonnement, toute la simulation, tout le travail de découverte qui me permettait d'arriver à mes buts, non sans une grande quantité d'erreurs et de scories.

Pensez donc si j'ai bu les propos du professeur d'informatique lorsqu'il a abordé, *ex cathedra*, la récursion. Il a exposé les circonstances, nous a laissés chercher et travailler sur des exercices – artificiels, uniquement destinés à illustrer son cours –, puis nous a récupérés avec la correction; il a alors « formalisé » tout ça – selon sa propre expression. « Il y a deux récursions : procédure ou fonction, et chacune d'elles peut être terminale ou non terminale. Ce qui fait quatre cas : 1. L'appel récursif terminal d'une procédure fonctionne donc comme ceci. 2. Celui d'une fonction comme cela, etc. » Magique. Limpide.

Pour avoir bien travaillé la question avant qu'il nous en parle, je suivais sa formalisation facilement sinon passionnément. Mais, surtout, sa formalisation a modifié ma perception de l'objet étudié : la récursion a changé de statut dans ma tête, de concept que j'arrivais à utiliser, elle est devenue un outil dont l'efficacité m'a permis d'aller beaucoup plus loin. Le professeur m'a donné un résumé soigneusement établi depuis longtemps; il m'a transmis sa culture universitaire sur ce point précis. Je la voulais bien.

La récursion, c'est la soustraction des petits. Une fois qu'ils ont découvert une question – passage nécessaire –, il faut formaliser soigneusement la réponse en donnant aux enfants l'analyse épurée et simple établie depuis des millénaires par les mathématiciens. Il ne faut pas qu'un enfant reste un découvreur de la soustraction, il faut qu'il en devienne un utilisateur avisé. Qu'il soit autodidacte au départ est souvent nécessaire. Il faut qu'il perçoive le problème mais qu'il reçoive ensuite de la nation la culture dont il a besoin. Quand la soustraction est devenue un outil compris, elle peut servir à aborder bien plus complexe. Pour cela, il doit abandonner rapidement l'addition à trous, il doit s'habituer à poser une vraie soustraction en cas de problème de complément, et dans le bon sens, avec les mots exacts, qui sont eux-mêmes les outils précis de l'intelligence humaine. La somme est le résultat de l'addition. La différence est celui de la soustraction. Dans une soustraction, le grand nombre est à gauche. La liaison entre addition et soustraction est que l'une est la preuve de l'autre. Elles associent toutes deux des quantités de même nature, c'est-à-dire avec la même unité. Il faut rapidement empêcher les enfants de régler une question soustractive à l'aide d'une addition à trous. Il faut les pousser à utiliser systématiquement la soustraction.

Selon les modernes, il devrait suffire de pratiquer l'addition à trous, sans même nommer la soustraction. On en aurait ainsi le sens, la compréhension, alors le mot ne serait plus utile, car il n'est que mémoire. Mes professeurs d'école normale étaient tous d'accord pour ne pas même nommer un concept abordé par les élèves. « Le concept se suffit, le mot n'est pas utile. » Sans les mots, il n'y a plus d'humanité parce qu'il n'y a plus transmission de la culture. Sans le mot, il n'y a peut-être même pas de concept – je n'utilise le mot concept que parce que c'était le leur, je l'évite généralement.

La soustraction n'a bien sûr été ici qu'un exemple. La formalisation de mon professeur d'informatique devrait s'appliquer à toutes les notions. Les modernes veulent se contenter de la première partie, la découverte autonome. « Les jeunes doivent construire eux-mêmes leurs savoirs. » Le travail de découverte est quelquefois bien nécessaire à la compréhension du problème, je l'ai toujours pensé. Je veux dire qu'il faut quelquefois se cogner dans le mur pour avoir l'idée de chercher la porte. Mais sans la seconde partie du travail, sans la formalisation, ce travail ne sert à rien.

La seconde partie, la formalisation que j'appelle quelquefois « modélisation », est le devoir de l'école. Se contenter de faire découvrir, ou même de laisser découvrir les choses aux enfants, revient à supprimer l'école. Les modernes ont une philosophie de suppression des écoles.

Leçon 5
L'autorité

Le gendarme

Le gendarme a de belles bottes de cuir, une culotte de cavalier à bandes rouges et une veste d'uniforme noire. Il accueille ma troupe de cours moyens un peu agitée dans la salle de sport froide. Il a aménagé au sol une piste carrée comme un jeu de morpion, délimitée de cordes lourdes, décorée de petits panneaux routiers aux couleurs vives et organisée autour de feux rouges demi-taille. Ça donne une impression de gros jouet qui électrise un peu ma petite équipe.

Il m'accueille aussi, moi. C'est ma première participation à la piste de la sécurité routière. J'ai déjà une confiance limitée dans les intervenants extérieurs, alors les gendarmes... Mais, récemment, sous mes yeux affolés, Patrick a grillé à vélo le stop de la place de la mairie. Aussi, quand peu après le chef de brigade de Montauban-de-Bretagne m'a proposé la piste de la sécurité routière, j'ai dit oui.

Me voilà donc, un matin d'hiver, en train de saluer un gendarme en uniforme rutilant, souriant de toutes ses dents. Poignée de main chaleureuse, l'homme a l'air franc et sympathique. Mais moi, je dois paraître un peu pincé, il doit bien voir que je scrute attentivement tout ce qui se passe ici. Il y a un contentieux vague entre les gendarmes et les enseignants. Je suis un instituteur post-soixante-huitard et j'ai fait le tour de toutes les pédagogies non directives et autres méthodes actives. Et je suis un professionnel de l'enseignement... Alors je vais observer la pédagogie du gendarme. Elle est simple. Il commence par se faire écouter. Il remet tout de suite en place le premier ricaneur qui se laisse impressionner rapidement par le ton et l'uniforme, et il se tourne vers moi pour justifier son acte autoritaire : « Mon objectif, c'est que demain tous ces enfants s'arrêtent au stop ! Alors il est important qu'ils soient attentifs – il se retourne vers eux – et qu'est-ce qui se passe si on ne s'arrête pas au stop ? »

C'est reparti, ils ne répondent qu'un par un, ils écoutent, ils essaient de bien faire. Le gendarme explique, pose des questions, montre, fait mimer les situations, vérifie les mains droites avant de montrer la priorité du même nom. C'est simple, clair, net. Il organisera dans la foulée trois ateliers dont le principal : les enfants tournent à vélo sur la jolie piste carrée. Il enlève des points à chaque faute et même beaucoup de points pour un stop mordu ou passé. À la fin, il distribue des permis de rouler factices à ceux qui ont obtenu assez de points. Trois n'auront pas leur permis. Deux en pleurent de déception. Le gendarme a un petit mot gentil, il reviendra et la prochaine fois ils feront plus attention... Mais il ne cède pas. Pas de stop, pas de permis. Il n'a pas hésité une seconde à les traumatiser en ne leur donnant pas un bout de papier sans valeur ? Il compare sans doute ce traumatisme-là avec celui subi par l'enfant qui a grillé un stop la semaine dernière et qu'il a ramassé lui-même sur la chaussée... Et, bon père de famille, il s'arrange tout simplement pour que sa leçon passe.

Ce gendarme travaille mieux que moi.

C'est qu'il n'a pas appris notre métier, lui.

Il me dit qu'il aime bien travailler avec les enfants, que ses trucs pour les faire écouter, il les a trouvés petit à petit, à force d'expérience, qu'il utilise son bon sens et, surtout, que son objectif est très clair et primordial à ses yeux : il veut éviter des morts d'enfants, surtout aux stops. Et il me raconte combien d'accidents graves dans le département, combien dans sa carrière...

La pédagogie moderne exige que l'enfant découvre tout par lui-même. Par l'expérience qu'il en tirera. Le gendarme, plein de bon sens, n'applique pas cette théorie au respect du stop. Lui, il veut l'éviter, la sinistre expérience. La théorie pédagogique « hypothèse-vérification » ne s'applique pas au code de la route.

En revanche, il utilise l'autorité. Il dispose de l'autorité de la nation et il s'en sert. Tout bien pesé, si c'est pour apprendre le stop à mes élèves, je ne lui en veux pas ! Et moi, pour apprendre la lecture et le calcul à mes élèves, est-ce que je dispose de l'autorité de la nation ? Est-ce que l'apprentissage de la lecture et du calcul est une chose assez importante pour qu'on me donne l'autorité de le faire ?

Hier, Ronan, dix ans, me dit : « Monsieur, vous n'avez pas le droit de fouiller dans nos casiers. » Il ne remettait rien en cause, il ne s'opposait pas à moi, il essayait de savoir ce qu'il en est. Comme souvent à l'école, les enfants posent des questions pour savoir; et ils la posent au maître quand il est effectivement à leurs yeux une autorité. Il essayait d'interpréter l'air du temps, assez justement d'ailleurs, et il voulait que je confirme ou infirme sa proposition : il est bien possible qu'on m'interdise un jour de fouiller les casiers – chose que je ne fais jamais d'ailleurs – pour ensuite me rendre responsable de ce qu'ils contiennent. J'ai répondu au petit bonhomme curieux. Que je respectais bien son souci, mais que le jour où l'un de mes élèves cachera un cutter dans son casier avec de mauvaises intentions, qui sera responsable de ce qui pourrait arriver ? Soit mon élève de dix ans est autonome et responsable de ses actes, et c'est lui qui va en prison s'il commet une folie avec un cutter caché dans son bureau. Soit il n'est pas autonome, et je fouille son casier parce que c'est moi qui irais en prison si je ne le fais pas. Les actuels principes fondateurs de ma situation juridique m'interdisent de fouiller son casier, et que j'irai en prison s'il arrive une horreur.

Transposons au lycée : le casier devient un vestiaire de sport; si le professeur d'éducation physique est dans le vestiaire, c'est de la perversion. S'il n'est pas dans ce vestiaire, c'est de la négligence. Dans notre monde moderne, le professeur, quoi qu'il fasse, est coupable.

Il y a quelque temps, lors d'un entretien avec des inspecteurs en vue d'une promotion éventuelle ayant trait à l'informatique à l'école, j'ai évoqué l'intrusion en force de la pornographie sur Internet. Je n'organise pas l'accès libre à Internet à l'école, alors qu'il est matériellement possible, parce que les protections logicielles sont insuffisantes pour empêcher les marchands de proposer violemment leurs images à mes élèves. Je l'interdis donc et ne l'autorise que lorsque je suis présent. Certains pornographes industriels ont détourné des portails scolaires vers des sites pornographiques. Ce n'est donc pas une question théorique. C'est la réalité du monde extérieur à l'école, ce fameux monde libéral, qui s'impose à l'intérieur. N'est-ce pas ce qu'ils appellent « l'école ouverte sur la vie » ?

Nous allons tous être rapidement d'accord pour considérer que j'ai un évident devoir de protection des enfants qui me sont confiés. Ce qui signifie bien que je serai immédiatement mis en examen sur plainte d'un parent dont l'enfant aurait été perturbé par des images pornographiques arrivées devant ses yeux par ma négligence de directeur d'école. Pourtant, une inspectrice du jury m'interrompt : si j'interdis, je n'organise pas l'autonomie de l'enfant. Elle précise : si je n'atteins pas les compétences à l'école, je ne rends pas l'enfant autonome lorsqu'il sera seul devant son écran à la maison, j'abandonne donc une partie de mon rôle. Elle ne parle pas directement des compétences informatiques de consultation d'Internet, il s'agit ici des compétences (certainement transversales) d'autocontrôle et d'autocensure qu'il me faudrait développer chez mes élèves pour qu'ils sachent éviter d'eux-mêmes les images indues.

Le lecteur lambda peut considérer fort justement que la capacité d'installer de telles compétences chez mes élèves est sans doute à mille lieues au-dessus des miennes. Mais pas une inspectrice de l'Éducation nationale pour qui à l'impossible tout enseignant est tenu. Je sais ce qu'elle veut que je dise. Elle veut que je dise ce que je ferai pour atteindre ces objectifs de compétences en autocensure; elle veut que je dise que j'organise toutes les quinzaines une réunion citoyenne (on ne dit plus civique) de mes élèves, pour qu'ils y éditent eux-mêmes les règles de ce qu'ils doivent s'interdire à eux-mêmes, qu'ils les écrivent, qu'ils les colorient ou qu'ils les décorent. Elle croit que c'est avec ces coloriages-là qu'Antoine, petit ex-Parisien gouailleur, et Jérôme, vrai jeune néorural féru de reproduction bovine, éviteront angéliquement tout clic sur poitrine prometteuse ou fesse rebondie... Mes deux cocos de onze ans, tout excités devant leur écran d'ordinateur, n'expriment peut-être pas encore un besoin, simplement une curiosité. Mais ceux qui connaissent la vie savent comme moi que cette curiosité-là est impérieuse et dominatrice. Elle ne va pas diminuer avec le temps et ne ferait que s'aiguiser sous les discours collectifs mais hypocrites d'auto-interdiction.

Elle veut que je dise...
Elle sait ce qu'il faut dire...
Elle a appris à dire dans ce genre de situation ce que le jury attend...

Elle doit sa carrière à ceci qu'elle sait dire au jury le discours qui reprend au plus près la dernière instruction officielle à la mode.

Et elle me fait le même coup : « L'habitude d'envisager les problèmes que pose la vie collective lors de réunions d'élèves régulièrement prévues dans l'emploi du temps est, au cycle 3, un aspect important de l'éducation civique[1]. » Si je fais comme elle dit, mes deux lascars iront tout droit à l'essentiel et je dormirai peut-être en prison le soir, sous les huées des enseignants prodiges. En fait, rares sont les collègues qui font ce qu'ils sont obligés de dire. Il suffit, chez nous, de savoir dire. Puis de faire autre chose... C'est ainsi que les statistiques de reçus au concours interne de professeur des écoles sont très nettement favorables aux enseignants qui n'ont pas de classe fixe : ceux qui peuvent dire sans faire.

« PUISQUE C'EST COMME ÇA, JE ME CASSE ! »

Il a huit ans, il est inscrit dans cette école depuis une heure, il n'est pas encore capable d'installer seul son cartable sur son dos, mais il me dit : « Puisque c'est comme ça, je me casse ! » et il quitte l'école.

1. « Consultation sur les nouveaux programmes de l'école primaire », cycle 3, projet, septembre 2001, p. 2.

Nous venons d'avoir, par la presse syndicale, des nouvelles de ce collègue professeur de sport qui a séparé deux élèves de quatrième qui se battaient. Il a donné un coup de pied aux fesses de celui qui a résisté et il est mis en examen, il a même dormi en prison. On l'imagine d'ici, dans un couloir de collège, en chaussures de sport, en bonne condition physique, il a dû être en trois bonds sur les deux boxeurs. Sans aucune difficulté, il prend les deux cols qu'il tire vers l'arrière. Et celui des deux qui, vexé de cette supériorité physique, se retourne contre lui, reçoit un coup de pied aux fesses. Sec. Il a réagi naturellement, il a porté secours à deux individus immatures qui se mettaient en danger l'un l'autre. Il leur a porté assistance... C'est un réflexe naturel. S'il ne l'avait pas fait, il eût été bien plus coupable. Il sera condamné pour ça. Les juges le chargent d'intentions privées dans ce salutaire coup de pied au cul. Alors qu'il intervient là pour le compte de la collectivité, pour le compte de la nation, pour le maintien de l'ordre si nécessaire à nos établissements. L'État le fait savoir par ses décisions de justice, il ne veut plus d'ordre dans les établissements scolaires. L'État refuse que les enseignants soient dépositaires d'autorité dans les écoles.

Alors que dois-je faire de mon petit bonhomme qui veut quitter l'école ? Il est arrivé ce matin, tout souriant, mignon petit Noir frisé; il a encore ses bonnes joues de bébé. Mais une heure après le début des cours, je l'entends hurler dans la classe voisine. J'interviens, je viens mettre mon autorité de directeur d'école au service de ma collègue, au service de la bonne marche de l'établissement. Il hurle à la maîtresse : « T'as pas droit d'me voler mes Pokémons ! » Elle tient à la main une poignée de ces petites images autocollantes dont les CE1 sont très friands. Elle a dû les confisquer pour arrêter un trafic générateur de bruit et d'agitation ou quelque chose d'approchant. Mais le propriétaire ne l'entend pas de cette oreille : « Tu m'as volé mes Pokémons ! » Il transforme en accusation privée un acte élémentaire et nécessaire de maintien de l'ordre public, dans un lieu qui en a vraiment besoin. Ma collègue ne collectionne pas les Pokémons. Mais le petit bonhomme l'accuse. On peut penser qu'il sait très bien que cette accusation est mensongère. Je confirme à voix forte la confiscation desdits Pokémons et je lui donne l'ordre de s'asseoir et de se remettre au travail. C'est donc à ce moment-là qu'il met son anorak, prend son cartable, essaie de l'enfiler sur son dos et me crie : « Puisque c'est comme ça, je me casse ! » Je pense à notre collègue prof de gym. Si je n'interviens pas, il quitte l'école et je suis en faute. Je peux dormir en prison ce soir. Si j'interviens, je ne peux que lui barrer physiquement le chemin et comme il est manifestement dans son intention de résister, je le toucherai inévitablement... et je dormirai aussi en prison ce soir ! Dilemme.

C'est extraordinaire ! Il suffit maintenant de si peu, de presque rien pour interrompre le travail scolaire de quarante-cinq élèves, pour empêcher les leçons de deux instituteurs... Et ce très peu suffit à leur faire courir le risque d'un procès civil; le maître d'école redevient le valet qu'il était sous l'Ancien Régime, la victime automatique des enfants de princes dont il est le précepteur. Ce très peu, ce jeu sans logique et sans effort que se permettent nos élèves modernes, ces comédies gratuites et si faciles aux enfants pourtant capables de discernement, qu'est-ce qui les empêche ? Qui protège les enseignants de ces agressions sans intérêt ? Personne. Bien au contraire, la hiérarchie de l'Éducation nationale demandera des comptes à l'instituteur. Mme C., dévouée et efficace maîtresse de CP, se voit traitée de « putain » devant ses élèves par une maman un peu ivre et courroucée par je ne sais plus quoi... L'inspectrice refusera de « prendre parti », car elle n'a eu que « les récits opposés de deux dames qui se disputent ». À la même époque, j'ai sorti de l'école un père d'élève entré dans une classe pour y gifler un copain de son fils qui avait, de son point de vue, indûment échangé une gomme et deux billes contre un flacon de blanc – ça ne vaut pas ! Et quand ce pauvre homme s'est rendu compte qu'il avait piteusement obtempéré à mon geste autoritaire, il s'est retourné contre moi pour me traiter courageusement de connard, espérant ainsi récupérer la face qu'il avait sans doute perdue devant mes collègues – qui sont aussi des femmes... On a sa fierté tout de même.

Le soir, l'inspecteur m'ordonnait de me justifier. J'ai refusé.

L'insulte de l'imbécile ne m'est rien. L'ordre de l'inspecteur m'est une insulte.

Lorsque je cite ainsi les méfaits de certains parents, ce n'est pas du tout une rancœur critique contre tous les parents avec qui les enseignants, la plupart du temps, s'entendent très bien. Il faut comprendre que, comme les médecins, nous avons affaire à toute la population et qu'il y a forcément de tout. Des exquis comme des grossiers, des discrets et des batailleurs, des reconnaissants ou des vindicatifs. Nous aussi, d'ailleurs, nous pouvons appartenir à l'une ou l'autre de ces catégories de caractères, et la vindicte à notre égard est quelquefois justifiée. Mais c'est le rôle de notre institution de veiller à nous rendre le plus efficaces possible. C'est pour cela que je suis pour l'inspection. Je suis en revanche opposé à ce qui est en train de se passer. On nous livre au jugement des parents. Non pas que je refuse d'être jugé par eux – leur enfant n'a qu'une scolarité et c'est très important. Mais ce qui se passe, c'est que nous nous débattons surtout avec la toute petite frange des grossiers batailleurs, desquels nous ne sommes plus protégés et qui finissent par réussir à nous empêcher de travailler. Avec vos enfants.

Revenons à mon coco de huit ans qui veut « se casser ». Si je ne le plie pas à mon ordre, c'est toute l'école qui en subira les conséquences ; il est impossible qu'un élève de l'école n'obéisse pas. Gentils parents, ridicules inspecteurs et pédiatres doucereux, regardez la vérité en face, cet enfant ne peut que m'obéir, au point où nous en sommes, il faut qu'il soit contraint ! C'est ce que disait le gendarme pour le respect du stop, c'est incontournable, tout le justifie. S'il sort de l'école, il sera écrasé par un camion. Il ne sortira pas. Il m'obéira.

C'est inévitable, mais c'est dangereux pour moi! Lui ne risque rien et il le sait; enfin il croit le savoir. Il croit qu'il peut jouer comme ça, presque impunément, avec un directeur d'école chauve à petites lunettes et trois fois plus lourd que lui. L'unique lapin noir dans une garenne de lapins blancs aura peut-être des excuses pour son comportement excessif, mais de là à s'attaquer directement au vieux loup qui garde le terrier... C'est à croire qu'il n'a jamais eu affaire qu'à des loups muselés ou tenus court. Depuis quatre ans qu'il est scolarisé, ce petit bonhomme n'a pas encore compris ce fait élémentaire : on ne fait pas plier, en principe, un instituteur avec des comédies de quatre sous. S'il ne l'a pas encore compris, c'est qu'il y a joué et qu'il a déjà gagné.

Supériorité de l'adulte qui voit les choses de haut : son cartable à bretelles repousse en pointe le dos de son anorak entre ses épaules et l'engonce dans une posture pas très naturelle, ligaturé sous le vêtement coincé. Cela forme comme une poignée. Je la saisis et je soulève ainsi le bonhomme sans risque de le toucher. Il hurle : « T'as pas droit d'm'arracher mes vêtements ! » Preuve qu'il a déjà saisi l'air du temps : il a un système, il tente de transformer tous les actes d'autorité des enseignants en délits privés. Je ne veux pas lui prendre son anorak, bien trop petit pour moi. Je le lui dirais volontiers mais j'ai, dans l'urgence, un autre souci : mes élèves regardent cet impressionnant spectacle et je crains les témoignages qui ressortent de ces ambiances extrêmes. Je leur fais donc voir, du geste et de la parole, que je ne touche pas le bonhomme, que je ne le frappe pas ni ne le frapperai à aucun moment, mais qu'il m'obéira car il a l'intention de sortir de l'école, ce qui est impossible. Je le fais donc tourner, épouvantail suspendu, pour qu'on voie bien ma prise et sa posture. Les hurlements se tarissent d'ailleurs assez vite. Pauvre bonhomme, il ne lui reste plus que ses mouvements de jambes désordonnés mais vains puisqu'il ne touche pas le sol. Cela provoque d'ailleurs une petite hilarité gênée des grands qui achève de faire taire mon clown. Les enfants de cet âge-là sont rarement solidaires, ils se portent le plus souvent du côté du plus fort. Ni plus ni moins que certains de mes collègues devant un inspecteur.

La victoire qui suit n'est pas glorieuse, mais elle est nécessaire. C'est le conflit qui n'aurait pas dû avoir lieu. Ce n'est pas vraiment mon petit bonhomme qui mérite l'opprobre – si, un peu quand même, il faut qu'il grandisse, il faut qu'il comprenne. La honte vraie, c'est que de telles choses arrivent à l'école. Et, au primaire, nos élèves ne sont que des enfants. Je pense souvent aux professeurs de collège qui ont affaire à des pré-ados. Je l'ai assis sur une table, j'ai approché mes yeux courroucés des siens, il a levé la main dans l'intention de me frapper, dans le droit fil de ses actes précédents, puis il a reculé sa main, montrant son hésitation, et il m'a regardé en face un instant. C'était le point d'inflexion de la crise, il a commencé à reculer. À partir de là, il a eu peur, il s'est liquéfié puis s'est même jeté à mes pieds en pleurant et en me disant qu'il m'aimait – confondant tout. Je lui ai répondu que je ne l'aimais pas, que je lui demandais simplement de faire ce que la maîtresse demande, de dire bonjour en entrant, merci quand on lui donne quelque chose... Et tant qu'on y était, d'écrire sur les lignes bien proprement parce que je trouvais que son écriture laissait à désirer. S'il faisait tout ça comme il faut, alors moi aussi je lui dirais bientôt bonjour.

Le châtiment corporel est considéré comme un délit. Ici, le seul à avoir reçu des coups, c'est moi. Je m'en suis tiré avec quelques bleus au tibia – il se débattait, mon diable. Je ne porterai pas plainte, comme disait le comique. C'est pourtant ce que propose l'Éducation nationale comme seule solution à ce type de conflit. L'État refuse que j'aie de l'autorité sur la cour d'école qu'il me confie. Je suis, moi aussi, opposé aux châtiments corporels et j'ai réussi à faire toute ma carrière sans (ou presque...), mais je me demande si une fessée spectaculaire – ou bien une « taloche de père de famille » qui enverrait un instituteur au tribunal mais pas son ancien ministre, à qui elle a fait gagner trois points dans la course aux présidentielles –, bien mise en scène devant les autres, donnée sans colère, avec l'autorité reconnue de la nation et à travers le blue-jean, ne serait pas moins traumatisante pour tout le monde que ce que je viens de raconter. Qu'est-ce qui a fait céder cet enfant un peu perdu ? Il a eu peur tout d'un coup des conséquences de ses actes, ce qui est un pas vers l'autonomie. Quelle conséquence a-t-il envisagé ? Je crois qu'il a vu ma colère, qu'il a compris que je ne céderai jamais, qu'il a soudain réalisé qu'il avait pris des risques inconsidérés, que rien ne le protégeait de ma force physique, qu'il était comme un bébé gorille devant le vieux « dos argenté ». Je crois qu'il a eu tout à coup peur, très peur... Et c'est sans doute bien plus traumatisant que la fessée sur le blue-jean.

Le bilan de cette affaire, c'est que mon petit bonhomme s'est mis au travail, il s'est mis à bien écrire, à faire attention à ce que la maîtresse demandait. Il s'est révélé être le petit garçon gentil, drôle et attachant que son visage rond annonçait. Cette histoire m'a aussi valu quelques quolibets de la part de mes collègues chaque fois qu'il s'appliquait à me dire respectueusement bonjour tous les matins. Et je n'ai pas tenu les trois semaines de sévérité promises. Tout n'est pas réglé – ce serait trop simple – mais il est possible que, sans cet incident, il ait eu une scolarité moins utile. Il est possible que cette affaire l'ait « remis dans le droit chemin », pour un moment en tout cas.

« Nique ta mère »

Une telle histoire, bien plus fréquente qu'on ne le pense et dans plus d'une école, est assez triste. Certains enfants n'ont pas compris les règles élémentaires du respect humain et battent régulièrement leurs parents – je n'invente rien, je le vois. C'est une chose.

Mon problème, c'est qu'ils tentent aussi de martyriser les enseignants. Qui sont devant eux dans un état de faiblesse disparu depuis le XVIIIe siècle, voire même l'époque romaine, quand les précepteurs n'étaient que les valets ou les esclaves des enfants qu'on leur confiait. Non seulement l'État ne protège plus du tout ses fonctionnaires, mais je pense que c'est lui qui organise cette déliquescence. Il existe sans doute des écoles et plus encore des collèges et des lycées où il est désormais impossible d'enseigner quoi que ce soit. En voici un sinistre exemple, non expurgé, tiré d'un tract syndical établi par les enseignants d'un lycée professionnel (début 2002) :

> État des lieux des incivilités et agressions depuis la rentrée de septembre [...] :
>
> Coups de pied dans les portes des salles pendant les cours. – Bagarres dans les couloirs et hurlements. – Crachats dans les locaux. – Excréments dans le gymnase et au sol dans les toilettes. – Vidange des extincteurs. – Marquages obscènes sur les murs des locaux : « Nique ta mère, la police, vive Ben Laden, mort à la France. » – Dégradations de matériels et de locaux : début de feu dans un couloir, interrupteurs brûlés, vitres cassées, serrures obstruées. – Dégradations de certains véhicules sur le parking. – Tenue vestimentaire non respectée dans les ateliers. – Attitude dangereuse en atelier. – Refus de s'identifier auprès des personnels. – Agressions verbales et gestuelles envers le personnel féminin : « J'te suce les tétons et j'te bouffe la chatte. » – Injures : « Pauvre conne, fils de pute, ça me pète les couilles, je déterre ta mère et je l'encule. » – Menaces de représailles sur le personnel et intimidation : « Je vais te planter. » « Faut pas

> s'étonner qu'on cogne les profs. » – Contestation systématique. – Insultes et bagarres régulières entre les élèves. – Racket habituel sur les cigarettes, l'argent. – Jets d'objets divers en classe : gommes, pierres, piles, compas (dans le dos d'un enseignant !). – Bombes lacrymogènes dans les couloirs et au visage de plusieurs enseignants. – Professeurs bousculés dans les couloirs. [...]
>
> À ce jour, [...], 14 conseils de discipline, 22 élèves en commission prédisciplinaire. Aucun parent n'est volontaire pour siéger au conseil d'administration de l'établissement. Dans ce climat, certains élèves se sentant persécutés et en danger ont réclamé à plusieurs reprises un endroit sécurisé au moyen de caméras dans la cour !

Qui prend des risques aujourd'hui dans de tels conflits ? Si j'étais plus jeune et moins reconnu dans mon travail, si j'avais une clique partisane quelconque sur le dos, si j'étais en conflit avec la mairie... Si la maman du petit inconscient avait appris l'affaire par quelqu'un d'autre que moi, par un enfant impressionné, par un parent un peu malveillant... Si la maman n'avait pas été d'accord avec moi comme elle l'a été... je risquais bien une plainte et donc une mise en examen. Je n'exagère pas du tout.

On nous jette volontairement au milieu d'une mêlée où nous n'avons rien à faire. Je l'ai vécu : le père d'élève entre dans l'école pour me traiter de connard et, le soir, l'inspecteur me demande de me justifier... Je ne l'ai pas digérée, celle-là.

Beaucoup d'enseignants préfèrent se taire devant de telles agressions, par peur des conséquences. C'est ainsi que des élèves de huit ans – ne relevant absolument pas de psychiatrie – n'hésitent pas à lever la main sur des directeurs d'école parce que le chemin de leurs petites volontés n'a jamais été barré par des enseignants qui s'y sentaient autorisés. Et c'est ainsi que certains établissements du secondaire sont devenus des enfers.

Il ne faut jamais perdre de vue que ce ne sont pas les enseignants qui subissent le plus de violences dans ce cadre-là. Chers parents, ce sont vos enfants qui en subissent le plus. Les plus faibles, les plus jeunes, les plus à lunettes, les plus « polars », les plus « intellos », maigrichons ou rondouillards, trop bruns ou trop blonds, et... les filles.

Leçon 6
Les programmes

TOUT NOUVEAU, TOUT BEAU

« Sur mon cahier de CP, j'ai retrouvé des divisions à un chiffre au diviseur. La division, aujourd'hui, est au mieux abordée en fin de CM1 », m'a écrit récemment un professeur de maths de plus de cinquante ans [1].

Et vous n'avez pas vu les tout nouveaux programmes car, chez nous, les programmes sont devenus la chose la plus volatile qui soit. Ils sont en perpétuelle réécriture, toujours dans le sens du moins ; moins de connaissances, moins d'exercices, moins d'heures de français, de lecture, de maths, moins de temps de conjugaison, moins de verbes, moins de mots. L'INRP est le contraire du biscuitier. L'INRP, c'est M. Moins.

Moins de choses à étudier mais plus modernes, plus nouvelles ! Nouvelle politique éducative, nou-

1. Michel Delord, voir son site http://michel.delord.free.fr.

veaux programmes, nouveaux rythmes scolaires, nouveau, nouveau, nouveau, il y a en permanence des NPE [1] et des NTICE [2], de nouvelles instructions, tous les ans, tous les mois, toutes les semaines, et quel que soit le ministre, de droite ou de gauche, ce n'est point l'affaire : l'instituteur est coupable de ne pas savoir s'adapter à ce monde en mutation perpétuelle. Nouveau, nouveau, nouveau, nous serine-t-on, comme les gondoles de supermarché qui croient nous abuser avec leur prétendue nouveauté qui n'est jamais que l'emballage clinquant d'une même marchandise toujours plus maigre. Ici, la pauvre marchandise gérée à flux tendu par le système des cycles, ce sont nos élèves, et les gondoles, nos cadres pédagogiques. Générations sacrifiées par des têtes de gondole.

Cette instabilité nous invalide. Il y a cinq ans, des inspecteurs et des conseillers pédagogiques convaincus de la justesse et de l'importance du sujet m'ont férocement enjoint de mettre en place les « études dirigées ». Elles ne sont plus du tout dans les programmes de cette année. Alors j'avais peut-être raison il y a cinq ans ? Le projet pédagogique – écrit par obligation légale – que nous avions intitulé « Lire, écrire, compter » a été invalidé comme *délinquant*, à cause de son titre. Aujourd'hui, le plan de communication des nouveaux programmes – seulement le

1. NPE, Nouvelle politique éducative, sous le ministère de François Bayrou. Rien à voir avec la NEP de Lénine qui, elle, n'était qu'économique.

2. NTIC, Nouvelles technologies de l'information et de la communication.

« plan de com' » – reprend à son compte le projet pédagogique « Lire, écrire, compter » qu'ils m'interdisaient hier. Mais seulement pour la galerie, parce que les programmes, eux, sont très fidèles à ceux des dernières années.

En cachette, j'ai fait lire à voix haute malgré les interdictions, et les tout derniers programmes insistent sur la lecture à voix haute. Maintenant, ils vont me contraindre à ce qu'ils m'interdisaient, et m'interdire ce à quoi ils me contraignaient, mais toujours avec la même fougue partisane. Car si chez nous tout est instable, il y a tout de même une constante : l'exaltation pédagogique de nos cadres pour des théories qui, elles, changent sans arrêt. Qu'ils soient rassurés, ils vont pouvoir à nouveau s'exalter avec les nouvelles options férocement obligatoires des nouveaux programmes. Cette façon de changer la vérité tous les quinze jours tue la vérité. De plus, quand la vérité vient de changer, les cadres qui en sont avertis redescendent dans nos classes, pleins de morgue pédagogique, pour moquer notre arriération, à nous qui ne faisons plus depuis longtemps que ce qu'ils nous imposent... Un tel comportement n'est pas compatible avec une science. Il n'est possible qu'avec une religion. La pédagogie moderne est une religion, et ses cadres sont une secte.

Ça fait déjà huit ans qu'on n'apprend plus le plus-que-parfait en primaire. Ni, évidemment, le futur antérieur ou le passé antérieur...

Les pédagogistes ont attaqué les vraies difficultés de l'école primaire, en repoussant à plus tard, à une maturité intellectuelle plus aboutie, les éléments du programme les plus difficiles à comprendre. Comme la division, comme la multiplication par un nombre décimal, en particulier plus petit que un, comme la nécessité de la démonstration, comme le plus-que-parfait et les autres temps composés... Une grande partie des enseignants, et moi avec, a accepté l'argumentation qui est simple : si c'est difficile, c'est que c'est trop difficile, c'est que les enfants ne sont pas mûrs pour entendre des complexités qui les dépassent. Et cela semble vrai : un élève de quatrième comprendra plus facilement qu'un élève de CM2 qu'on ne peut affirmer sans vérifier. Un CM2 manipulera plus facilement qu'un CP la plutôt lourde méthode de la division occidentale. Un collégien saisira plus facilement qu'un CM2 le nombre décimal comme une fraction. C'est bien vrai que les complexités nouvelles dépassent les débutants. Mais il est particulièrement stupide d'en déduire que ça ira mieux s'ils restent débutants plus longtemps.

Mon raisonnement est empirique. Je me suis rendu compte un jour, après avoir acquiescé à la suppression du plus-que-parfait des programmes de 1995, que tant qu'on ne s'encombrait pas l'esprit de ces formes verbales prétendument peu utilisées, on ne comprenait pas la notion de temps composé, donc on ne mémorisait pas bien le passé composé. Connaître le plus-que-parfait permet de connaître le passé composé. Chaque temps composé montré en face de son temps simple puis mémorisé, et le monde tourne rond, et la vie est belle, et les temps simples sont mieux compris, mieux connus et même mieux mémorisés. Il faut connaître les quatre opérations pour en comprendre une. J'affirme que les enfants de sept ans qui désormais ne connaissent que l'addition ne peuvent pas la comprendre. Supprimer un contenu des programmes pour promouvoir à la place la *conceptualisation autonome de contenus plus élémentaires* produit l'effet inverse. C'est aussi par la quantité de connaissances mémorisées que l'élève comprendra des concepts organisés... d'autant plus si nous les mettons en évidence.

Pour caricaturer, mais pas tant que ça, on peut dire que les modernes veulent faire deviner aux enfants eux-mêmes la notion de temps composé et que, dans ce but, ils ne leur apprennent plus les temps composés. Cela dit, je veux bien reconnaître qu'on ne peut pas aborder les nombres décimaux avec des élèves de CP. Ils sont trop jeunes. Mais est-ce parce qu'ils ont moins de huit ans ou plutôt parce qu'ils n'ont pas encore assez manipulé les entiers, avec leurs dizaines et leurs centaines ? Certains psychologues qui ont étudié ces questions ont expliqué que chaque notion avait son âge. Les didacticiens en on déduit qu'il suffisait de l'attendre, cet âge, et la notion se construirait d'elle-même ! Il suffirait alors de la faire « émerger ». C'est-à-dire qu'il n'y a plus de transmission de la culture. Il n'y a plus besoin d'école. Et ça c'est un argument, pour les modernes. Tout ce qui va dans le sens de moins d'école va, à leurs yeux, dans le bon sens. Le fond de leur philosophie est facile à reconnaître.

Il se pourrait bien que la capacité à aborder une notion ne dépende pas seulement de l'âge mais aussi du travail intellectuel systématique fourni avant. Ce serait une bonne chose sans doute, que les psychologues concernés mesurassent plutôt l'évolution récente des âges nécessaires à chaque notion. En voyant que cet âge nécessaire recule, ils pourraient en déduire l'influence de leurs théories fausses sur le recul de l'humanité.

Mes élèves de CM1 savent faire toutes les divisions avant le mois de février. Sans écrire la soustraction sous le dividende. Ils connaissent les tables de multiplication et apprennent celles de 12, 13, 14 et 15 et, bien sûr, tous les temps composés. Inutiles encombrements scolastiques de mémoires qui seront bien pleines mais jamais bien faites, me dit-on! Ridicule acharnement à utiliser une technique barbare (*sic*) qui demande, pour seulement diviser, de savoir tout faire en même temps; qui est tellement complexe qu'on n'en comprend plus le sens; dont on pourrait se passer puisque les calculettes le font si aisément.

Une réponse seulement : ceux qui savent diviser avec notre méthode – effectivement lourde et qui oblige à retenir plusieurs choses en même temps – savent alors multiplier *et* soustraire *et* estimer *et* trouver l'ordre de grandeur *et* tenter une possibilité *et* vérifier sa validité *et* se débrouiller tout seuls. Et, puisqu'ils savent le faire tout ensemble, alors ils savent – *at least* – le faire séparément. C'est moins certain pour les utilisateurs de calculettes : un étudiant en licence a sorti devant moi sa calculette pour prendre un millième de trois millions. Celui-là n'avait même pas la numération décimale dans la tête. C'est la faute de l'école primaire. Ça ne me fait pas rire : c'est un peu ma faute.

Des têtes bien pleines ou des têtes bien faites ? Avez-vous jamais vu une tête vide qui soit bien faite ?

Les pédagogistes ont repoussé à plus tard la division, la multiplication par un nombre décimal, la nécessité de la démonstration. Repoussé à plus tard, c'est vite dit. Autant ils forcent les enseignants du primaire à faire découvrir, donc à faire vérifier sinon démontrer, autant la démonstration, déjà repoussée de la quatrième à la seconde, se voit actuellement envoyée dans les limbes. Tout simplement, on ne démontre plus au collège, ni même au lycée. On force nos élèves, qui en sont à l'âge des définitions, à découvrir et donc à démontrer. C'est cela qui les empêche d'avoir les notions clairement définies dans la tête. Et ceux qui sont à l'âge des démonstrations, on ne leur en montrera même pas l'intérêt.

Pour les langues vivantes, l'affaire est plus criante encore. La presse m'a appris un été que j'enseignerai l'anglais à mes CM1 à la rentrée. Mes CM2 font de l'anglais depuis quelques années. La commune en supporte d'ailleurs les frais. C'est comme ça que ça fonctionne de nos jours : par souci de popularité, le gentil ministre annonce pendant l'été que tous les élèves de France feront une langue vivante dès le CM1 ou que toutes les écoles seront équipées d'un accès à Internet. Et à la rentrée, des circulaires nous mettent en demeure d'enseigner l'anglais ou imposent aux communes d'acheter des ordinateurs... Le ministre n'a dépensé que le coût d'une circulaire : c'est moins cher qu'une seule affiche électorale sur un panneau payant. La commune, elle, a dû trouver un intervenant extérieur et payer ainsi un enseignant à statut communal qui devra enseigner un programme national. C'est un précédent énorme que de faire payer les enseignants par la commune.

C'est ainsi que je me suis vu contraint d'apprendre l'anglais pour pouvoir l'enseigner. En trois jours. Ce qui ramène à un très faible niveau de productivité les études universitaires des professeurs de langue. J'ai pourtant eu l'occasion de voir travailler des profs d'anglais avec mes élèves. Et j'ai cru remarquer que c'était un métier bien particulier.

Ce stage de trois jours pour m'apprendre à enseigner l'anglais, on aurait pu le supposer intensif – nous n'avions que trois jours, tout de même ! Ce serait mal connaître l'Éducation nationale, qui sait si bien organiser des stages. Présentations, discussions sur la didactique, la méthode pédagogique la plus *moderne*, mais pas d'anglais. Ou très peu. Juste assez pour nous affirmer et nous réaffirmer comme un précepte : en langues vivantes, il ne faut jamais rien écrire avec des débutants. Ils ont tellement insisté que cela m'a inévitablement fait penser à la lecture globale où il ne *faut* pas syllaber. Encore un dogme ? Il ne faut jamais écrire car le langage est oral. N'écrivez jamais, laissez-les entendre. Quelle insistance ! Pourtant, à la première occasion, le professeur d'anglais qui officiait nous a écrit le mot qu'il prononçait d'un bel accent londonien et que nous comprenions mal.

Nous sommes rentrés dans nos classes chargés de principes et lestés d'un bon de commande de cassettes audio censées nous guider dans notre nouveau métier. Il faut ajouter, pour être complet, que nous n'avons jamais reçu ce matériel, les crédits ou le stock de cassettes étant épuisés... On devrait en rire mais c'est triste, bête et même assez minable. L'Éducation nationale est quelquefois assez minable.

La philosophie des modernes est simple et modeste : pour enseigner l'anglais, il vaut mieux ne pas le savoir et en tout cas ne jamais l'écrire. Moins de matière, moins de disciplines, moins de connaissances... Voilà leur vrai dogme.

Cadavres exquis

Le niveau de mes élèves en grammaire a baissé voilà six ans.

Le jeune inspecteur avait pris la liasse de feuilles d'exercices de grammaire d'un classeur d'élève entre le pouce et l'index, en la secouant un peu pour attirer mon attention sur l'évidence du fait. « Et ça ? » me demande-t-il avec ce genre de haussement d'épaules imperceptible que personne ne supporte. Mon air étonné l'a amené à reconsidérer que la faute n'était sans doute pas évidente pour un dinosaure de ma sorte. Alors il a expliqué, après un soupir discret et une très légère dénégation de tête : « Trop ! Il y en a trop ! » Je dois vraiment avoir un air ahuri assez épais quand je découvre les choses parce que, à me considérer comme ça, il s'est senti obligé de rajouter des explications.

J'ai plus ou moins obtempéré. Je n'étais pas encore au point de refus où je suis aujourd'hui. Et, surtout, il est revenu avec l'inspecteur d'académie pour me « mettre en demeure » d'appliquer ses consignes. J'ai été « mis en demeure » de dire que j'en appliquerai « certaine ». Le « s » manquant ne s'entend pas dans « certaine ». J'ai obéi à la mise en demeure pour une seule chose : j'ai changé ma façon de faire de la grammaire.

Je voulais depuis longtemps réhabiliter les manuels scolaires. J'ai saisi l'occasion, j'ai cherché un manuel de grammaire et je l'ai suivi. Avant, je faisais tout, tout seul, comme on me l'a appris dans mon jeune âge. Mais je n'aime pas le mépris des livres que ça suppose.

Aujourd'hui mes élèves ont tous un joli livre de grammaire récent, qui m'a fait avancer vers la modernité. La modernité est un gage de succès, c'est évident. La première année, j'ai suivi le manuel page à page. La deuxième année, le même jeune inspecteur, qui prétendait alors faire fi des résultats mesurés de mes élèves à leur entrée en sixième (lorsqu'ils étaient bons), est venu s'inquiéter de la nouveauté mesurée : une baisse générale des résultats de mes élèves en « connaissance du code [1] ». Son inquiétude légitime a pris la forme d'une conférence pédagogique de mise

1. Non du code de la route mais le code de la langue, ce qui signifie orthographe, accord des verbes et des adjectifs. Les modernes le sont jusqu'au langage.

au pas, spécialement pour notre école, pour nous *expliquer* l'intérêt du projet d'école, moyen le plus absolu de défense contre les baisses inopinées en « connaissance du code ». Domaine dans lequel – le projet d'école – nous reconnaissons tout à fait nos mauvaises compétences. Évidemment, chers collègues néophytes, si jamais un jour vous constatez une baisse en « connaissance du code », ayez la réponse réflexe : un nouveau « projet d'école » et le problème sera vite réglé... Quoi, une tache sur mon torchon ? Vite, ma lessive miracle ! Quoi, des fautes d'orthographe ? Vite, un projet d'école !

L'inspecteur nous a demandé d'un air entendu les raisons de cette baisse en « connaissance du code ». J'ai répondu que c'était le seul domaine où j'avais suivi ses conseils. Certaines réponses sont quelquefois bien plaisantes à faire.

Notre impertinence mise à part, les raisons sont bien là. C'est très simple à comprendre. Avec le nouveau livre de grammaire, on fait trois fois moins d'exercices systématiques. C'est tout. Alors après, ça marche moins bien. Et quand nos modernes proposent une solution (une « remédiation » dans leur jargon), c'est toujours pour s'enfoncer plus avant dans la méthode qui est à la cause du problème. Un projet d'école[1], ça veut dire aller se promener, repeindre le préau, élaborer un CD-Rom avec les photos de la classe. C'est-à-dire moins d'exercices systématiques. Ça fait trente ans que chaque fois qu'on constate un

1. Cf. le projet d'école, p. 233.

échec, on en épaissit la cause. Vous êtes las, seigneur Argan, vite un clystère et une saignée... Ah, décidément, seigneur Argan, vous semblez ce matin bien plus faible qu'hier, vite un autre clystère et une autre saignée !

Comme les non-enseignants qui lisent ces lignes pourraient ne pas me croire, je cite un document de travail récent de ma circonscription d'Éducation nationale. La réunion CM2-sixième qui venait d'avoir lieu s'était résumée à une sérieuse empoignade sur le niveau de lecture des élèves venant du primaire.

> Liaison cycle 3/sixième :
>
> Les réunions dans le cadre de la liaison école/collège ont permis de mettre en évidence un ensemble d'éléments tendant à être améliorés.
>
> Il apparaît globalement que les points majeurs sur lesquels achoppent les élèves que nous envoyons au collège concernent la lecture avec, évidemment, des conséquences sur les différents champs disciplinaires.
>
> Je crois qu'il est peut-être nécessaire d'orienter prioritairement les axes de réflexion et de travail sur cet aspect de la maîtrise de la langue pour ce qui concerne le cycle 3, en saisissant par exemple l'opportunité des *nouveaux projets d'école*.

La réponse est invariable, quel que soit l'inspecteur, quel que soit l'interlocuteur, pourvu qu'il soit moderne : toujours plus de projet ! C'est un comportement aliéné qui s'obstine ainsi sans jamais regarder ses résultats.

La diminution de la quantité d'exercices n'explique pas tout. Je ne suis pas littéraire de formation, et j'ai quelquefois du mal à me retrouver dans les nouveautés. Avant d'aborder le verbe et son sujet, le livre de grammaire aborde les « types de textes » et les « formes de textes ». Les types de textes, c'est... très certainement une théorie littéraire à la mode ou définie par un chercheur bien en cour. Je ne vois strictement aucun intérêt à faire répéter à mes élèves qu'un texte qui raconte une histoire est un texte narratif et qu'un mode d'emploi est un texte de type injonctif. Ces inutilités servent uniquement à recopier, *in extenso*, dans les livres de grammaire, des publicités qu'on étudie comme on étudierait Lamartine. Pour y remarquer, bien sûr, la grande fréquence de phrases sans verbe, des phrases nominales, lesquelles sont ainsi étudiées en priorité, avant les autres types de phrases, vous savez, ces étonnantes phrases du français antique organisées autour d'un verbe conjugué. Quand mes élèves lisent un roman, ils savent que c'est un roman, quand ils lisent un mode d'emploi, ils savent que c'est un mode d'emploi. Votre typologie des textes ne les intéresse pas du tout, ni moi non plus. Elle n'a servi qu'à donner un statut au jargon d'entreprise, si bien installé chez nos cadres de l'Éducation nationale.

Trois leçons sur les types et les formes de textes. Une seule sur les compléments d'objet (direct et indirect en une seule fois), une seule sur tous les compléments circonstanciels.

Que sont ces sciences étonnantes, qui offrent l'immense tribune de l'école primaire à la dernière théorie à la mode ? À la mode, peut-être infondée et en tout cas pas à sa place. Qui sont donc ces étranges chercheurs qui prétendent changer le monde par leurs théories, qui réussissent à faire en sorte que leurs nouvelles théories chassent les précédentes, qui arrivent à leur donner un tel statut de vérité et d'importance qu'elles ont immédiatement le droit et l'honneur d'appartenir au *corpus* élémentaire.

Ces chercheurs-là sont des politiques, des grenouillards ou des hommes de cour, pas des scientifiques. Je prends leur histoire de types de textes pour de la carabistouille.

Cette carabistouille est enseignée dans toutes les écoles primaires.

Comment reconnaît-on le complément d'objet direct (le COD) ? On m'avait bien expliqué qu'il ne faut surtout pas poser la question « quoi ? » après le verbe pour trouver le complément d'objet direct. « L'enfant mange sa soupe. » L'enfant mange quoi ? Sa soupe est complément d'objet direct du verbe « manger ». C'est une méthode mécanique sinon mécaniste, donc un peu bêtifiante, et qui souffre des exceptions : « Je suis gentil. » Je suis quoi ? Gentil. « Gentil » est attribut du sujet du verbe d'état !

La méthode non bêtifiante de substitution est celle-ci : l'élève doit vérifier que le complément visé est fixe (on ne peut pas le faire passer de l'autre côté du verbe en gardant un sens à la phrase) et direct (le groupe COD peut servir de groupe sujet dans une autre phrase) et qu'il devient sujet lorsque l'on met la phrase à la voix passive.

Cher lecteur, vous supporterez bien un peu de la grammaire moderne qu'on fait subir à vos enfants :

Trouver le groupe complément d'objet direct dans la phrase suivante : « Le groupe d'enfants promène le petit chien dans le jardin. »

A. MÉTHODE MODERNE

1. Permutations (sur le mode « Belle marquise... »)

Le groupe d'enfants dans le jardin promène le petit chien.

Le groupe d'enfants le petit chien dans le jardin promène.

Le groupe d'enfants le petit chien promène dans le jardin.

On peut faire passer « dans le jardin » de l'autre côté du verbe conjugué « promène » mais pas « le petit chien », « le petit chien » est donc un complément fixe (non déplaçable).

2. *Inventer une autre phrase* (cadavres exquis)

Le petit chien ronge un os. Le petit chien est un coquin.

Dans le jardin se couvre de rosée. Impossible !

« Le petit chien » peut devenir sujet dans une autre phrase inventée : il est direct. « Dans le jardin » ne peut pas servir de sujet dans une autre phrase inventée, c'est un complément indirect.

3. *Voix passive* (subjectivation de l'objet)

Le petit chien est promené par les enfants dans le jardin.

« Le petit chien » est devenu le sujet du verbe à la voix passive.

Conclusion : « Le petit chien » est fixe car il ne peut pas passer de l'autre côté du verbe conjugué. Il est direct car il peut devenir le groupe sujet d'une autre phrase inventée, et il devient sujet à la voix passive. « Le petit chien » est le complément d'objet direct. Récré !

B. MÉTHODE ANCIENNE (mécanique, fausse, un peu bête, réactionnaire... À proscrire)

Le groupe d'enfants promène quoi ? « Le petit chien » ! « Le petit chien » est le complément d'objet direct de « promène ».

Comparer des méthodes, c'est de la didactique. Je viens de faire de la didactique.

Ces histoires de permutations doivent aussi correspondre à une théorie dont j'ignore l'auteur. Je les trouve aussi « mécanistes » que la question « quoi ? », mais plus compliquées.

Je dois tout de même être plus précis sur les raisons qui poussent les modernes à dénigrer la méthode ancienne. La méthode de la question « quoi ? » n'est pas exhaustive, elle provoque quelques erreurs, en cas d'exception, si le verbe n'est pas un verbe d'action mais un verbe d'état. C'est à cause de l'attribut du sujet qu'il ne faut pas poser la question « quoi ? ».

« Le petit chien ronge un os. » Le petit chien ronge quoi ? « Un os ». « Un os » est COD.

« Le petit chien est un coquin. » Le petit chien est quoi ? « Un coquin ». Mais « un coquin » est attribut du sujet du verbe d'état, et pas du tout COD. Ça vient du verbe. Il suffit de s'entraîner à faire attention au verbe ou de mettre au féminin, « La petite chienne est une coquine», et en même temps de voir par le sens s'il y a une action et un objet à cette action. Ce qui deviendra ensuite la seule méthode. La méthode du débutant qui n'a pas encore compris, celle de la découverte, celle qui sert à comprendre, n'est pas forcément la plus vraie.

En fait, nos modernes didacticiens nous obligent à travailler comme des soldats en manœuvres, en traînant un sac plein de cailloux inutiles. Ils ajoutent des difficultés au débutant, parce qu'ils le veulent immédiatement parfait. Ils cherchent des méthodes de découverte qui soient exhaustives, qui évitent tout de suite toutes les exceptions et les cas particuliers (comme les verbes d'état pour le COD) et qui, en même temps, fassent comprendre d'un coup toute la finesse, toute la quintessence de l'objet étudié.

Je dis qu'il faut commencer par le commencement et qu'il y a forcément des méthodes pour débutants qui ne sont pas immédiatement complètes. Il faut bien prendre les choses par un bout. Avec les systèmes proposés par nos modernes, l'exception devient plus importante que la règle. Ils ergotent et font ergoter sur les détails avant de s'attaquer au cœur de l'affaire. C'est aussi comme ça qu'on en arrive à des situations où, abreuvés de détails innombrables, les élèves modernes n'ont plus l'essence des objets étudiés.

Quant au reproche de mécanisme, il m'amuse. Leurs tentatives inutiles d'exhaustivité les amènent la plupart du temps à bien plus de mécanisme que les méthodes qu'ils critiquent. L'exemple des deux méthodes de reconnaissance des COD est assez parlant.

Autre avantage des méthodes anciennes, au moins au primaire, c'est que même un instituteur peu doué avait des résultats avec les systèmes simples qui vont bien aux enfants. On peut considérer que les instituteurs peu doués sont rares. Les théories pédagogiques imbéciles, elles, sont devenues générales.

BEAUMARCHAIS ET BRUCE WILLIS

Je ne l'ai fait qu'une fois. J'ai fait apprendre une partie du monologue de Figaro, de Beaumarchais, à mes CM2. Je ne l'ai dit à personne. Je leur ai même fait voir une vidéo de la pièce. Je ne l'ai dit à personne non plus. En secret, j'ai essayé de savoir s'ils y comprenaient quelque chose. J'ai trouvé que oui. S'ils ont aimé ça ? Ils m'ont dit que oui.

Ils ont bien aimé Suzanne. Je crois que tout le monde aime un peu Suzanne. Ils se sont mis à la place de Chérubin, ils se seraient volontiers laissé attifer par la comtesse. « Je ne sais plus ce que je suis ; mais depuis quelque temps je sens ma poitrine agitée ; mon cœur palpite au seul aspect d'une femme... » Ils ont ri des victoires de Figaro, je crois qu'ils ont compris bien des retournements, bien des ruses et qu'ils ont aimé la déconfiture du comte, qu'ils ont aimé finalement que Suzanne reste à Figaro. Ils ont ri, ils ont commenté, ils ont espéré, ils ont été surpris aussi, retournés, perdus et rattrapés par cette pièce qui roule si vite. Bien sûr, on a arrêté le fil de la projection quelquefois, pour préciser, pour faire dire, pour essayer de ne pas laisser les plus lambins derrière nous. Eux aussi ont le droit d'aimer Suzanne ou Chérubin.

Nous avons détaillé le monologue, distingué les nobles de leurs valets, préparé l'étude de la Révolution, appris quelques mots précis, « que sans liberté de blâmer, il n'est point d'éloge flatteur ». Blâmer, éloge, flatteur. Et ils ont récité de mémoire le début : « Qu'avez-vous fait pour tant de bien ? Vous vous êtes donné la peine de naître, et rien de plus, du reste homme assez ordinaire... » Ils l'ont joué, ils l'ont défendu, ils l'ont aimé.

C'est plus difficile que le dernier film de Bruce Willis ! En tout cas plus complexe, plus imprévisible, mais aussi plus vrai, plus fondé, plus drôle, plus fin. Je ne critique pas plus que ça le dernier film de Bruce Willis ; ni *Harry Potter*, qui a créé une mode pour la lecture. J'en suis enchanté. De ces deux vantardises entendues, je préfère la première : « Moi, j'ai déjà tout lu jusqu'au tome 3 ! » « Moi, j'ai des Nike Air Pump de luxe ! »

Ma propagande gratuite ira vers Beaumarchais et La Fontaine puis toute littérature moderne ou ancienne, pour enfants ou pour plus grands, toute littérature qui pourrait permettre de bien montrer le plaisir qu'elle offre à celui qui se donne la peine de la lire. Je pense qu'on sait lire pour avoir beaucoup lu. Et je suis sûr que la seule chose qu'on puisse lire en quantité, c'est la littérature. Pas les textes techniques ou « injonctifs » ! La littérature, on peut en lire beaucoup parce que c'est bien, parce que c'est beau, parce que ça fait rire ou pleurer, parce que ça raconte des histoires, de princesses ou de héros, de policiers ou de jeunes sorciers, d'amour, de trahison ou de n'importe quoi d'intéressant et de gratuit. Les textes techniques sont des pensums. Personne n'en lit que par nécessité.

Ou alors, on est payé pour les lire. La lecture de documents techniques n'a lieu que dans les entreprises. Nos responsables pédagogiques, qui se voudraient très liés à l'Entreprise, ont utilisé des théories linguistiques pour placer le texte injonctif – c'est-à-dire technique – devant la littérature. S'ils pouvaient économiser les heures que nous perdons à l'école sur des futilités comme le roman ou le théâtre pour ne nous payer que les heures qui seront utiles à l'intérieur de l'Entreprise... Si on pouvait n'apprendre aux élèves que le strict nécessaire au déchiffrage de documents techniques, quelle économie ! Ce sont simplement ceux qui ont beaucoup lu, donc de la littérature, qui lisent le mieux vos maudits textes techniques. Alors laissez les professeurs de français faire leur travail. Même pour atteindre vos buts, ils sont meilleurs que vous.

Quel est l'extrait qui allumera le désir de lire ? Difficile question, mais ce n'est certainement pas un texte « injonctif ». Un texte que l'enseignant aime sera plus facile à faire aimer. Et les classiques aussi, ceux qui ont traversé les modes, ceux qui sont à la littérature ce que les Beatles sont à la musique moderne, ce que le château-latour est au vin de Bordeaux. Tous mes élèves ont été un peu effrayés par la main de Jean Valjean qui soulève le seau. Beaucoup ont reniflé quand il revient avec la grande poupée que Cosette appellera Catherine : « Tiens, c'est pour toi ! »

Jubilons avec Figaro, avec Marivaux, avec Nestor Burma. Ou avec n'importe quel texte que le professeur aime et juge intéressant. Et apprenons ces poésies-là dès le primaire. « Vous avez jusqu'ici, contre leurs coups épouvantables, résisté sans courber le dos, mais attendons la fin... »

Le responsable récent de toute notre pédagogie moderne, M. Meirieu[1], en tenait pour l'étude des prospectus de supermarché en lieu et place des tragédies de Racine ou Corneille.

« Les pédagogues, dont je fais partie, ont commis des erreurs. Il y a quinze ans, par exemple, je pensais que les élèves défavorisés devaient apprendre à lire dans des modes d'emploi d'appareils électroménagers plutôt que dans les textes littéraires. Parce que j'estimais que c'était plus proche d'eux. Je me suis trompé[2]. »

Il dit aujourd'hui qu'il a changé d'avis. Qu'il s'était trompé. C'était énorme, impensable, immonde. C'était méprisant, peut-être raciste, et dangereux. Et

1. Philippe Meirieu, l'un des chefs de file et grand porte-parole du modernisme, ancien directeur de l'INRP, auteur, entre autres, de *Apprendre, oui mais comment ?*, ESF, 1988 ; *L'école ou la Guerre civile*, avec M. Guiraud, Plon, 1999 ; et de nombreux articles et interventions en défense du modernisme.

2. Philippe Meirieu, *Le Figaro Magazine*, interview du 23 octobre 1999, suite à la parution de son ouvrage *Des enfants et des hommes*, ESF, 1999.

il dit qu'il s'est trompé. Il s'est trompé, il ne recommencera plus... On ne se *trompe* pas à ce point-là.

Quelquefois je me demande si tous ces responsables de la pédagogie ou de l'enseignement de la lecture aiment lire.

Un inspecteur m'invita un jour à un colloque de l'Éducation nationale sur la lecture parce qu'il avait utilisé des livres d'enfants écrits dans ma classe, pour défendre l'honneur pédagogique de sa circonscription. Je me suis retrouvé dans l'un des fauteuils de velours bleu d'une salle des fêtes de gros bourg, spectateur d'un show à l'américaine, avec des intervenants assis sur la scène, en demi-cercle dans des fauteuils bas, face à la salle, répartis en deux groupes, avec micro baladeur qu'ils se passent de l'un à l'autre dans un ordre savant, et un caméraman qui virevolte parmi tout ça, en évitant les pieds de ses projecteurs et ceux des intervenants. On leur a donné la parole l'un après l'autre pour qu'ils puissent dire leur goût de la lecture. Une libraire, passionnée, occupée à proposer des titres, à faire envie, qui avait choisi ce métier pour pouvoir lire toute la journée et qui regrettait que ce ne fût pas possible, mais on ne lui enlèverait jamais ses soirées et ses dimanches. Un lycéen, passionné aussi, de policiers, de fantastique et de science-fiction, un peu embrouillé dans ses choix et qui citait sans fin ses auteurs préférés. Un collégien aux cheveux courts, en cinquième sans doute, qui aimait « vachement » les Bob Morane et les aventures, mais qui trouvait quelquefois trop longues les descriptions de Jules Verne

– preuve qu'il en avait lu – et que *Les Enfants du capitaine Grant* c'était mieux que *Vingt Mille Lieues sous les mers*... Et une petite CM1, bon chic bon genre, en kilt vert et cheveux longs retenus d'un serre-tête assorti, qui a tout dit timidement et en vrac, qu'elle aimait les *Sissi*, les *Grand Galop*, les *Cœur Grenadine* et aussi les *Club des Cinq* et les *Alice* parce que sa maman en avait beaucoup et qu'elle lisait au lit et qu'elle était très contente de réussir enfin à ne plus être malade en lisant dans la voiture – elle a domestiqué son estomac pour mieux abreuver son cœur et son cerveau... La salle d'enseignants l'a applaudie tendrement : vraie petite lectrice libre, autonome et magnifique de simplicité.

On a passé le micro à l'inspectrice de l'Éducation nationale qui représentait les grands lecteurs du corps enseignant. Juste après la petite fille. L'inspectrice a dit tout de suite qu'elle ne lisait pas, qu'elle n'avait pas le temps mais qu'elle connaissait le plaisir d'écrire... ses rapports d'inspection ! Que, jeune fille, elle avait un peu lu et que tous les étés elle lisait au moins un écrit professionnel... Et la voilà qui se met à nous citer ses deux ou trois dernières lectures de la décennie : un livre de psychopédagogie, un traité sur la didactique et je ne sais plus trop quel autre barbarisme imprimé.

Voilà pour ce qu'on a trouvé de mieux comme lecteur parmi nos cadres. Pitoyable.

Leçon 7
Les dogmes

L'AUTONOMIE DE L'ENFANT

Léa a vingt-deux mois. C'est une petite poupée toute blonde, avec déjà une coupe au carré et une frange, des vêtements coquets et bien coupés, une jolie frimousse qui ne sourit jamais. Elle arbore en permanence une moue méchante, a le regard noir et les sourcils toujours froncés. Elle semble furieuse, en permanence furieuse contre tout ce qui l'entoure.

Elle arrive à l'école en traînant les pieds, deux mois avant la possibilité légale d'inscription. Elle a des parents attentifs, sérieux, soigneux, la bonne trentaine, longues études, bon métier tertiaire et jolie fermette rénovée dans notre campagne tranquille. Soucieux de l'avenir, conscients de l'importance de la scolarité, ils viennent lui montrer l'école. Ils l'ont choisie, ont pris des renseignements, ont interrogé leurs amis. Et ils l'emmènent deux mois avant, pour qu'elle voie, qu'elle saisisse, qu'elle aperçoive l'école, les autres, le groupe, la quantité d'enfants. C'est bien. Ce sont de bons parents modernes. Parfaits.

La petite fait la moue. La maman : « Elle te plaît cette école ? » Moue. « Est-ce que tu as envie de venir dans cette école ? » Moue. « Bon, d'accord, réfléchis. Tu as encore deux mois pour choisir. »

Léa ne peut pas savoir si ça lui plaît ou non. Elle n'a aucun élément de comparaison, aucune autre référence, à part sa douce vie à la maison, entourée d'amour. Si elle choisit la maison, que devient-elle ?

Non, madame, elle n'a pas le choix, ni elle, ni vous. C'est la nation qui a décidé d'élever chaque génération de ses enfants, il y a de ça deux cents ans. Il a fallu cent ans pour l'établir contre les arriérés de tout poil, pour en faire une loi : c'est l'obligation scolaire, et ce n'est pas une mince affaire.

Vous n'avez pas le droit de lui proposer ce choix-là, parce qu'elle ne l'a pas.

De temps en temps, lorsque Romain arrive à l'école maternelle, sa casquette de laine fourrée nouée sous le menton, il lui arrive de décider devant la porte de la classe qu'il n'y entre pas. Commencent alors les négociations. Sa maman se met à genoux malgré la jupe serrée, pour pouvoir reprendre, au niveau de ses yeux, la discussion sans doute commencée du matin : « À la maison, tu avais dit que tu voulais venir à l'école aujourd'hui... – Ben, je veux plus. »

La danse de Saint-Guy commence : l'enfant se tortille, la maman se contorsionne, les autres parents contournent le groupe accroupi, attrapant au passage des éléments de la négociation qui font rougir la jeune femme. Le petit joue son jeu. Souvent, il gagne et repart, tenant fièrement la main de sa mère et souriant ouvertement de son pouvoir, vers une matinée improbable, sans doute pas vraiment satisfaisante pour lui. Mais c'est le jeu. Quelquefois, la mère ne peut pas céder. Certains matins de rendez-vous pour entretien d'embauche par exemple. Les choses prennent alors un tour bien plus abrupt. On imagine le lever plus matinal, les préparatifs plus anxieux et la négociation réfléchie de la veille qui doit absolument arriver à cet accord qu'aujourd'hui, le petit bonhomme voudra bien aller à l'école. Et quand il arrivera devant la porte, il n'y a aucune raison pour que le jeu ne commence pas. Ces matins-là, Romain ne le sait pas, mais il fait souffrir sa mère bien au-delà du supportable et il se met en danger. J'ai vu un enfant de trois ans, dans ce genre de circonstance extrêmement tendue, recevoir une gifle magistrale, qui aurait provoqué la mise en examen de la maman si elle avait été aperçue par une groupie de la ministre de la Protection de l'enfance – et de la Suppression des visites médicales scolaires.

L'inverse est plus fréquent. De nos jours, ce sont souvent les petits de quatre ans qui giflent leurs mamans négociatrices, réduites ainsi au sombre rôle de nourrice bourgeoise de leurs propres enfants. La ministre souriante devrait aussi s'occuper des mamans battues, à qui on demande tout, de travailler, d'élever, de soigner, de torcher, d'aimer, de discuter, de négocier tout en portant un joli tailleur. Mesdames, je vous aime dans vos jolis tailleurs, mais il n'est pas possible que la condition féminine soit ainsi passée de l'exploitation par l'homme à l'exploitation par l'enfant. Ces petits princes sont quelquefois des tyrans. D'où vient donc leur puissance ?

Ce jeu de pouvoir avec les parents ou les mamies à la porte de l'école prend parfois des dimensions vitales. Selon le type de rapport et de dépendance affective imposé par l'enfant à l'adulte, il arrive que le chantage, lorsqu'il n'a pu réussir avec quelques pleurs, monte en puissance. Viennent alors, outre les coups aux adultes, le chantage aux fonctions vitales. Je refuse de manger si vous m'envoyez à la cantine, je me compisse à l'entrée de la classe, je vomis tous les matins. Comportements qui ne sont absolument pas anodins mais pathologiques et très dangereux, car ils préparent l'anorexie, la boulimie ou la leucoprésie – « caca culotte » très tardif, donc pathologique. Nous constatons un recul très important de l'âge dit « propre ». Il était bien antérieur à deux ans; il n'est pas rare, désormais, de voir des enfants avec des couches dans la journée bien au-delà de trois ans voire même de quatre ou cinq ans...

Il ne faut pas trop se tromper dans l'élevage des petits d'homme, car tout se paye, surtout les lâchetés. S'il y a un domaine ou la rectitude morale des adultes est bien nécessaire, c'est celui de l'éducation des petits enfants. Ne vous défaussez pas de vos erreurs sur d'autres, comme en ce moment où les ministres en charge organisent une véritable propagande contre les instituteurs. Ne vous méprenez pas : si votre fils vomit tous les matins à l'entrée de l'école, c'est que vous le mettez en danger par votre mauvaise analyse de ce que vous faites et de ce qu'il faut faire. N'accusez pas l'école de faire peur à l'enfant. Accusez l'enfant d'avoir peur de l'école. L'école ne changera pas. Elle ne se mettra pas dans le même état de dépendance que vous. Mais l'enfant changera. Il s'adaptera à l'école et c'est une excellente chose. Il faut juste qu'il comprenne ceci : que l'instituteur n'est pas le père. Ce qu'il gronde, ce n'est pas l'enfant mais ce qu'il fait, et il ne risque pas d'y perdre de l'amour. S'il gronde aujourd'hui, c'est le travail bâclé, la morsure dangereuse, le cri strident..., pas l'enfant. Et demain, on repart à zéro. Tout est effacé, l'école n'est pas la famille, la dispute n'y est pas la même, elle n'est pas une dispute mais seulement une mise au point technique.

Ne vous méprenez pas. Je n'ai pas dit de mal des enfants. Ce n'est pas une question de bien ou de mal. Il y a des faits et des vérités. J'aime les petits, je m'amuse de leurs sourires et de leurs jeux, de leurs mots et de leurs larmes, de leurs joues et de leur façon de courir. Ils donnent de l'importance à la futilité, tellement que plus rien n'est futile. Il est en fait bien plus important de coller une gommette jaune après une bleue ou de faire bien rouler le petit camion sur la route tracée de craie que d'emporter le marché du siècle qui fera de vous un homme riche et important. Mais je les connais, car je les regarde sans illusion. C'est d'ailleurs pour cela que je ne les gifle jamais : la question est réglée bien avant. J'essaie de voir qui ils sont vraiment. Et ils ne sont pas politiquement corrects.

Les enfants de Timplebach

D'où vient donc la nouvelle puissance tyrannique de certains bambins de trois ans et douze kilos qui tiennent à peine debout ? De leur autonomie. Quelqu'un a un jour décidé qu'ils étaient autonomes. Alors que ce sont les êtres les plus fragiles qui soient. Qu'à trois ans, ils ne survivent seuls que quelques heures. Pour que les enfants soient conformes à leur moderne image d'autonomie, il a bien fallu que les mères les protègent, les entourent de leurs bras, fusionnent avec eux. Sacrifiant leur vie et leur liberté, à protéger les petits des dangers qu'ils affrontent en toute inconscience. Inconscients des conséquences de leurs actes, puisque ces conséquences sont supportées par les mamans esclaves, avec, pour principale conséquence, que les enfants modernes sont de moins en moins autonomes puisque ainsi tout leur est épargné. Car être autonome, n'est-ce pas assumer les conséquences de ses actes ? Et d'abord arrêter de faire pipi dans sa culotte...

Un roman raconte comment des enfants ont réussi à faire fonctionner un village entier après la disparition des adultes. C'est un roman pour enfants : *Les Enfants de Timplebach*, de Henry Winterfeld [1]. Cette fiction plaît beaucoup aux dix-douze ans. L'école en a vingt-cinq volumes afin que l'on puisse s'en servir pour la lecture suivie – à voix haute ! J'espère toujours que lire un roman entier en classe peut montrer

1. H. Winterfeld, *Les Enfants de Timplebach*, Hachette, 1957.

l'intérêt de la lecture de romans, parce qu'au moins, celui-là, on le finit. Et pour un néophyte, l'intérêt d'un roman n'apparaît que lorsqu'on l'a terminé. Il faut donc que je fasse lire jusqu'au bout des romans enfantins. « [Que l'enfant] apprenne à lire et encore à lire. [...] J'en jugerais à l'oreille, et seulement par une fenêtre ouverte. Si le maître se tait, et si les enfants lisent, tout va bien [1]. »

Alors, pour en faire sentir le sel, on s'arrête quelquefois de lire et on discute de ce qu'on ferait, de ce qu'on aimerait si... « Imaginez que vos parents à vous aient disparu un matin du village, d'ici, comme ça... Aucun adulte à l'horizon, pas même maman ou papa pour préparer le petit déjeuner, pas de voitures, pas de boulanger, pas de maître d'école, personne... »

J'ai proposé cette discussion trois fois, à des classes différentes. La première fois par hasard, ensuite pour vérifier. Les trois fois, il s'est passé très exactement la même chose.

Ils s'emparent alors de l'idée. Seuls dans le bourg... la boulangerie n'y passe pas tout de suite. Son tour ne vient que lorsqu'ils commencent à réfléchir, à régler leur efficacité. La première action générale est de casser les vases de la maison – je n'invente pas du tout, je suis le premier surpris. Pourquoi ? Parce qu'on fait ce qu'on veut, on peut faire des bêtises. On casse les vases. Je suppose que c'est la première bêtise qui leur vient à l'idée, que ce doit être une de leurs hantises habituelles de casser les vases... Je ne sais pas,

1. Alain, *Propos sur l'éducation*, Rieder, 1932.

je ne comprends pas pourquoi casser des vases. Puis, après les vases, ils s'organisent : les vitres et bientôt les vitrines. Casser toutes les vitres. Avec, très vite, la vitrine du boulanger dont le contenu intéresse. Ce sont surtout les garçons qui proposent. Et l'excitation collective monte. Tous veulent parler, ils redressent leur petite hauteur, posent un genou sur la chaise, pour se faire plus grand, levant la main, tirant le bras au plafond pour parler avant les autres ou parlant sans lever la main... Après les vitrines, les carreaux de la mairie, les vitraux de l'église, les vitres de l'école, puis la voiture du maire qui est fort belle, la mienne, les ordinateurs de l'école ! Tous les symboles sont attaqués – d'autorité au début puis très vite de richesse car, dans notre monde moderne, ces choses-là se confondent. Les ordinateurs de l'école, qu'ils aiment tant, ils les cassent.

Les petites filles – je ne fais pas de sexisme, je n'essaie pas de me plier à une problématique prédéfinie, politiquement correcte –, elles, sont plus calmes, elles se contentent de rire des incongruités des garçons, elles font remarquer que c'est le gros gourmand qui a parlé le premier de la vitrine de la boulangerie... Très vite, quand elles réussissent à parler, elles proposent de rechercher leurs parents disparus, elles sont préoccupées de ce qu'on mange à midi, elles trouvent idiot de casser les ordinateurs parce que c'est mieux de les garder pour jouer avec. Alors que ce sont les garçons qui aiment tant ça.

Chaque fois, il y en a même un ou deux qui règle ses problèmes de cadet, qui propose de tuer son petit frère ou son grand frère, en l'attachant au poteau de torture, en le jetant par la fenêtre, en prenant le fusil de papa... Je rappelle à la réalité, au réalisme, mais ils maintiennent. Je suis effondré.

Ce meurtre-là est fictif. L'histoire de départ est un roman, ils savent que c'est une fiction. Ils peuvent y tuer leur petit frère. C'est de la fiction, mais les pulsions sont là, elles sont brutes, elles sont violentes, irraisonnées, puissantes, terribles. C'est impressionnant, très animal. Et j'essaie de me rassurer : ils s'expriment dans un cadre imaginaire, comme en rêve. Freud expliquerait bien l'affaire.

Mais je me rappelle Mai 68, quand mon lycée s'est mis à élire un comité de grève et que, poliment, collectivement mais froidement, conscients de cette puissance très nouvelle de la masse qui s'organise et de l'importance du précédent, nous avons refusé d'obéir au censeur qui nous intimait de rentrer en cours. Le petit frère d'un externe est allé dire à ses copains du collège que c'était la révolution au lycée. L'époque était agitée. Les collégiens en ont déduit... non, ils n'ont rien déduit. Ils ont tout cassé. Ils ont commencé par les interrupteurs, puis les vitres et les portes, n'obéissant plus à personne, livrés à leurs pulsions enfantines qui sont tout sauf mièvres, courant en bandes hurlantes d'une classe à l'autre, changeant de direction comme les étourneaux d'automne, suivant la dernière proposition alléchante criée par l'un ou l'autre... La directrice du collège n'a réussi à sauver l'établissement qu'en allant chercher des représentants du comité de grève du lycée qui ont réussi, autorité seule reconnue, à remettre de l'ordre. Le comité de grève ne demandait pas que l'on casse des interrupteurs.

Voilà donc ce que des enfants de onze ans veulent faire, lorsqu'ils sont autonomes... Ça ne correspondait pas du tout aux théories que j'avais. C'est ce qu'ils veulent faire, virtuellement, fictivement, cachés sous le voile de l'imaginaire. Mais peut-être, s'ils étaient laissés vraiment seuls, dans une véritable autonomie enfantine, dans mon collège pendant une heure de Mai 68 ou de nos jours, plus régulièrement, devant quelque voiture en feu, peut-être qu'ils passeraient à l'acte.

Je suis persuadé que des enfants modernes de dix ans, livrés vingt-quatre heures à eux-mêmes, sans adultes, en groupe, sont en danger : il y aura un blessé le soir et un mort le lendemain. C'est ça, l'autonomie de l'enfant. L'autonomie de l'enfant est un mensonge. Ce mensonge est un crime.

Ça a commencé juste après l'épisode des interrupteurs. Dès la rentrée de septembre 1968, au lycée, on a tout de suite pu mesurer les conséquences des événements. D'une part, certains professeurs modérés ont tenté de nous faire passer que l'idée de ne plus mettre des notes de 0 à 20 mais des lettres de A à E était révolutionnaire. D'autre part, le censeur conspué au printemps nous annonçait poliment, comme conséquence de notre victoire, l'instauration de l'autodiscipline. C'est ainsi qu'on parlait à l'époque de l'« autonomie de l'enfant ». C'est simple, l'autodiscipline, c'est comme la discipline, mais sans le surveillant. Et nous voilà, tous à s'asseoir où on veut et quand on veut, puis à travailler de même nos humanités ou San-Antonio, ou bien à organiser ces magnifiques parties d'humour si particulières aux grands adolescents. Ah, nous avons été heureux quelquefois, nous avons bien appris certaines choses qui nous intéressaient et qui concernaient notre vraie vie, pas nos humanités. Dans l'ordre, les cigarettes, l'alcool, les filles. Et quelquefois la triche, pour éponger le temps perdu ailleurs.

J'y ai gagné des choses pour la vie... J'en ai perdu d'autres...

Mais l'Éducation nationale y a gagné tout de suite : le salaire du pion. Et ils l'ont si vite compris que le mouvement s'est amplifié. On a divisé le nombre de pions dans les collèges. On est passé de un pion pour cent élèves à un pour trois cents ou même quatre cents. Maintenant, toutes les cours de collège sont autonomes et on y pratique l'autonomie dominée par les redoublants de quatrième.

Ça, on le paye. Les petites filles de cinquième le payent, les petits gros, les petits rouquins, les petits Noirs ou, ailleurs, les petits Blancs, ou les petits « intellos », comme ils disent, qui commettent ce crime honteux de vouloir écouter le prof. Cette société autonome a ses règles, ses codes, son fonctionnement. Ce n'est pas la démocratie dans la cour du collège, c'est la loi du plus fort, du plus fourbe, du plus cruel. La voilà, l'autonomie de l'enfant. C'est une société sans adultes, aux règles animales, que nos politiques ont organisée sous nos yeux, en nous faisant croire que c'était un progrès démocratique.

La suppression des pions dans les collèges a fabriqué directement la délinquance dite des « sauvageons ». Certes, les familles dépassées pourraient quelquefois être incriminées, mais je prétends, moi, que la responsabilité principale de ce fait nouveau revient aux ministères de l'Éducation nationale successifs qui n'ont cessé de supprimer les postes de pions. De la même façon, le ministère de l'Éducation nationale qui a supprimé quatre visites médicales scolaires sur cinq est responsable de l'extension scandaleuse de la tuberculose. Et de l'abandon de la protection de l'enfance. J'y reviendrai[1].

De plus, les postes de surveillants permettaient aux étudiants peu aisés mais volontaires de finir leurs études. Ces économies de courte vue nous coûtent bien cher en voitures brûlées, en bâtiments scolaires mis à sac, en grand-mères bousculées. Je n'aime pas qu'on bouscule les grand-mères.

Puisque c'est en avançant vers l'autonomie que l'enfant avance vers l'état d'adulte, rendons-le autonome, disent les modernes, entraînons-le à l'autonomie ; et comme l'autonomie c'est la liberté de choix – définition moderne –, il suffit qu'il apprenne à choisir, proposons-lui des choix. À l'entrée de l'école, on lui demandera désormais de choisir s'il veut y entrer

1. Cf. « La protection de l'enfance », p. 295.

ou pas... On lui demande, le soir, de choisir s'il veut aller se coucher. En général, il dit non.

L'autonomie de l'enfant est un contresens. S'il est autonome, il n'est plus un enfant. La caractéristique de l'enfant, c'est sa dépendance à ses parents. S'il n'en dépend plus, il est adulte. L'autonomie caractérise l'adulte : pour qu'un enfant devienne adulte, il ne suffit pas de le prendre pour un adulte – ce serait supposer le problème résolu. Une fois de plus, on nous propose d'agir sur l'effet pour atteindre l'effet.

Je soupçonne que c'est chez Dolto que l'on justifie la fameuse négociation avec les enfants. Il est d'ailleurs bien possible qu'elle soit, là-dessus, mal interprétée. Demander à un enfant s'il veut bien aller se coucher est une erreur funeste : il ira se coucher parce que vous savez et vous voyez qu'il en a besoin. Alors couchez-le. C'est tout bête et c'est bien plus satisfaisant pour lui, même si ça ne lui plaît pas, que de négocier, pigner, renâcler, tortiller. Les enfants se plaisent dans les systèmes simples, lisibles pour eux. Le bien et le mal, le noir et le blanc, les gentils et les méchants, le papa et la maman, la vérité et le mensonge; les limites fixes, c'est comme ça qu'ils comprennent le monde qui les entoure. C'est une démission que de leur laisser le soin de l'organisation de leur propre journée. C'est aux parents, ailleurs aux instituteurs, d'organiser leur temps. Pas à eux. Ils en sont incapables, ils n'en maîtrisent ni les buts ni les nécessités.

Alors si on doit aller à l'école tous les matins, on va à l'école tous les matins. C'est simple et ça ne se discute pas. C'est obligatoire, c'est écrit dans la loi.

Ce sont des enfants. Ils ne sont pas autonomes. La locution « autonomie de l'enfant » est un contresens.

« L'AUTORITÉ ? JE SUIS CONTRE »

Un jeune papa m'avoue l'autre jour, à propos d'autorité : « Je suis contre. » C'est vrai qu'il négocie tout avec son fils. Il se lance dans d'interminables discussions pour le convaincre de la direction à prendre pour rentrer à la maison. Lequel fils joue beaucoup à changer d'avis ou de direction. Sans autre raison que sa fantaisie du moment. Le jeune papa m'a rappelé que moi aussi « j'étais contre », il n'y a pas si longtemps.

Car je me suis intéressé aux métiers de l'enfance par le biais des centres de vacances. À l'époque, on disait plutôt les « colonies de vacances » et les « moniteurs » plutôt que les animateurs. Les colos où je partais en vacances dans années 1960 avaient des directeurs-instits en espadrilles et short bleu et des monos-normaliens. On y chantait en chœur à trois voix les chansons de William Lemitt, « Chantons ensemble, dans le soleil levant, chantons ensemble, dans le grand vent ». On y pratiquait la cure de santé : course rapide torse nu, mouillé séché à l'eau fraîche et cinq minutes allongé avant le déjeuner qui ouvrait sur des crudités. On apprenait à nager dans un « périmètre de baignade », surveillés par des « surveillants de baignade ». On ramassait dans les rochers ensoleillés de Vendée tous les lézards qu'on pouvait élever dans des vivariums qu'on fabriquait nous-mêmes. Et on aimait les veillées, les grands jeux, la sieste même, la collectivité et l'odeur des grands cyprès. C'était la colo de la ville de Colombes. La municipalité de l'époque était communiste. Et le directeur, instituteur rural, n'était pas très loin de l'être aussi – c'était mon père. Ça sentait bon le Front populaire, ça avait un petit air de 1936 – surtout les survêtements bleus froncés aux chevilles.

Depuis, les centres de vacances collectives trop bien placés au bord de mer ont été vendus aux pavillonneurs touristiques. C'est le monde moderne.

Avec notre stage CEMEA[1] comme bagage, la révolte adolescente de nos dix-huit ans passés et l'influence de Mai 68, nous nous sommes assez rapidement lancés dans la direction du progrès. Sous la conduite du grand Gégé, nous nous sommes forcés à lire *Libres enfants de Summerhill*[2], *Où vont les pédagogies non directives ?*[3] et, pour certains, les ouvrages déjà parus d'Illich, auteur par la suite d'*Une société sans école*[4]. En conséquence de quoi nous avons organisé un centre de vacances – on ne disait déjà plus colo – fondé sur le principe pédagogique que nous pensions nôtre, la non-intervention.

Nous y avons passé des jours et des jours d'élaboration théorique : quand intervient-on si on veut res-

1. Centres d'entraînement aux méthodes d'éducation actives : formation d'animateurs de centres de vacances par des stages en internat.
2. A. S. Neil, *Libres enfants de Summerhill*, Maspero, 1974. Neil a fondé en 1923 une école spécialisée, sans contraintes.
3. G. Snyders, *Où vont les pédagogies non directives ?*, PUF, 1974.
4. Illich, *Une société sans école*, Le Seuil, 1980.

ter non interventionniste ? Mange-t-on à heures fixes ? Qui décide de l'heure du coucher ? Comment les enfants peuvent-ils régler leurs conflits sans adultes ? Par le retour au grand groupe, c'est-à-dire la réunion quotidienne des enfants assis en rond qui disent ce qui va et ce qui ne va pas ! Caricature de l'agora et prototype de la réunion citoyenne d'enfants. Et qui va balayer ? Et comment ils décident ? La sécurité physique des enfants est vite devenue la seule justification de la présence d'adultes auprès d'eux.

Nous avons travaillé comme des forcenés, nous avons tout repeint, tout débroussaillé, sans compter les heures. Il fallait que tout soit prêt d'avance afin qu'ils puissent eux-mêmes construire librement leurs jeux et leur vie. Et nous avons accueilli les enfants, nous les avons regardés faire, ne les aidant qu'à la demande, même si, finalement, nous sommes intervenus bien plus que prévu, sans même le voir, sans l'avouer, corrigeant naturellement les défauts de nos dogmes. Les enfants ont tout de même passé de bonnes vacances, parce que nous étions là, capables d'organiser d'innombrables jeux et activités et capables aussi de subvenir à leurs besoins.

Car ce centre de vacances nous a appris bien des choses : les enfants sont des enfants. Décréter leur autonomie ne les rend pas autonomes. Les nécessités hygiéniques qui nous semblent élémentaires ne les préoccupent pas. Le couloir peut être plein de détritus sans qu'aucun d'entre eux, même s'il en souffre, ne soit capable d'en organiser le nettoyage. Cette organisation-là est sociale. Une société enfantine livrée à elle-même s'organise selon des règles sociales simplistes : la loi du plus fort ou bien la loi du plus dangereux. Un chef sans scrupule, quelques lieutenants lèche-bottes et tout le groupe s'organise autour de la satisfaction des moindres plaisirs du chef. Si ce chef ne rencontre aucun contre-pouvoir, ça devient dangereux. C'est un despotisme sans conscience, facilité par la différence d'âge.

C'est très exactement la cour de récré de tous les collèges actuels.

Quand, n'y tenant plus, deux ou trois animateurs ont balayé eux-mêmes le couloir – intervention d'adulte, donc blasphème –, il y a eu, entre les adultes de l'équipe, une de ces engueulades mémorables qui provoquent les graves scissions historiques. Lorsque j'ai demandé plus que fermement au groupe d'adultes de cadrer le « leader-chef », un prénommé Hubert, redoublant de cinquième, pour éviter qu'il n'aille plus loin dans l'installation de son despotisme, pour éviter que les plus petits n'en souffrent et pour éviter que je ne lui donne moi-même la tournée qui aurait stoppé sa prise de pouvoir, il a bien fallu que tout le monde s'y mette. Notre non-interventionnisme a été balayé avec les immondices du couloir et il n'a pas résisté à la loi du plus fort.

Un mot pour défendre cette « colo » dont je ne présente ici que le côté qui sert mon propos. Nos dogmes étaient faux et nous l'avons fermement établi. C'est un bien. Les enfants en vacances ont assez peu vu tout ce que je vous raconte : les adultes étaient là, ce qui a en fait suffi. Le non-interventionnisme est un pur mythe. De plus, l'équipe d'animateurs était particulièrement compétente et dévouée, et regroupait une quantité et une qualité rares de savoir-faire et de connaissance des centres de vacances. Ce qui, finalement, fait tout. Ce sont bien les adultes professionnels qui font la colo. Pas les petits vacanciers.

Ce sont les instituteurs qui font l'école. Pas les petits élèves.

C'est à ce moment-là qu'a commencé ma réflexion séparée : le jour où l'on a balayé le couloir. C'est là que j'ai essayé d'arrêter de penser ce qu'il est bon de penser pour être à la mode.

Le non-interventionnisme est un des dogmes pédagogiques de l'INRP. Sans doute pas pour de nobles raisons théoriques, mais plutôt pour de basses raisons économiques : l'interventionnisme coûte plus cher que le non-interventionnisme. Enfin, à court terme.

Nous étions donc des militants de l'éducation nouvelle, nous faisions partie de la cohorte établie des jeunes enseignants progressistes, nous étions les modernes gentils et organisés. Il suffisait pour cela de suivre un de ces courants un peu originaux qui se développaient si facilement parmi les jeunes enseignants. Coopérateurs (OCCE), Freinet (ICEM), Francs camarades (Francas), Groupe français d'éducation nouvelle (GFEN), Centres d'entraînement aux méthodes d'éducation actives (CEMEA), Fédérations des œuvres laïques (FOL), etc. Tout un monde d'associations assez peu connu du grand public. Les options pédagogiques ne manquaient pas; elles servaient surtout de refuges aux jeunes intellectuels qui auraient dû s'engager dans le mouvement social. Mais le mouvement social de mon époque était entièrement aux mains des staliniens ou des sociodémocrates, dont la malignité venait d'être clairement établie par le joli printemps de notre adolescence. Vers où se tourner quand l'expression politique est impossible ?

Si tu ne peux pas faire de politique, fais donc de la pédagogie.

Et c'est bien ce que nous faisions, persuadés de la justesse de nos positions – qui n'étaient que celles que nous suivions. Un peu démarqués des autres enseignants, un peu supérieurs aussi. J'encadrais bénévolement les stages de formation d'animateurs de centres de vacances. J'étais militant des CEMEA. Et c'était extraordinaire – ça l'est peut-être encore. J'ai appris aux autres ce que les CEMEA m'ont appris. Et les CEMEA m'ont appris mille choses et bien plus encore, qui venaient en droite ligne des mouvements de vacances populaires de 1936, transmises avec chaleur par des lignées de vieux instits qui avaient dédié leur vie à l'enfance : des jeux et des chants, des cabanes et des jouets de bois, des montgolfières et des cerfs-volants, des règles et des lois, des activités de campagne et de bord de mer... Quels merveilleux travaux nous avons menes.

Digne héritage de 1936. Il ne faut pas croire que le monde est bleu ciel. En fait, les mouvements politiques dits progressistes, que nous pensions avoir laissés derrière nous en optant pour la pédagogie plutôt que pour la politique, se battaient à l'intérieur de ces associations pour y prendre la majorité, c'est-à-dire le contrôle. De mémoire, les Francas et le GFEN étaient ralliés au parti communiste. Les CEMEA, fondés par des communistes, étaient en train de se faire grignoter par les socialistes, l'UFCV était catholique, les Freinet semblaient assez indépendants sans qu'on sache trop... Je ne sais toujours pas d'ailleurs. La profession garde toujours un certain respect pour Célestin Freinet.

Arriva le jour où la direction collégiale des CEMEA proposa à un quarteron d'entre nous de devenir « chefs de stage » – le vocabulaire aussi venait de 1936. Travail particulièrement intéressant, mais aussi très prenant : les grandes vacances en centre d'enfants, les petites en stage de formation d'animateurs sauf Noël, et la Toussaint en regroupement et en formation. Il fallait avoir une bonne santé.

Après plusieurs activités spécifiques, on nous emmena dans le saint des saints, la « déleg » (la délégation, le centre administratif permanent), pour y subir quelque complément de formation théorique. C'est là que j'ai vu apparaître le projet pédagogique. Face à quelque chose de complètement nouveau, on reste muet. Le vieux militant qui nous encadrait demanda à un plus jeune qui traînait par là de nous faire le Plan, parce que lui ne s'y entendait pas trop. Le Plan, c'était un grand diagramme sur un tableau blanc qu'on a dévoilé devant nous, avec des flèches à double sens qui font interagir entre eux les différents mots en *-ique* encadrés comme primordiaux. Je n'ai jamais rien compris à ces sortes de tableaux. Je n'aime pas qu'une maudite flèche à deux bouts et courbée remplace trop évidemment la déduction qu'on ne m'a pas expliquée. Et si je demande une explication, elle m'apparaît toujours trop légèrement établie, mal fondée. Mais je n'ose – je n'osais – jamais reposer ma question car je me fais l'impression d'être le seul à ne rien comprendre ou à douter, ce qui dans ces ambiances revient au même. Donnez-moi un livre et rangez votre organigramme.

Une fois enlevées les complexités courbées et les détails oubliés depuis, il restait trois mots, qui se lisaient du bas vers le haut. Le projet pédagogique était en bas et commandait directement le centre de vacances. Il dépendait du projet éducatif, au-dessus, plus complet, bien plus large et ambitieux, qui éduque comme son nom l'indique et ce n'est pas rien... Mais il n'existait pas sans le gros, tout en haut, encadré doublement mais qu'on ne découvrit qu'à la fin : le projet de société. Rien de moins. Je me découvrais tout à coup, comme en une secte dont j'ignorais tout jusque-là, coorganisateur d'une société nouvelle. C'était de surcroît au moment où les socialistes commençaient à construire leur communication sur le projet de société ; ils avaient dû prendre la majorité à la déleg ! Et je ne savais pas. Je m'en ouvre à notre mentor, connu comme communiste :

– N'importe qui peut mettre son projet de société dans ce tableau. Vous mettez le projet de société d'Hitler en haut de votre tableau et ça marche pareil ?

– Oui.

– Ah.

– Tu as simplement à choisir ton projet de société et le reste en découle... Comment crois-tu que les nazis ont créé les Jeunesses hitlériennes ? Sur le modèle des Jeunesses communistes : il suffit de changer le projet de société et les projets éducatifs, les projets pédagogiques suivent, c'est presque scientifique. Il suffit de faire attention avant de commencer.

Blanc.

Après sa réponse, j'étais très troublé mais je n'ai pas fait de scandale. On ne renie pas sa famille d'un seul coup. Et, surtout, je ne comprends pas vite. Parce que c'est vrai : les *Hitlerjugend* sont inspirées des *Komsomol*.

J'ai tout arrêté après cet incident. Je n'ai plus encadré aucun stage. Mais en fait, cette histoire de projet a été mon deuxième coup de pied au cul pédagogique, après le balayage du couloir. J'ai dû y repenser souvent pour en accepter le sens.

Ce n'est pas à un animateur de centre de vacances de prendre en charge l'éducation de l'enfant que des parents lui ont confié pour des vacances. Ou alors seulement la part éducative spécifique au centre de vacances : la collectivité et ses règles, le respect des autres et ce genre de choses. Mais, si on suit mes anciens mentors, il s'agit de bien autre chose. Il s'agit de transformer les enfants pendant leur âge malléable pour construire sur eux une société nouvelle dont nous aurions, nous, éducateurs, souscrit au projet. En cachette. C'est monstrueux. Il s'agit bien de l'éducation des Jeunesses communistes, des Jeunesses hitlériennes ou des jeunes Gardes rouges. Nos concurrents de l'UFCV[1] utilisaient exactement les mêmes méthodes et la même théorie du projet. Il s'agit bien du formatage programmé de la jeunesse par ceux qui détiennent la vérité. Les sectes, les staliniens... ou les sociodémocrates. Le projet pédagogique n'est qu'une tentative de domination idéologique sur l'enfance.

Alors quand le ministre de l'Éducation nationale Lionel Jospin a mis au cœur de sa loi de programmation le projet pédagogique, pensez si j'y ai souscrit. La loi de programmation de 1989, dite loi Jospin, organise l'éducation à l'Europe, à la nouvelle citoyenneté, à la modernité, à la charité médiatique. Elle organise ainsi la manipulation de l'opinion des tranches d'âges malléables. Elle leur apprend donc la soumission aux dogmes, la conformité, le bien-pensant, qu'elle impose aux élèves comme aux enseignants, sous le contrôle acide de ses bataillons de jeunes inspecteurs enfiévrés.

Sur ces terrains, il faut en revenir aux sources, ce que j'ai dû faire. Le débat était déjà dans Condorcet[2]. La nation instruit, elle ne tente pas d'éduquer, sauf pour les parties qui la regardent techniquement : la collectivité, le respect des maîtres et des condisciples – où en sommes-nous là-dessus ? C'est tout. Pas de

1. Union française des centres de vacances, association organisatrice de centres de vacances et de formations d'animateurs, concurrente des CEMEA, catholique à l'origine.

2. Condorcet, *Cinq mémoires sur l'instruction publique*, Flammarion, 1994 ; C. Kintzler, *Condorcet, l'instruction publique et la naissance du citoyen*, Le Sycomore, 1984.

religion, pas de morale, pas de politique : de l'instruction, de la science, de la raison. C'est-à-dire, messieurs les modernes, des contenus, des disciplines ; pas des méthodes, ni de la didactique.

La construction des savoirs

« Les jeunes doivent construire eux-mêmes leurs savoirs. » C'est l'humanité entière qui construit ses savoirs, pas l'enfant. L'enfant, lui, joue. La description des enfants par la théorie moderne est étonnante. Les enfants modernes seraient tous avides de compréhension, capables de longs palabres constructifs, travailleurs et obstinés, inventeurs raisonnés, altruistes et compatissants, rationnels et philosophes, mais jamais paresseux.

Cette peinture d'enfant ressemble aux sculptures d'enfants du Moyen Âge : des adultes en réduction. Quelque chose entre l'Émile de Rousseau et le saint homme des chrétiens, un mythe. Les enfants ne sont pas des adultes. Ils sont quelquefois compatissants et quelquefois cruels, quelquefois curieux et obstinés, quelquefois insouciants... et paresseux. Naturellement paresseux.

Or l'acquisition de la part de culture qui leur est nécessaire représente un effort, et cette paresse devra être contournée, utilisée certes, mais aussi affrontée et contrainte. Cette économie d'efforts et d'affrontements est sans doute une lâcheté et une démission coupable de la société moderne vis-à-vis de ses enfants.

L'enfant joue. Comme les lionceaux pataudes qui passent leurs journées à chahuter et à se mordiller les uns les autres, nos enfants apprennent naturellement par le jeu une somme considérable de choses qui permettent la survie. Ils s'entraînent à la soumission, à l'agression, à l'adhésion... Ils s'entraînent à notre société, la singeant jusque dans ses moindres défauts, s'agressant de mitraillettes fictives, se pavanant sur des chaussures coûteuses, se regroupant à six contre un, ou se dévouant courageusement pour sauver le petit tout seul... Comme les lionceaux, ils apprennent ces choses-là naturellement, socialement. Et ce sont ces choses-là que nos modernes appellent « compétences transversales ». Quel intérêt y a-t-il à encombrer l'école d'objectifs de compétences qui s'acquièrent ailleurs, de compétences acquises naturellement, sans y penser, de compétences simplement sociales ou même animales ?

Il y a pourtant un objet culturel, typiquement humain, appris par tous les enfants de façon naturelle. C'est le langage oral, la langue maternelle. Le bébé apprend à parler dans les yeux de sa mère. Tout seul, se disent les modernes qui cachent toujours en leur sein quelque gestionnaire économe, quelle aubaine, quelle économie. Tout seul ? Le bébé est seul... avec sa mère, tout l'amour qu'elle lui porte et son attention exclusive toute la journée. Il faudrait déjà, pour transposer cet apprentissage naturel à l'école, que chaque écolier reçoive autant de présence d'adulte que le bébé en reçoit de sa maman – nous avons des exemples de tels cas d'enfants suivis jusqu'à l'adolescence par un parent qui y consacre sa vie : ça donne effectivement ces surdoués extrêmes dans le domaine culturel, mais pas dans le domaine des relations sociales.

Ce ne serait plus du tout économique... Reconnaissons tout de même que cet apprentissage *naturel* de la langue maternelle mérite que l'on s'y intéresse.

La culture animale des singes est sociale, c'est avant tout la culture des mimiques, des grimaces et du sens social qu'elles ont [1].

Le bébé est comme le jeune chimpanzé, ses premiers apprentissages portent sur les mimiques de sa mère et l'observation des conséquences qu'ont ses propres mimiques sur les mimiques de sa mère. Tout cela est en effet très naturel, c'est-à-dire très animal. Le langage oral arrive comme une suite. Imitation de l'intonation de voix, répétition d'un bruit, d'un éclat de voix, associé aux réactions que ces petits actes provoquent, réactions que l'enfant cultive désormais, qui construisent en effet le langage, naturellement, sans volonté consciente de la part du bébé.

1. Voir les travaux – entre autres, car le sujet est très largement étudié – de Seyfart et Cheney sur les singes vervets au parc d'Amboseli, au Kenya. Il me fallait un mot pour désigner ce fait que certains comportements et grimaces sociaux sont différents selon les bandes de singes. J'appelle ces gestes appris « culture », bien qu'elle soit embryonnaire. J'aurais pu ne nommer culture que l'énorme bagage que l'humanité a construit, mais il aurait fallu inventer un autre mot pour désigner cette sorte de culture embryonnaire. J'ai gardé « culture animale ».

Le jeune chimpanzé aussi imitera sa mère qui casse des noix avec un caillou, par jeu, pour la singer, pour la noix... Car il y a des cultures animales, des façons de casser les noix ou d'attraper des termites différentes selon les bandes de singes. Mais chez l'homme, sans doute grâce aux étonnantes possibilités de ce langage prononcé, la culture transmise est énorme. La quantité de culture fait la différence qualitative entre l'homme et l'animal. Le langage oral est transmis aux petits d'homme dans la continuité des mimiques sociales, grâce aux réactions attentives et inlassables du visage maternel. Seul l'outil de transmission de la culture – le langage – est transmis *naturellement.* (Si on veut bien négliger la volonté de la mère de rendre correct le langage naissant du petit. Cette volonté n'apparaît d'ailleurs pas chez les grands singes : la guenon ne montre jamais comment faire, elle ne « corrige » jamais les actions de son petit.)

D'où tient-on que le reste de la culture de l'humanité se transmettrait naturellement, comme chez les animaux ? Pour être plus précis – mais ceci n'est que mon opinion –, la capacité au langage serait quasiment animale (un peu comme la capacité visuelle de reconnaître une forme) alors que l'accumulation de culture – dont celle de l'écriture/lecture – serait typiquement humaine, donc plus dépendante du néocortex et de la mémoire consciente, donc de l'apprentissage par le travail.

Ce langage oral acquis naturellement sert ainsi de modèle pédagogique à nos didacticiens modernes mais économes : « Les jeunes doivent construire eux-mêmes leurs savoirs. » Cet apprentissage « naturel » du langage est simplement transposé aux autres apprentissages culturels par une sorte d'hypothèse improuvée qu'ils considèrent comme une théorie complète et démontrée. Et c'est bien pour cela que les enfants décrits par les modernes sont cette caricaturale réduction d'adulte bien-pensant : une théorie scientifique fausse provoque souvent des observations erronées de l'objet étudié, pour mieux le conformer à ce que la théorie en attend. Surtout quand ladite science n'en n'est pas vraiment une.

Foucambert, le théoricien de la lecture moderne, fait « l'hypothèse pédagogique que la rencontre de l'écrit constitue un apprentissage linguistique[1] ». Il veut dire qu'apprendre à lire, c'est comme apprendre sa langue maternelle. Tout est là, tout est dit. Sa « recherche pédagogique repose sur l'hypothèse que la rencontre de l'écrit a tout intérêt à avoir lieu comme la rencontre de l'oral[2] ». Il utilise le terme « hypothèse » et cela suffit pour que les conséquences d'une simple « hypothèse » soient appliquées à chaque génération d'élèves depuis trente ans. C'est ce qu'on appelle de la rigueur intellectuelle.

C'est bien simple, Foucambert a tout simplement décidé que la lecture devait s'apprendre comme une langue maternelle orale, par l'enfant lui-même, grâce aux « actes de lecture » autonomes que sont les

1. J. Foucambert, « Du message au code, ou le rappel des principes qui nous guident », *Actes de lecture* (revue de l'AFL), n° 64, décembre 1998.

2. *Ibid.*

« hypothèses linguistiques sur le fonctionnement du code », « émises par l'apprenant », puisque l'« apprenti va rencontrer le code à travers le message »[1]...

Tout cela est faux et complètement infondé, jamais prouvé, jamais constaté. Mais ce raisonnement vide est responsable de cette catastrophe culturelle : nos enfants ne sauront pas lire puisque des propos légers et infondés de charlatan servent de base à la quasi-totalité des manuels de CP en France depuis trente ans.

Il n'y a strictement aucune raison d'imaginer que l'apprentissage de la lecture/écriture serait équivalent à celui d'une langue maternelle orale, sinon l'économie d'enseignants. Pour que le rêve éveillé de ces drôles soit possible, il faudrait tout simplement que la feuille de papier qui porte le texte soit capable de réagir à chaque erreur du lecteur, comme le visage d'une mère au sourire de l'enfant. Ce sont d'ailleurs les mêmes qui s'opposent à la lecture à voix haute en classe, seul moyen d'avoir une réaction – celle du maître – en cas d'erreur. Mais décidément, nos modernes ne veulent pas de maîtres...

La recherche d'apprentissages naturels ne s'arrête pas à la lecture. Puisqu'il a été facile d'assimiler sans preuve l'apprentissage de la lecture à celui de sa langue maternelle par un bébé, on s'est mis à élargir le concept. L'apprentissage de la première langue vivante non maternelle par les Français, s'il était plus « naturel », non seulement demanderait moins d'en-

1. J. Foucambert, « Du message au code, ou le rappel des principes qui nous guident », *art. cit.*

seignants, mais encore serait bien meilleur car il est patent que nous parlons mieux notre langue maternelle que la première langue vivante apprise à l'école !

Nos chercheurs ont donc cherché ce qui, scientifiquement bien sûr, séparait la langue maternelle de la première langue vivante. Ils ont trouvé – ce sont des chercheurs qui trouvent beaucoup : la langue maternelle est apprise précocement. Il suffit donc d'avancer l'âge de l'apprentissage de l'anglais ou de l'allemand pour qu'il devienne plus naturel et donc plus efficace. Et au passage moins coûteux, puisqu'il suffira désormais que les instituteurs, déjà enseignants de mathématiques, de grammaire, de lecture, d'histoire, de chant, de ski, de football, de citoyenneté, de saut en hauteur et de tant de choses encore, enseignent naturellement une ou deux langues vivantes... Ça ne fera que quelques heures de français en moins. C'est tout bénéfice.

Beaucoup de parents ont sans doute cru aux annonces magiques des ministres successifs qui, comme ça, ont décrété avec aisance l'apprentissage précoce des langues vivantes. La proposition a plu. Elle est irréaliste et mensongère, mais très électorale. Le parallèle avec les enfants bilingues « naturels » ne tient pas une seconde. J'ai eu plusieurs fois des enfants bilingues à l'école, que j'ai observés avec grand intérêt. Il faut bien plus que quelques pauvres quarts d'heure collectifs de langue étrangère pour faire des progrès.

L'organisation de l'apprentissage précoce des langues vivantes est en cours d'installation depuis dix ans. Et on en est au point zéro. Les élèves de sixième qui ont suivi l'enseignement précoce sont rattrapés en un demi-trimestre par ceux qui ne l'ont pas suivi. Ça ne marche pas. Les principes de base sont faux. Tout ce bazar ne sert à rien.

Et pendant ce temps, le ministre supprime les heures de langue vivante des lycéens. D'un point de vue économique, l'affaire est rentable, la théorie est efficace. Et l'avenir des langues vivantes en France est en grand péril.

Découvrir pour apprendre

Depuis Montaigne, par opposition à la scolastique jugée mécanique et bête, les pédagogues expliquent qu'il faut comprendre pour espérer apprendre. « Apprendre, c'est comprendre[1]. » Ils soupçonnent donc ceux qui ne sont pas des ultras de la didactique de faire apprendre sans comprendre. Ils luttent ainsi farouchement contre la scolastique, disparue depuis des siècles, mais qui leur fournit un bon sujet d'indignation.

Pourtant, il y a du vrai dans une telle maxime : une chose bien comprise est bien plus facile à mémoriser, c'est-à-dire à apprendre. De là à ne plus rien apprendre parce que seule la compréhension permettrait la mémorisation, il y a un grand pas que je ne franchis pas. J'aurais soin toujours d'étayer la

1. M. Hubert, *Se former par les situations-problèmes*, Lyon, A. Dalondeville, 2000, Chronique sociale.

mémoire par la compréhension de l'objet appris, et l'intelligence par la mémorisation systématique des quelques outils intellectuels qui lui sont nécessaires.

Il est vrai qu'il nous est arrivé d'apprendre des choses que nous ne comprenions pas pour quelquefois les comprendre une fois apprises ou d'autres fois ne pas les comprendre. Il y a des conventions artificielles qu'il est bon connaître : o et u font [u], la dizaine s'écrit à gauche de l'unité, les instructions d'un langage informatique... Des conventions qui s'apprennent sans les comprendre.

Voici donc nos modernes lancés dans une autre recherche du progrès : extirper l'apprentissage sans compréhension de l'Éducation nationale, où se cachent des scolastiques rétrogrades, qui font apprendre bêtement – et qui certainement, en cachette, battent les enfants qui n'ont pas appris leurs leçons. Comme leurs chercheurs ont moins de contraintes expérimentales que les biologistes ou les physiciens, ils trouvent beaucoup plus. Prédicat : l'apprentissage est bête. Pour apprendre quelque chose sans bêtise, il suffit donc d'obtenir à coup sûr que l'élève le comprenne. Les modernes proposent : la meilleure tactique pour être sûr que l'élève comprenne un objet d'étude, c'est qu'il le découvre lui-même. CQFD.

Il y a là un glissement de « comprendre » à « découvrir ». Comprendre n'est pas découvrir et découvrir n'est pas comprendre. Le travail intellectuel du chercheur et celui de l'étudiant ne sont pas les mêmes. Champollion n'apprend pas à lire sur la pierre de

Rosette. Il cherche. Le découvreur est très rarement le meilleur utilisateur de sa découverte. Ce n'est pas le même travail.

L'apprentissage de la lecture est encore une fois une des meilleures illustrations de l'application de ces erreurs funestes en pédagogie. Foucambert pense que les méthodes syllabiques sont bêtes parce qu'elles ne font travailler que la mémoire et pas l'intelligence. Cette bêtise ânonnée serait à ses yeux responsable du pourcentage d'enfants qui, comme il dit, « n'accèdent pas au sens ». La critique initiale des néoglobalistes portait bien sur un déficit en compréhension de lecture de certains élèves. Maintenant que la quasi-totalité de nos enfants subit les thèses de M. Foucambert, ce déficit en compréhension de lecture s'est dramatiquement aggravé.

On apportera donc de l'intelligence à l'apprentissage, en laissant l'enfant découvrir lui-même le bruit des lettres. Ce sont ces devinettes sur le bruit que font les lettres qui sont censées faire le nécessaire travail d'intelligence. « Nous [suggérons] de retrouver Champollion dans tout apprenti lecteur[1]. » Notre amateur d'hypothèses non vérifiées fait faire des hypothèses à ses apprentis lecteurs. L'hypothèse lui est une panacée. Et c'est l'intelligence obtenue par ces hypothèses qui permettrait d'accéder au sens du texte ? En quoi le fait d'avoir deviné tout seul que *o* et *u* font [u] mènerait-il plus au sens du texte que de l'avoir appris de quelqu'un qui le savait ? Il n'y a, ici

1. J. Foucambert, « Du message au code, ou le rappel des principes qui nous guident », *art. cit.*

non plus, aucun lien entre les intentions de l'auteur de cette théorie et les réponses qu'il propose. Il nous fabrique des experts en rébus et devinettes, pas des lecteurs. Ces gens ne sont vraiment pas des scientifiques.

Pour sauver l'apprentissage des sciences du naufrage où elles sont, l'INRP a fait appel à rien de moins qu'un prix Nobel de physique pour patronner la très médiatique expérience dite « La main à la pâte ». Ici aussi, c'est la découverte qui remplacera la compréhension. Il suffit donc de distribuer dans une classe quelques entonnoirs, boîtes de plastique, fils à plomb et autres outils hétéroclites pour que nos élèves, en découvrant des choses, redeviennent les bons scientifiques qu'ils étaient – qu'ils étaient avant que les modernes ne prennent en charge tout l'enseignement des sciences. Voici l'extrait d'un coup de colère de mon collègue Michel Delord[1] :

> « Dans *Le Monde* du 23 avril 2002, on peut lire ce qui est montré comme un exploit de La main à la pâte :
>
> *Deux à trois pour cent des classes du primaire pratiquent La main à la pâte, initiée par Georges Charpak.*
>
> *Ah, le principe d'Archimède ! Face au mystère des lourdes péniches qui flottent sur l'eau, les enfants ont questionné leur maîtresse : comment font-ils, ces bateaux, pour ne pas couler ? S. C., leur institutrice, en poste depuis dix ans à l'école L. de S., a promis une explication et réuni, pour les besoins de l'expérience, des pots de yaourt vides, quelques barquettes de congélation en aluminium, du sable, des cailloux et un seau. Ses élèves, en CM1, ont fait*

1. Cf. http://michel.delord@free.fr.

le reste. "On a mis le pot de yaourt sur l'eau. Il a flotté. On a mis du sable dans le pot de yaourt. Il a coulé", raconte Sophie, avec toute la rigueur qu'impose une démarche scientifique. "On a mis la même quantité de sable dans la barquette. Elle a flotté. On a ajouté des cailloux. Elle a coulé." Conclusion tirée par Lucas, écrite dans son compte rendu d'expérience : "Quand un objet flotte dans l'eau, il reçoit une poussée exercée par l'eau (ce qui le maintient en surface)."

Voilà pour Archimède ! Depuis cinq ans, S. C. suit la même démarche pour l'ensemble des programmes de sciences : observer un phénomène courant, simple, proche des élèves, le décrire, procéder à des manipulations, en tirer des conclusions. Chaque année, ses élèves mettent donc "la main à la pâte", du nom de l'expérience importée en 1996 des États-Unis par le prix Nobel français de physique Georges Charpak et aujourd'hui reprise dans deux à trois pour cent des classes en France, soit environ 5 000. Il y a deux ans, elle a construit un moulin, dont l'alimentation en eau était assurée par un toboggan.

C'est donc un exploit à la mesure des bricolages de La main à la pâte : ils ne peuvent éblouir que parce que le niveau moyen de l'école est particulièrement lamentable.

Maintenant, voici une image de ce qui ne correspondait pas à "trois pour cent des classes du primaire" mais qui était le sujet de composition en sciences du deuxième mois de cours supérieur (âge de la sixième) d'une école tout à fait normale. Il ne s'agit donc pas d'un exploit mais de vérification de compétence moyenne qui date de 1937.

Sciences
Énoncer le principe d'Archimède.

Tout corps plongé dans un liquide reçoit de ce liquide une poussée verticale dirigée de bas en haut, qui est égale au poids de liquide déplacé. (Bien)

Application.

Un bateau en forme de parallélépipède mesure 2,50 m de long, 1 m de large et 0,60 m de hauteur. Vide, il pèse 380 kg. Quel poids de sable pourra-t-il supporter pour s'enfoncer dans l'eau jusqu'à la moitié de sa hauteur ?

Solution.

Le bateau s'enfonce de 6 dm : 2 = 3 dm

Le volume de l'eau déplacée est de 1 $dm^3 \times 25 \times 10 \times 3 = 750\ dm^3$

La poussée est donc de 750 kg

La charge est de 750 kg – 380 kg = 370 kg

Réponse : 370 kg

Bien. 9/10.

(http://grip.ujf-grenoble.fr/documents/grip_an.pdf)

On m'objecte la compréhension lorsque je dénonce la découverte. La critique habituelle contre ce cahier antique est sa bêtise parce que ce qui y est écrit est appris mais pas compris. La méthode serait mauvaise. Il me semble au contraire que l'enfant de onze ans qui a rédigé cette réponse a compris le principe d'Archimède, qu'il l'ait appris ou non « par cœur ». Le petit Lucas de La main à la pâte a vu que le pot de yaourt flottait. Sa formule de « la poussée exercée par l'eau » n'est pas de lui. Elle a été induite par l'enseignant. Moins autonome que dans le vieux cahier... et moins précis. Quel écart ! Même si les modernes jugent la méthode antique mauvaise, qu'ils comparent les résultats : le rédacteur du vieux cahier a compris, est autonome (il sait faire tout seul), il est précis et rigoureux. On peut tourner et retourner des critiques dans tous les sens, elles ne seront jamais qu'un jugement moral sur le bien et le mal de la méthode. Il faut regarder les faits. Comparer les résultats des deux méthodes pour les juger : l'écart est énorme. Il suffit d'ailleurs de demander à un père de famille, à un prof de collège, à un patron embaucheur ce qu'ils préfèrent que le petit sache faire.

La découverte est devenue un système. Il suffit maintenant de découvrir, il n'y a plus rien d'autre à faire. Il suffit même de mettre l'enfant dans une « situation de découverte ». Ça finit par prendre des proportions... Voici l'extrait du catalogue d'une maison d'édition sérieuse spécialisée dans la vente de matériel scientifique aux écoles.

> Nouveau : Le tri des déchets.
>
> Avec ce kit pédagogique, destiné à une classe de 28 élèves, chaque enfant peut découvrir deux notions différentes : la place des déchets dans la vie quotidienne et l'importance de leur traitement. D'autre part, au travers de l'exemple des déchets, les techniques de classification, fondamentales en sciences, sont progressivement maîtrisées.
>
> Le module est divisé en sept séances d'activité qui permettent de découvrir le problème des déchets, leur tri, en fonction de leur capacité à être biodégradables et de leur recyclage.
>
> Enfin, le traitement des déchets présents dans l'eau est étudié au travers de la question de l'assainissement de l'eau par filtrage.
>
> Le protocole comporte aussi une encyclopédie scientifique très complète sur le thème des déchets, un

glossaire, des fiches de dessin et d'évaluation photocopiables.

Composition du kit :

– 30 gants (jetables NDA)
– 30 sacs-poubelles 30 litres
– 50 étiquettes
– 30 masques chirurgicaux
– Protocole pédagogique.

En voilà une, de découverte... Ils oublient seulement de fournir le tas d'ordures à trier. Il y en a autour de Rio, et les enfants autonomes y apprennent vite, enfin ceux qui survivent. Chers parents, voilà ce qu'on fait faire à vos enfants à l'école française – et en sept séances, je vous prie – pour « découvrir » la classification scientifique à travers celle des déchets... Et, au passage, un margoulin tente de nous vendre des sacs-poubelles et des gants de plastique au prix de l'or.

Dans le train de banlieue presque vide qui ramène chez elles les familles rafraîchies par la soirée de la Saint-Sylvestre, une petite fille brune et agitée n'arrête pas d'interroger sa mère.

– Et *p* et *o*, maman, et *p* et *o*, ça fait quoi ? (Elle dit « peu » et « o ».)

– *Po !*

– Et *p* et *u*, maman ?

– Arrête de t'agiter comme ça, je suis fatiguée. (Il est 19 h 30.)

– Bon alors c'est moi, maintenant. Dis-m'en un, allez maman !

– *L* et *i* ?

– Léééééé ! (Rires.) Mais non, c'est *li* ! Encore maman...

– Tu me fatigues vraiment...

– Alors comment on écrit *lo* ?

– Quel *lo* ?

– L'eau, l'eau qui coule, comment on écrit l'eau qui coule ?

– *e*, *a*, *u*.

– *E*, *a*, *u* ? L'eau qui coule, *e*, *a*, *u* ? Pourquoi on écrit l'eau qui coule *e*, *a*, *u*, pourquoi, maman ? Hein, pourquoi ?

– C'est comme ça !

– Ah bon ! *E*, *a*, *u*, l'eau qui coule, c'est *e*, *a*, *u*, l'eau qui coule c'est *e*, *a*, *u*, et c'est comme ça ! Et c'est comme ça !

Elle chantonne.

La vive et lancinante conversation a cessé pour se relancer bientôt sur le calcul du temps qui reste avant la bonne gare.

La petite fille veut savoir. Elle veut qu'on lui dise. Quand on lui a dit, elle est contente, elle a eu ce qu'elle voulait. Les modernes, dans ce genre de cas, ne répondent pas ou bien disent « cherche toute seule ». Si elle cherche et qu'elle trouve toute seule, elle ne sera pas sûre, ce qui veut dire qu'elle ne saura pas. Pour qu'elle sache, elle veut qu'on lui dise, il faut qu'on lui dise, c'est tout.

L'école primaire est l'école des définitions, parce que l'âge de l'école primaire est l'âge des définitions. Il faut que les objets concrets soient nommés. Il faut que les objets abstraits qui commencent à apparaître dans leur environnement soient nommés et définis.

Les modernes privilégient la découverte parce qu'elle apporterait la compréhension. Pour que la découverte apporte la compréhension donc la définition d'un objet, il faut que la découverte soit sûre, c'est-à-dire prouvée, démontrée.

La démonstration n'est pas à la portée des enfants de six ans. Ils en sont à l'acquiescement à ce que dit l'adulte. Ils veulent des définitions et des confirmations. La petite fille veut des définitions. Elle vérifie tout ce qu'elle fait en demandant la confirmation à sa maman. Elle vérifie ce qu'elle a compris du système syllabique (*l* et *o* ça fait *lo*), elle vérifie le fonctionnement du système qu'elle a saisi, elle sait que c'est un système et elle s'y entraîne sur des exemples artificiels qu'elle sait artificiels.

Elle vérifie aussi les conventions (que l'eau s'écrive « eau » est une convention), pour lesquelles le « c'est comme ça » est une justification suffisante alors que la contradiction – qu'elle perçoit pourtant – avec le système est flagrante. L'autorité de sa mère remplace la démonstration. Sa démonstration, demain devant sa copine qui refusera de reconnaître la supériorité de ce savoir nouveau, sa démonstration sera : « Si, c'est vrai, ma mère me l'a dit ! » La démonstration comme nous l'entendons nous, adultes, la vérification, elle l'a : sa mère lui a dit. Notre besoin de preuve ne l'effleure pas. Elle a toutes les preuves de la terre : sa mère le lui a dit... na na na nanère !

Les modernes font l'impasse sur les définitions qu'ils ont même tenté d'interdire. Ils laissent découvrir.

Je ne dis pas que l'école primaire ne doit pas comprendre ni découvrir, je dis qu'elle doit aussi – et avant tout – définir. Ce n'est qu'à partir de définitions précises qu'on construira des démonstrations et des compréhensions (ou des systèmes). Pour que l'école puisse montrer qu'il faut prouver, pour montrer qu'il faut comprendre, il faut définir.

Quand rien n'a été défini nettement, il n'y a pas de rigueur possible, ni même de discussion, donc de démonstration.

Nous ne travaillons plus directement. Nous n'utilisons pas le langage pour informer directement les enfants des choses qu'ils doivent savoir. Nous ne leur disons jamais que 2 et 2 font 4, ni que *o* et *u* font *ou*. Nous leurs faisons tout découvrir par eux-mêmes, par surprise. Nous passons notre vie d'enseignants à chercher la situation intelligente de laquelle l'enfant ne sortira qu'en ayant compris l'objet que nous visons, nous. L'enfant, lui, ne sait même pas que ce jeu, cette construction, ce rébus a un tout autre but que de l'amuser. Nous sommes des Machiavel d'école de banlieue, les Dr Frankenstein de la « métaconnaissance ». Nous sommes là, comme des laborantins pervers qui rajoutent par surprise des cloisons de plexiglas supplémentaires au labyrinthe des petits rats à dresser, juste pour leur faire découvrir une nouveauté que nous visons, nous. Nous essayons simplement toujours d'en revenir à un apprentissage naturel, c'est-à-dire animal. L'homme, et ça le caractérise assez bien, dispose du langage comme outil de transmission de la culture. Le but des modernes, c'est de transmettre la culture sans utiliser le langage. À ce compte-là, la culture de l'humanité ne sera plus transmise. Nous n'aurons bientôt plus de mathématiciens, ni d'écrivains... ni rien qui vaille.

Découvrir n'est pas comprendre.

LA TRANSVERSALITÉ, OU LE FUSIL À TIRER DANS LES COINS

Puisque les jeunes enfants sont supposés comprendre en découvrant, nos modernes se sont trouvés dans l'obligation d'inventer une science nouvelle. La science d'organiser les découvertes autonomes à l'avance pour qu'elles deviennent source de compréhension automatique. Cette science s'appelle la didactique.

Il ne restera plus aux enseignants qu'à installer ces situations concrètes de « découverte », préparées par les didacticiens et à placer leurs élèves au milieu. Autant on voit que les didacticiens doivent être extrêmement qualifiés, autant il apparaît très vite que les enseignants n'ont plus vraiment besoin de l'être. Et c'est intéressant parce que les premiers sont beaucoup moins nombreux que les seconds. Économie toujours. De simples emplois-jeunes suffiront bientôt à cette tâche élémentaire.

Ainsi, depuis le début du règne de la didactique, les stratégies d'apprentissage sont élaborées loin de tout élève. Ce qui permet bien sûr « une liberté de conception que les enseignants de terrain au nez dans le guidon ne peuvent pas avoir », selon les propres termes d'un didacticien d'IUFM.

Le principe que la découverte autonome permet toutes les compréhensions étant posé comme universel, nos experts ont donc soigneusement préparé les situations qui permettent d'aller tout droit à la fois à l'essence et à la totalité de la chose étudiée. Quelquefois, souvent même, la nature ingrate des objets d'étude complique un peu leur tâche, parce qu'ils ne laissent pas voir si facilement leur essence intime. Ils sont couverts d'exceptions et de particularités. Les didacticiens qui ont tellement utilisé les cas particuliers et les exceptions pour critiquer et ainsi renverser les méthodes archaïques se devaient bien de les considérer dans leurs productions.

Comme la découverte doit amener la compréhension qui remplace l'apprentissage, les modernes ont dû nier qu'il pouvait y avoir des façons d'aborder les choses spécifiques aux débutants. L'élève doit tout faire en un seul voyage : la découverte *doit* amener la compréhension. Il a bien fallu que les didacticiens intègrent, dans chaque situation-découverte, directement l'essence et le détail de l'objet étudié, le tout et l'élément, la règle et les exceptions. L'exemple du complément d'objet direct illustre bien l'affaire. La méthode pour atteindre en un seul voyage l'exhaustivité et l'essence du COD est une usine à gaz complexe et difficile à comprendre en elle-même. Elle n'est qu'un obstacle supplémentaire. Au point que peu d'élèves savent encore retrouver facilement le complément d'objet direct.

Ce système est général. Les notions sont désormais abordées immédiatement dans leur complexité. Ainsi, quelques matières scolaires sont devenues complètement impossibles pour des jeunes gens. La biologie, qui appartient maintenant aux pompeuses « sciences de la vie et de la terre » (SVT), en est un bon exemple. Alors qu'ils n'ont jamais rien appris d'élémentaire sur la cellule, nos pauvres élèves de quatrième se retrouvent soudain en train de commenter la « problématique » d'une expérience récemment publiée dans la revue *Nature* sur la dernière séquence d'ADN reconnue. Et en plus, on leur demande un commentaire rédigé, à eux qui n'ont jamais appris la rédaction...

Ce que les modernes ont baptisé « compétences transversales » désigne les compétences nécessaires dans plusieurs secteurs d'activité. Par exemple, la lecture est une compétence transversale puisque nécessaire partout ailleurs. Ce n'est pas seulement une discipline verticale, mais une compétence qui traverse toutes les autres disciplines ! La camaraderie en est une autre, comme la citoyenneté, ou l'autonomie...

Considérant que, pour cause de transversalité, on ne fait jamais seulement une seule chose à la fois, les modernes ont décidé que ce n'est pas l'objet qu'on vise qui profite le plus du travail qu'on y consacre. La transversalité, c'est le fusil à tirer dans les coins, c'est l'art hypocrite d'atteindre d'autres buts que ceux qu'on affiche : quand vous faites une partie de foot, c'est votre civisme que vous travaillez; vous faites un gâteau en suivant une recette ? C'est le sens du texte que vous visez. Vous emmenez vos élèves à la piscine : pensez-vous que c'est pour leur apprendre à nager ?

Extrait d'un document pédagogique diffusé dans une circonscription primaire :

> « Aqua ça sert d'aller à la piscine ?
>
> Parler, lire, écrire en éducation physique.
>
> Si les activités aquatiques visent en priorité l'enrichissement et le perfectionnement des actions motrices, l'un des objectifs est aussi, à côté des autres disciplines de l'école, de contribuer au développement des compétences dans le domaine de la langue orale et écrite.
>
> Les activités aquatiques, avec les sensations et les émotions qu'elles suscitent chez les élèves, sont un support de verbalisation, de lecture et d'écriture extrêmement intéressant. Elles donnent sens aux apprentissages qui se déroulent dans la classe en amont et en aval des séances à la piscine dans tous les cas, il s'agit de garder à l'éducation physique son objectif premier c'est-à-dire l'apprentissage d'actions motrices, et de ne pas la réduire à un simple alibi.
>
> On met alors en évidence les liens fonctionnels qui peuvent exister entre les compétences en éducation physique et les autres compétences visées.
>
> Les activités aquatiques au cycle 2, en relation avec les autres champs disciplinaires de l'école, par la diversité des expériences et des outils qu'elles proposent, aident l'élève à construire en toute sécurité des déplacements efficaces en surface et à différentes profondeurs avec des sollicitations techniques adaptées. De

retour en classe, les activités autour du parler, lire, écrire sont là pour en faciliter la compréhension et l'acquisition.

Le travail en partenariat est incontournable. L'éclairage technique des maîtres nageurs sauveteurs est mis au service du projet de l'élève dont le maître est le garant.

Le savoir-faire mis en œuvre dans les classes qui ont travaillé autour de ce projet en parfaites cohérence et continuité avec l'étape précédente contribue à construire progressivement les compétences du nageur et participe de façon significative à la formation du citoyen en éduquant à la responsabilité et à l'autonomie. »

On en fait des choses à la piscine ! Mais est-ce qu'on apprend à nager ? Beaucoup d'inspections primaires refusent simplement les « actions-piscine » (quelle façon de s'exprimer !) qui prétendent ouvertement apprendre à nager ! Ou les séances de musique qui abordent le solfège.

La transversalité est une découverte bien utile de nos chercheurs prolixes. Elle sert à la fois à décrire des emplois du temps plus que remplis et à vider les disciplines de leur contenu.

Quand on fait de l'histoire, ou du chant, ou des maths, on fait aussi de la lecture puisqu'on lit forcément quelque chose. On fait deux choses à la fois, qui comptent pour l'emploi du temps. La lecture utilisée dans le cours d'histoire, de maths, de chant est comptée dans les deux heures de lecture quotidienne fièrement affichées par les nouveaux programmes. En fin de compte, on continue comme avant, mais les minutes de lecture qui ont lieu pendant l'histoire comptent pour du français et de l'histoire. Mots comptent double ! Le ministère peut ainsi annoncer plus de lecture tout en diminuant les horaires de français. Nouveaux programmes, langue française, littérature (dire, lire, écrire) : de quatre heures et demie à cinq heures et demie hebdomadaires. Où sont donc les deux heures quotidiennes de lecture louées devant les médias ?

Le petit garçon a du mal à lire. Il a subi la méthode globale-phonétique-à-hypothèses et vient d'un milieu défavorisé, conjonction fatale : au CE1, il ne lit pas du tout. Nous faisons appel au RASED (Réseau d'aide aux élèves en difficulté). Une collègue spécialiste va venir à l'école toutes les semaines pendant un trimestre pour « remédier » au problème. La collègue du réseau d'aide a dû faire des choix cornéliens, car il y a beaucoup d'élèves en difficulté et elle a un secteur d'intervention de plus en plus large. Avant, elle avait une classe spécialisée d'une douzaine d'élèves en difficulté ; mais depuis la réforme, on préfère la promener d'école en école, où elle intervient plus ponctuellement sur moins d'élèves à la fois – un ou deux. Au lieu de passer plusieurs années scolaires avec un instituteur spécialisé, notre jeune non-lecteur n'en verra qu'un seul, une heure par semaine, pendant un trimestre en tout. Je pense qu'il y perd, surtout quand l'inspection académique cesse de payer les frais de déplacement de ma collègue spécialisée, parce que, à budget constant, il arrive qu'on n'ait plus d'essence... L'Éducation nationale est quelquefois bien minable.

Maintenant que son temps de « remédiation » a été réduit au minimum, que va donc faire notre petit non-lecteur pour apprendre à lire ?

Des gâteaux.

Quelqu'un qui n'aurait pas mis depuis longtemps les pieds dans une école primaire pourrait penser que j'exagère le trait. Pas du tout. Un gâteau au yaourt la première semaine, une tarte aux pommes la deuxième, puis la construction d'un puzzle, puis des crêpes, puis un jeu de société auquel naturellement il faut jouer, plus quelques tests bien spécifiques, et voilà toute l'aide qu'aura reçue mon petit bonhomme. Il ira grossir les statistiques de non-lecteurs, il sera considéré comme malade, rencontrera psychiatres et orthophonistes qui ne l'empêcheront pas d'encombrer nos classes de sa lourde présence boudeuse. Pauvre gamin, que voulez-vous qu'il y fasse ? Il ne sait pas lire, et je crois bien qu'il ne sait finalement pas faire les gâteaux non plus.

La théorie qui justifie cela est la transversalité. En faisant un gâteau, tu apprends à lire – mais tu ne le sais pas. Ce que tu lis, c'est la recette, le mode d'emploi, le texte « utilitaire » que nous retrouvons dans la typologie des textes sous la dénomination de « texte injonctif », c'est-à-dire texte technique. Faut-il que nos mentors détestent à ce point la littérature pour qu'ils ne trouvent comme textes vraiment fondamentaux, comme textes d'apprentissage ultime que ces textes marginaux et sans intérêt propre ! Cette façon de faire suppose que notre non-lecteur aimera forcément la cuisine, ou adorera le découpage, mais qu'il est évident, légitime et admis d'avance qu'il n'aime pas la lecture. Au moins, lisez-lui *Le Petit Chaperon rouge*. Ou apprenez-lui que *b* et *a* font *ba*.

Pour apprendre à lire à un enfant délinquant ou qui a des problèmes de comportement, il vous faudra le circonvenir. En général, ces enfants ne font pas ce que vous leur demandez de faire, ils s'opposent, se méfient, se défendent des adultes. Avec un petit délinquant, c'est à vous de vous adapter à lui, de guetter la particularité, l'interstice pour réussir à lui fourguer en douce, sans qu'il s'en aperçoive, un peu de lettres, de mots, de nombres, jusqu'à ce qu'il se rende compte que ce sont des cadeaux bien plus lourds et durables que les quelques friandises à dégustation immédiate derrière lesquelles il s'obstine à courir. Si vous avez réussi – parce que ce n'est pas si simple –, il décidera d'apprendre parce qu'il y verra son intérêt et, en même temps, il deviendra moins délinquant. Si vous tentez de circonvenir un enfant qui va bien pour lui apprendre à lire au détour d'une promesse de gâteau ou de tout autre projet alléchant, vous lui ôtez sa raison d'être là. Vous le traitez en animal à qui le dresseur présente une friandise pour lui faire faire autre chose que ce qu'il devrait. L'enfant qui va bien veut s'adapter au monde qui l'entoure. Il veut s'affronter directement à la lecture, au calcul, à la grammaire. Il doit les domestiquer lui-même. Nous ne devons pas le domestiquer lui, en l'achetant avec un quelconque gâteau, comme le dresseur achète des applaudissements d'otarie avec un poisson mort. Nous devons traiter nos élèves en enfants qui vont bien. Nous ne devons pas utiliser sur des enfants en bonne santé des techniques réservées aux enfants délinquants, de même que nous ne devons pas apprendre à lire aux enfants qui entendent avec une méthode réservée aux enfants sourds.

Faut-il que cette propagande soit générale, puissante et insidieuse pour que tant de mes collègues admettent maintenant de telles inepties : qu'on apprendrait à lire en faisant des gâteaux ! Pour bêcher un jardin, il faut bêcher, c'est fatigant et c'est satisfaisant. Pour apprendre à lire, il faut apprendre à lire, c'est difficile pour quelques-uns, c'est fatigant, mais comme c'est gratifiant, comme c'est satisfaisant, et quelle récompense ! Toute la culture de l'humanité, tout : la lecture donne tout. Avec *Le Petit Chaperon rouge* en supplément gratuit.

Il n'y a pas de cadeau plus absolu que la lecture. La IIIe République a voulu l'offrir à tous ses enfants. La Ve République est en train de le reprendre.

Donner c'est donner, reprendre c'est voler.

De la didactique à l'interdiction

Plus une théorie scientifique est choquante pour le bon sens, plus elle apparaît comme nouvelle. Quand elle est vérifiée. En physique, la relativité, le principe d'incertitude, les joyeuses contradictions onde/corpuscule de la mécanique quantique ont installé cette impression que contredire le bon sens était scientifique. Pour les sciences dures et très modernes.

Quand nos didacticiens modernes ont essayé de faire passer l'éducation pour une science, ils ont choisi l'option « science dure et très moderne ». Il a bien fallu qu'ils trouvent quelque chose de vraiment scientifique. Ils ont pensé qu'il suffisait de heurter le bon sens. Et là, comme ils n'ont aucune autre contrainte, ni mesures, ni expériences, ni contrôle de véracité, rien que le libre et léger discours issu de l'imagination des gens en place, ils s'en sont donné à cœur joie. Contrarier le vulgaire bon sens populaire, quel plaisir pour un aréopage qui peut ainsi se prétendre scientifique, par comparaison.

« C'est scientifiquement prouvé. » À longueur de pages, l'INRP ou la presse spécialisée en propagande iennerpesque usent le leitmotiv. Exactement comme l'hurluberlu de bistrot qui lasse tout le monde avec sa croyance certaine en la réincarnation. Ils n'ont de scientifiques que leurs affirmations enfiévrées et leur foi leur sert de preuve.

C'est ainsi que « l'enfant apporte plus à l'enseignant que l'enseignant à l'enfant »... Ou bien que « c'est en repeignant le mur du préau qu'on devient expert en lecture »... Ou encore que « les élèves de classes à faible effectif ne sont pas favorisés », « les classes à plusieurs niveaux sont plus efficaces », « la dictée est uniquement un exercice d'évaluation », « s'il fait tellement de fautes, c'est qu'on lui demande trop d'écrire », « lire à voix haute empêche l'émergence du sens », etc.

La théorie des modernes contient d'ailleurs beaucoup plus d'interdictions que de propositions sensées : il ne faut jamais poser la question « quoi ? » pour trouver le COD, écrire les unités dans les opérations, apprendre par cœur, travailler à la maison, syllaber, se faire aider par ses parents, écrire la langue vivante, répéter et refaire, faire du travail mécanique, colorier, faire des dictées, proposer des résumés de leçons, les faire apprendre, corriger l'orthographe dans un texte d'enfant, recopier, apprendre des dates. Ils ne savent pas faire, mais ils savent interdire.

« Les classes à faible effectif ne sont pas meilleures[1] », disent-ils, ils ont des études et des statistiques réalisées par l'INRP ou le ministère qu'ils citent et re-citent. Leur objectif économique est évident et la ficelle est grosse. C'est tout à fait faux : ça heurte le bon sens commun, ça heurte l'expérience de centaines de collègues. Mon expérience est contraire aux allégations de l'INRP. Il est vrai qu'elle n'est faite que de quelques visages d'élèves précis qui ont manifestement profité du supplément de présence d'instituteur, dû à un maigre effectif de leur promotion. L'étude STAR[2], réalisée depuis 1985 dans le Tennessee sur plus de 11 000 élèves, montre un gain durable moyen de huit places sur un classement de cent pour les

1. « La taille des classes n'est pas déterminante dans la réussite des élèves », *Le Monde*, 3 mai 2001. « La politique de réduction de la taille des classes [n'est] pas efficace », Haut Conseil de l'évaluation de l'école.

2. E. Word *et al.*, « Student-Teacher Achievement Ratio (STAR) Tennessee K-3 ClassSize Study, Final summary report 1985-1990 », Nashville, Tennessee Department of Education, 1990.

élèves de classes à faible effectif. Pour les élèves en difficulté, le gain est encore beaucoup plus net. L'étude STAR est claire : les petites classes, ça marche mieux. C'est le maître qui est utile à l'élève, pas le reste de la classe...

Les classes à niveaux multiples sont plus efficaces ! « Cette structure [...] permet des interactions fructueuses entre des groupes hétérogènes[1]. » C'est la même histoire. C'est de la propagande destinée à prouver que dans les classes où le maître n'est pas là en permanence auprès de son groupe d'élève, ledit groupe d'élèves progresse mieux. Ils luttent ainsi contre les « classes autobus », surnom péjoratif donné aux classes où les tables sont toutes orientées dans le même sens, vers le tableau, vers le maître. Ils y opposent les tables groupées, les travaux en ateliers autonomes et autres décloisonnements. Le principe est toujours le même : prouver que moins il y a de maître, meilleurs sont les élèves.

Dans ce but, la loi Jospin va jusqu'à proposer aux écoles assez importantes pour avoir un seul niveau par classe de se réorganiser en plusieurs classes à plusieurs niveaux. « Cette structure [à plusieurs classes] peut également être volontairement choisie dans les écoles plus importantes où plusieurs classes de ce type peuvent être composées[2]. » Certains inspecteurs

1. « Orientations pour la mise en œuvre de la nouvelle politique pour l'école », Bulletin officiel de l'Éducation nationale spécial 9, 3 octobre 1991 (contenant les textes d'application de la loi de 1989 dite loi Jospin).

2. « Orientations pour la mise en œuvre de la nouvelle politique pour l'école », *art. cit.*

zélés ont même « poussé » quelques écoles à le faire. Et si un enfant profite de cette organisation, l'explication est ailleurs : les classes à plusieurs niveaux permettent aux petits d'écouter ce que le maître raconte aux plus grands. Étant donné la maigreur des programmes actuels, il est évident qu'ils peuvent profiter aisément des leçons du niveau d'au-dessus.

Ce n'est pas avec moins de maître qu'on fait les bons élèves, mais bel et bien avec plus de maître, plus de contenu, plus de programme, plus d'ambition.

Ma classe est en effet une classe autobus, et pire encore. C'est une classe tramway parce que sous les roues, il y a les rails des programmes nationaux et tout le monde va dans la même direction. En plus, ça monte : c'est un funiculaire.

Leçon 8

Quand la loi détruit...

En médecine, il y a plusieurs méthodes de soin. La méthode occidentale dite allopathique, puis la méthode chinoise à base d'acupuncture, ou bien l'homéopathie avec ses petites boules de sucre, ou encore diverses méthodes plus ou moins douces, jusqu'aux délires pathologiques de quelques gourous.

La médecine dite occidentale est pratiquée par la quasi-totalité des médecins, et soigne la quasi-totalité des malades. Elle est faite d'un mélange composé des apports de la recherche médicale récente et du bon sens professionnel de praticiens chevronnés qui ne rejettent pas forcément les techniques médicales passées. Elle connaît des échecs, elle connaît des succès nombreux. Elle est une science humaine qui s'agite sans cesse pour mieux faire. Elle a l'impitoyable avantage de mesurer son efficacité assez rapidement; le chirurgien mesure très vite la portée d'un mauvais geste, le médecin et le patient aussi. C'est grâce à cette rapide *évaluation* des méthodes médicales qu'on ne soigne pas le cancer avec des petites boules de sucre.

Il y a plusieurs méthodes d'enseignement, plusieurs « chapelles » aussi. La méthode dite traditionnelle parce qu'elle n'a pas de nom, parce qu'elle n'est pas une méthode unifiée et codifiée, n'est que l'assemblage de diverses techniques éprouvées par l'expérience professionnelle de milliers d'enseignants pendant plus d'un siècle[1]. Elle connaît quelques échecs, mais aussi des succès nombreux. Elle essaie de s'adapter à la réalité, de mesurer ses succès et ses échecs, elle change et remue sans cesse, jamais encore établie sur quelque théorie unificatrice. Mais la mesure du succès et de l'échec chez nous est bien lente. Il faut une génération entière ou plus pour connaître l'efficacité d'une pratique nouvelle. Quarante ans pour savoir si le premier patient du nouveau traitement va mieux, c'est quarante ans pour soigner les autres sans savoir si on les tue.

De la méthode traditionnelle au système Freinet, des méthodes coopératives aux méthodes actives, de Decroly à Montessori, les chapelles pédagogiques sont nombreuses et elles savent, comme leurs cousines médicales, pointer du doigt les quelques échecs de la pratique majoritaire pour en tirer leur justification. Et leur survie.

Imaginez une loi d'orientation de la médecine qui imposerait de tout soigner par homéopathie.

1. Sinon depuis quatre mille ans : les traductions d'exercices scolaires mésopotamiens écrits en cunéiforme ressemblent étrangement à nos problèmes de certificat d'étude. Troublant et émouvant. (Cf. R. Caratini, *Les Mathématiciens de Babylone*, Presses de la Renaissance, 2002.)

La loi Jospin de 1989, c'est ça. Elle impose l'unique « méthode coopérative » à tous les maîtres, à tous les élèves.

Depuis la loi Jospin de 1989, tous les trois ans, toutes les écoles reçoivent un dossier à couverture de carton, le « projet d'école », avec de grosses flèches multidirectionnelles, des « fiches-action » à remplir, et des explications sur la méthode de remplissage. Il faut remplir « comme on veut » les fiches qui expliquent les « actions » que nous mènerons pendant trois ans. « Comme on veut »... Mais elles seront jugées par le jeune inspecteur aidé d'un aréopage de collaborateurs qui décideront qui aura les subventions et combien... L'Éducation nationale attribue des subventions à vos enfants, en fonction de la conformité idéologique de leurs maîtres. C'est ce qu'ils appellent la « discrimination positive ». Théorie idéale qui permet de financer ici un voyage en Amérique, et là rien du tout. Ici une classe de découverte de l'Élysée (*sic*), et là rien du tout. C'est positif pour les pro-Américains ou les futurs jeunes cadres politiques. Pour les autres... La discrimination, c'est la discrimination, elle n'est positive que d'un côté du lorgnon : quelques dizaines de classes qui organisent de mirifiques voyages, déjeuners en grand restaurant, pièces de théâtre avec de vrais comédiens... quelques dizaines de classes qu'on peut montrer à la télévision pendant que les autres, les classes du côté négatif de la force, continuent de voir augmenter leurs effectifs. Si, encore, les voyages mirifiques aidaient à apprendre à lire.

Cette inégalité de fait et de principe, appliquée à l'école, est un retour vers l'Ancien Régime qui était fondé sur l'inégalité de principe. C'est un recul politique et philosophique de plus de deux cents ans. À l'école de la République, il ne peut y avoir qu'une stricte égalité de principe pour les élèves. Aucune justification théorique ne pourra jamais gommer une telle infamie : la loi Jospin doit être abrogée.

Le « projet d'école » contient des « fiches-action », qu'il faut remplir tous les ans, tellement il est évident qu'il suffit d'agir pour apprendre.

La fiche-action décrit et justifie l'action que l'école mènera puisque, désormais, il suffit d'agir pour apprendre. L'action, c'est partir se promener au musée. La justification, c'est ce que ça apporte aux élèves.

Cette petite fiche est aujourd'hui la base théorique de tout notre enseignement; tout ce qui se passera désormais dans une école devra être décrit à l'avance dans des dizaines de ces bouts de papier, portant chaque fois, inscrite dans la case adéquate, la mention des « compétences visées par l'action », que les élèves atteindront peut-être. Comme un bureaucrate stalinien, l'inspecteur n'aura plus qu'à surveiller ces paperasses qu'il nous a forcés à signer et qu'il tient donc pour des engagements, et à venir voir de temps en temps si nous faisons ce qui est écrit.

C'est un extraordinaire système de contrôle *a priori*. Un contrôle des moyens mis en œuvre, mais pas du tout des résultats atteints.

On ne peut plus travailler directement une connaissance. On ne peut plus écrire sur son cahier-journal : « Ce matin, on apprend le complément d'objet direct. » On se demandera désormais : « Quelle est l'action projetée par l'école qui entraînera l'apprentissage naturel du complément d'objet direct ? » On voit tout de suite que ce genre de système ne peut que s'éloigner des connaissances précises, pour se réfugier dans l'évocation vague de compétences générales, sinon vagues. Quelles sont les *compétences-visées* de l'action que les élèves pourront s'approprier selon des parcours individuels différenciés ? « Compétences-visées » avec un trait d'union, je vous prie, un nouveau substantif ! Qu'en termes galants... Comment ces acquisitions seront-elles évaluées ? Quelle nouvelle action viendra remédier aux manques constatés par l'évaluation ? Et quel schizophrène a pu inventer une pareille folie circulaire ?

Mais lisez plus loin : l'action envisagée peut être destinée aussi bien aux élèves qu'aux adultes ! Ils disposent ainsi d'une égalité fort démocratique, certes, mais qui nie bien la différence maître/élève, c'est-à-dire le rôle du maître. L'école moderne travaille donc désormais autant pour les maîtres que pour les élèves. Cela n'est pas du tout anodin. C'est complètement idiot... sauf si l'inventeur de cette fiche lutte pour la disparition des écoles.

Action centrée sur : – les élèves – les adultes	À dominante – didactique – organisationnelle
Portant sur : – le temps d'enseignement – le temps non scolaire – le hors-temps scolaire	Renforçant la cohérence : – du cycle 1 – du cycle 2 – du cycle 3[1]

De la même façon, le temps d'enseignement n'est plus qu'un temps parmi les autres : le « temps non scolaire » et le « hors-temps scolaire[2] ». Quant à savoir la différence entre les deux... les enseignants et les élèves agissent ensemble dans des actions de toutes sortes, et à toutes les heures de la journée. De cette agitation émergeront, bien sûr, une orthographe établie, une aptitude au calcul précis et au raisonnement rigoureux. C'est certain.

La justification de ces *actions*, empruntées aux très marginales classes coopératives, est simple : c'est encore la transversalité. Quand vous repeignez le préau, vous apprenez à lire, à compter, la camaraderie, et tout un tas de choses que vous ignorez mais que votre maître moderne et coopérateur a su détailler sur sa fiche-action.

Fabriquer un CD-Rom avec des photos, partir pour les États-Unis, organiser une promenade en

1. Cycle 1 : maternelle, petite section, moyenne section et une partie de la grande section (!). Cycle 2 : une partie de la grande section (?), le CP et le CE1. Cycle 3 : CE2, CM1, CM2. Les programmes scolaires sont décrits pour chaque cycle.

2. Hors-temps scolaire dont les enseignants vont désormais s'occuper... Et la nuit, on fait quoi ?

péniche, vendre des petits pains, lire des histoires aux pensionnaires de la maison de retraite, réaliser un film, un ballet, une bande dessinée, une pièce de théâtre avec un vrai metteur en scène, visiter la ville, ses jardins, le musée, le métro, construire des jouets de bois, récupérer des chiffons dans le greniers, monter une vente de charité, aller au restaurant, ramasser des bouchons de plastique... tout est possible, recommandé... L'innovation est appréciée, le temps qu'on y passera ne compte pas pourvu que, sommet de la réussite, on ait un reportage sur l'action entreprise par l'école dans les émissions locales de France 3.

Repeindre le préau ! Tout le monde a aperçu ces préaux d'école peinturlurés, quelquefois même pas par des enfants, qui détonnent complètement dans les paysages urbains où ils ont été réalisés sans permis et qui se démodent cruellement. Il y a eu tellement de préaux repeints pour la première série de projets d'école que certaines inspections académiques ont été obligées d'interdire l'action « peinture de préau » pour la deuxième session des projets d'école. Je me rappelle fort bien les discussions entre collègues lorsque nous avons été mis en demeure d'écrire notre premier projet d'école :

– Qu'est-ce que vous avez pris, vous, pour le projet ? Nous, on a pris « repeindre le préau » parce qu'on ne savait pas trop quoi faire. Les conseillers pédagogiques nous ont aidés un peu parce qu'on ne savait vraiment pas quoi mettre sur ces sacrées fiches-action, vous savez... Qu'est-ce que vous avez pris, vous ?

– Le titre de notre projet, c'est « Lire, écrire, compter » et le sous-titre, c'est « Respect des programmes nationaux[1], pour la réussite des élèves en sixième »...

– Oh la la, mais ce n'est pas du tout ça qu'ils veulent ! C'est des trucs différents, pas des trucs scolaires...

Effectivement, notre projet « Lire, écrire, compter » a été refusé par la commission de validation. L'inspecteur avec qui, pourtant, l'école entretenait d'excellentes relations, nous a donné oralement l'explication : « C'est un projet délinquant ! »

Le temps qu'on passe à ces actions ne compte pas puisqu'il est transversal... Mais ce n'est pas comique, parce qu'il s'agit de vos enfants : comptez les sorties, pièces de théâtre, promenades, expositions, classes de découverte, sorties en bus, en train, à pied, à vélo, en péniche, que vos enfants subissent. Un petit cousin, l'an dernier, a effectué plus de vingt sorties différentes, comptabilisées par sa maman. Une classe d'école proche organise une sortie en ville deux fois par semaine pendant toute l'année... Et je ne compte pas la période de préparation de la sortie, ni celle de son exploitation. Mais quand fait-on de la grammaire ou du calcul ? Et que mes collègues cessent de se persuader que les habits du roi sont neufs : l'enfant-roi est tout nu, il ne sait pas lire, il ne connaît pas la grammaire. Quand on repeint le préau, quand on se promène, on n'apprend pas de grammaire, ce n'est pas vrai. Repeindre le préau, ça apprend à repeindre le préau, et peut-être même pas...

1. C'était avant les programmes de 1995. C'était donc encore ceux de 1985.

La loi Jospin a démembré les emplois du temps hebdomadaires. Elle a divisé par deux au moins le temps d'enseignement effectif. Elle a remplacé les saines heures d'école par des activités frénétiques et obligatoires mais qui ne servent à rien. La loi Jospin doit être abrogée.

Et les enfants dans tout ça ?

Je veux aussi aborder la question des *projets* et des *actions* du point de vue des enfants. Nos élèves sont en effet des enfants. Les enfants aussi font des projets. Ce sont en général des projets de jeu.

Les enfants seuls ne mènent pas les grands projets à terme. Au mieux, ils participent aux projets des adultes. Le petit garçon n'aide pas vraiment son papa à construire une maison. C'est trop long, il ne l'aide qu'un peu, pour lui faire plaisir. Il construit une cabane avec ses copains. Les petites filles tracent à la craie une maison de poupée sur le sol ou une marelle. Leur vrai projet, c'est leur jeu de tout de suite. La marelle sera un peu de guingois, certaines cases seront même trop petites pour un pied, on refera et on s'accordera ou se chicanera et on jouera un peu, pour être interrompu par le retour en classe. Et à la prochaine récré, tout sera à recommencer, avec d'autres, pour un autre jeu...

L'idée des modernes, c'est de détourner ce jeu de marelle pour y substituer l'apprentissage autonome des angles droits. On fera palabrer les enfants pendant des heures, sous la direction d'un adulte qui sait ce qu'il veut, et on obtiendra au bout d'un mois une marelle peinte au sol avec précision mais que les petites ne regarderont plus. En attendant de chiper un autre bâton de craie pour jouer à autre chose...

L'intrusion des adultes dans les projets des enfants les en dépossède et ils s'en vont.

Alors on en voit pourtant, de ces projets dithyrambiques, de ces comptes rendus de classe de mer sur papier glacé, de ces préaux bien peints, de ces CD-Rom clinquants de mise en page HTML, de ces brillants romans d'enfants... C'est bien simple, la réussite d'un projet dépend uniquement du temps que l'adulte y consacre. Je connais des projets où les instituteurs ont réalisé eux-mêmes, en plus de toute la conception, ce qui devait revenir aux enfants, mais qui, en fait, ne les intéressait pas du tout. Actuellement, la part des adultes est de plus en plus grande dans les productions scolaires de projets. Les projets bien réalisés sont en fait des travaux d'adultes.

Quand l'un de mes élèves a fini un exercice de grammaire que je lui ai donné, il est satisfait.

Dans la loi Jospin, tout est faux, tout est à côté du but affiché, rien ne tient.

Il faut abroger la loi Jospin.

Comme le théâtre classique, l'école disposait des unités de lieu, de temps et d'action. L'unité de lieu c'était la classe, pièce refermée sur quelques élèves et un maître; l'unité de temps c'était l'année scolaire dans laquelle venait se dérouler une action unique :

l'enseignement de programmes rédigés par année scolaire.

Il n'y a pas un seul domaine de l'activité humaine qui ait connu en si peu de temps un retournement aussi complet. Les contenus de l'enseignement étaient mauvais, les mathématiques étaient à refaire, l'enseignement de la lecture était déficient, la grammaire était mal enseignée, la littérature, les langues vivantes, la musique, le ski..., rien n'était bien enseigné, ni les contenus, ni les méthodes, tout devait être réformé, sur le fond et sur la forme.

Tout. Le lieu et le temps. La classe, l'heure de cours, la journée de classe, l'année scolaire, rien ne devait rester debout. Rien de ce que l'anodine nécessité des quelques décennies d'enseignement avait installé. Aucune tradition d'enseignement ne pouvait subsister.

L'ÉCOLE OUVERTE À TOUS LES VENTS

La classe était une pièce fermée. Sanctuaire de l'enfance au travail, ses murs protégeaient des ingérences de l'extérieur, ce qui se passait à l'intérieur : l'instruction.

Voilà comme en parle Maurice Fombeure :
« Puis les voilà tous à s'asseoir
Dans l'école crépie de lune
On les enferme jusqu'au soir

Jusqu'à ce qu'il leur pousse plume
Pour s'envoler. Après,... bonsoir ![1] »

La législation renforçait la protection des murs, n'entraient que quelques rares adultes ; le maître d'école pour l'instruction, et le médecin scolaire pour la protection de l'enfance.

Insupportable sanctuaire refermé sur lui-même. Les modernes libérateurs l'ont « ouvert sur le monde[2] ». Ouvert contre fermé, la formule publicitaire est efficace. Elle a servi à renverser les murs qui protègent, au prétexte qu'ils emprisonnent. Les limites de la classe ne doivent plus entraver la liberté de l'enfant, les limites de la classe doivent disparaître, la classe doit disparaître.

Mais comme il faut bien des murs pour porter les toits qui nous abritent, on s'est contenté de les rendre perméables, dans les deux sens. Les « intervenants extérieurs » se sont multipliés, qui viennent, sans l'autorité ni le contrôle de l'État, raconter aux enfants des choses sur les sujets qui leur tiennent à cœur. Tout plutôt que la parole du maître. Avec un léger penchant pour les chefs d'entreprise qui, aux yeux des modernes, représentent si bien le monde extérieur. Ceux que je côtoie ont trop de respect pour mon métier pour venir le faire à ma place. Et je ne ferais pas le leur. Ils me demanderaient plutôt des

1. M. Fombeure, « Les Écoliers », in René Poirier, *Vers inédits*, Gründ.

2. « Organisation et fonctionnement des écoles élémentaires et maternelles », article 1, 1er alinéa, BOEN spécial 9, *op. cit.*

comptes sur la qualité de l'instruction des jeunes salariés qu'ils embauchent.

Comme cet architecte qui était venu dans ma classe conclure un travail d'éveil sur les maisons paysannes – quand je vous dis que j'ai tout fait – et qui a tenu à mes élèves un discours halluciné, avec les yeux dans le vague, sur ses souvenirs d'école, sur son oncle Georges, son parrain adoré qui lui disait de si belles maximes morales qu'il n'a comprises que bien après et qu'il a récitées à mes élèves, sans se soucier de leur endormissement. Les quelques informations techniques sur le bâtiment qu'il leur a récitées, étaient vraiment très techniques. J'avais offert une tribune à un quidam. Et quelle tribune ! Devant un auditoire vierge, influençable, impuissant... Cette tribune-là est bien trop fragile, précieuse et nécessaire pour qu'on la galvaude ainsi. Cette ouverture sur l'environnement immédiat est peut-être une fermeture de l'esprit : qu'apportent donc des informations sur la portée des charpentes non rectilignes du XVIIIe siècle à des enfants qui ne savent rien de Louis XVI ? Ni son nom, ni ses dates, ni la façon dont il est mort...

De nos jours, l'école est ouverte sur la vie. Voici l'extrait d'un courrier reçu par tous les établissements scolaires de Bretagne (l'orthographe est garantie d'origine) :

> « Monsieur le directeur,
>
> Présent dans tous les discours, la protection de l'environnement devient une préoccupation des entreprises et des institutions. C'est parce que les élèves ont un rôle à jouer dans le futur, que nous vous pro-

posons d'organiser une opération de sensibilisation à la protection de l'environnement auprès de vos élèves, ainsi que ceux des autres écoles, collèges et lycées de Bretagne. Dans le dossier joint, vous sera présenté les détails de l'opération.

Sensibilisons les élèves à la protection de l'environnement

Un geste vert et rentable... parmi d'autres...

I – Description

La protection de l'environnement devient l'une des préoccupations premières, à juste titre, de la société. Il suffit de voir les efforts fournis par les pouvoirs publiques et les entreprises pour mesurer l'ampleur de ce mouvement. La responsabilité citoyenne existe, c'est pourquoi la société Abilinfo vous propose une opération de sensibilisation auprès des élèves des écoles primaires, collèges et lycées des quatre départements bretons. Acteurs de demain, ils pourront agir et véhiculer cette volonté de protection de l'environnement.

En s'associant avec les équipes pédagogiques, qui apporteront leurs compétences et leur expérience, Abilinfo, collecteur de cartouches d'encre vides, souhaite contribuer à cet effort de reconquête de la qualité de notre environnement. Les musées préservent notre passé, le recyclage notre avenir.

II – Objectif — Principe

À l'heure de l'économie d'énergie, du recyclage et de la protection de notre écosystème, la sensibilisation des enfants d'aujourd'hui, qui deviendront les adultes de demain, est importante. Travailler avec les enseignants, interlocuteurs privilégiés, représente un atout pour la protection de l'environnement.

Nous vous proposons donc de réaliser une opération commune destinée à susciter un intérêt et une participation concrète des enfants à la protection de l'environnement, en partenariat avec les enseignants. Cette opération consiste en une large collecte de cartouches usagées, récupérées à l'école, à la maison et dans leur environnement proche.

Certes, les cartouches usagées, utilisées dans les imprimantes, les copieurs et les télécopieurs, ne représentent pas un danger en soi, tel que les piles ou les hydrocarbures; ces cartouches peuvent être récupérées afin d'être valorisées en étant reconditionnées, puis remplit de toner et réutilisées. Cette nouvelle capacité donne aux cartouches usagées une valeur marchande, puisqu'elles deviennent une matière première indispensable pour les sociétés fabricant ces cartouches remanufacturées. Aussi Abilinfo se positionne en passerelle entre les recycleurs qui recherchent cette matière première et les entreprises ou collectivités qui se soucient du devenir de leur déchet dans une volonté de protection de notre environnement.

III – Public

Cette opération de sensibilisation s'adresse à l'ensemble des établissements de l'enseignement primaire et secondaire. Cela comprend les écoles primaires, les collèges et les lycées d'enseignement général et professionnel, public et privé, des quatre départements bretons.

Les élèves de ces établissements sont les premiers concernés. Cependant, leur champ d'action peut ne pas se limiter à l'école. Ils peuvent trouver des cartouches d'encre vides dans leur environnement familial. Ainsi, cette opération de sensibilisation à la protection de l'environnement touche non seulement les enfants, mais aussi leurs parents.

IV – Les moyens

Afin de vous aider au mieux dans la réalisation de cette opération, nous vous enverrons (en cas d'inscription) différents documents :

– un dossier sur le recyclage : "Que deviennent vos cartouches usagées ?" Ce dossier retrace le parcours de la cartouche usagée. Outil pédagogique, elle peut aider les enseignants à appréhender le domaine du recyclage de la cartouche vide;

– des affiches : celles-ci rappellent l'opération et plus généralement communiquent sur le recyclage;

– des étiquettes à coller sur les imprimantes, fax ou copieurs;

– un tarif de rachat des cartouches usagées;

– l'explication en détail de la procédure d'enlèvement des cartouches collectées. »

Ce n'est qu'un exemple – des plus sordides tout de même – parmi des centaines de propositions de ce type. Celui-ci a le mérite de la clarté : il va utiliser tous les élèves de Bretagne comme collecteurs gratuits de cartouches qu'il recyclera à son bénéfice, en nous promettant, merveilleux lot, une vague imprimante par département et par catégorie, qui lui revient à cinquante euros. La constante de ce genre de proposition malhonnête est l'appel moral du début. Une grande cause appartenant au grand « bien en soi» du monde moderne – charité, enfants malades, écologie à la petite semaine –, puis une justification pédagogique et une aide du même acabit, et vogue la galère. Ils vont aider les enseignants à « appréhender le domaine du recyclage de la cartouche» pour que vos enfants apprennent à «retracer le parcours de la cartouche usagée»! C'est pour «retracer le parcours d'une cartouche usagée» que nos enfants vont à l'école? Jusqu'où ira-t-on?

J'aimerais bien savoir combien d'établissements ont répondu favorablement à cette immonde crétinerie.

L'extérieur intervient dans l'école et l'école intervient à l'extérieur. Elle «agit dans le monde». Dans une journée moyenne, l'élève moderne se promène beaucoup. Il change de classe selon les matières, car les élèves de l'école ne sont dans les classes que par nécessité. Il «décloisonne». Il fait partie du groupe momentané des «moins bons en maths» de l'école qui se retrouvent à l'heure prévue dans la classe de Mme Truc pour une remédiation, ou bien du groupe qui prépare le défi lecture avec M. Machin, ou encore de celui qui prépare le castelet du prochain spectacle de marionnettes avec l'emploi-jeune, pendant que d'autres groupes «transclasses» se retrouvent ailleurs, pour faire autre chose. Du scolaire, des jeux ou des projets, c'est selon. On prépare la pièce de théâtre qu'on ira jouer demain dans une autre école, l'exposition de photos, de peintures pour la salle des fêtes ou pour la maison de retraite...

Voici un extrait de l'article du *Monde de l'éducation* de septembre 2002 qui défend les cycles qui sont «l'idéal» mais que personne n'applique sauf quelques

« spécialistes enthousiastes » et « militants découragés » :

> « Première année d'obligation scolaire et – déjà – première sélection. Dès le CP, la pression sociale pèse sur l'apprenti lecteur. Il lui faudra déchiffrer à Noël ou en juin. Six ans à peine et l'écolier joue son maintien dans le peloton de classe selon la vitesse qu'il adopte pour entrer dans le monde de l'écrit[1].
>
> Face à ce déterminisme, et à cette spirale de l'échec instaurée dès le plus jeune âge, l'idée a germé au fil des ans que l'année scolaire était d'une durée trop courte pour laisser une chance à tous les enfants et qu'il valait mieux repenser l'école en cycles. La loi d'orientation de 1989 entérine ce projet déjà testé par les mouvements pédagogiques. L'objectif lecture-écriture devient la priorité du cycle 2, cycle des apprentissages fondamentaux, qui regroupe la grande section de maternelle, le CP et le CE1. Cette nouvelle architecture vise à placer l'enfant au centre de ses acquisitions en lui laissant le temps de progresser à son rythme. Elle prend en compte les travaux scientifiques qui répètent que le temps des apprentissages ne coïncide pas avec celui des enseignements et que l'acquisition des connaissances ne correspond pas toujours aux dix mois de l'année scolaire. Le cycle évite aussi les redoublements purs et simples.
>
> À l'école publique B., à S., la classe n'existe plus. Cécile, six ans, Éric, un de plus, et Suzon, un de moins, sont dans le même "groupe de vie", un regrou-

1. Je suis particulièrement révolté par la stupidité de ce passage, où le journaliste décrète, avant de commencer, l'échec du petit élève dû, bien sûr, à la « pression sociale » exercée par les enseignants. C'est diffamant.

pement d'enfants des trois années du cycle 2. Ils apprennent à lire ensemble, chacun selon son rythme, guidés par un enseignant qui les encadre tout au long du cycle. "Les relations que nous établissons avec les enfants se posent d'emblée dans la durée", commente l'institutrice, Mme A. À force d'observations et de temps, elle sait comment "fonctionne" chaque enfant. Comment il apprend et ce qui le motive. À l'école B., les maîtres ignorent la pédagogie frontale, face à une classe entière. Ils multiplient les regroupements d'enfants en fonction de critères différents.

Émulation et rythmes adaptés

Dans la classe – qui n'a pas de porte parce que l'école entière a été pensée pour être ouverte –, les enfants sont installés par groupes de trois ou quatre comprenant au moins un enfant de chaque niveau. Au menu de la semaine, un texte sur la ville d'Annecy. Dans le groupe de vie de L. M., les "troisième année" fonctionnent en autonomie, répondent par écrit à des questions, cherchent des mots dans les dictionnaires. Les "première année" s'installent avec leur maître autour d'un texte agrandi. "Vous regardez ce texte, vous cherchez des indices", cadre l'enseignant. De fil en aiguille, les plus jeunes repèrent les mots qu'ils connaissent déjà : "joli", "ville", et les mots outils.

Pendant ce temps, les débutants s'entraînent à haute voix avec l'enseignante qui travaille d'ordinaire à la bibliothèque et centre de documentation. "On ne dira pas que tous les enfants savent parfaitement lire à la fin de ce cycle, mais on les dote très majoritairement d'un vrai outil", estime L. M. Pour A. C., "l'hétérogénéité crée une émulation tout en autorisant tous les rythmes d'apprentissage". »

Il faut bien noter que ce texte ahurissant du *Monde de l'éducation* est un plaidoyer de promotion et de défense des cycles et de la loi Jospin.

Dans cette propagande procycle, on avoue tout de go que « les enfants [ne] savent [pas tous] parfaitement lire à la fin de ce cycle », c'est-à-dire à la fin du CE1, c'est-à-dire que c'est une catastrophe pour ces enfants-là. On peut remarquer, au passage, l'ignoble introduction où le simple désir d'apprendre à lire à ses élèves est d'avance une « spirale de l'échec ». L'enfant pose un pied en CP et, déjà, c'est la « spirale de l'échec » ?

Les séries télévisées américaines laissent quelquefois entrevoir un peu des habitudes de leur enseignement public. Nous avons tous aperçu ces jeunes gens bavards et insolents, vautrés sur des chaises à écritoire rabattable, lançant des plaisanteries grossières à la pauvre prof obligée de les séduire pour espérer les intéresser à Shakespeare. Et aussi ces petites filles qui se promènent pendant toute leur scolarité entre le concours de majorettes de l'école et l'organisation du ballet des pom-pom girls ou du bal costumé de Halloween, entre une élection de miss de l'école et l'organisation du bal de fin d'année. C'est LE modèle que l'enseignement public français essaie d'atteindre, en le disant très clairement. On a remplacé la sérieuse et solide instruction par une frénétique promenade hédoniste entre des activités de plus en plus diverses, mais qui font plaisir aux jeunes.

Plaisir, plaisir... Qui sont donc ceux qui se permettent de décider ce qu'est le plaisir des autres ? Et le plaisir des enfants, quel est-il ? Et que devient donc le plaisir du travail fini, de la copie bien léchée, de la dictée sans faute, du texte bien présenté, du dessin tout colorié ou du problème évidemment tout bon ? Je pense bien que le plaisir du travail fini vaut toutes les promenades collectives et autres consommations apparemment satisfaisantes; mais je pense surtout que ce n'est pas à moi de m'occuper du plaisir de mes élèves. Leur plaisir est à eux[1].

Maintenir ou faire redoubler ?

En fin d'année, dans une école de mon secteur, une maman demande à la maîtresse si son fils peut redoubler le CP parce qu'il ne sait pas lire. La maîtresse est d'accord, il y a des explications précises à cet échec, mais il y a échec : il ne lit pas. Elles vont voir la directrice qui est tièdement d'accord. Elles s'adressent à l'inspectrice. Qui dit non.

La théorie qui justifie ce refus est celle des cycles. La durée de l'année scolaire est devenue variable : si l'enfant ne sait pas lire en fin de CP, c'est qu'il a besoin de plus de temps que d'autres. D'autres enfants ont d'ailleurs besoin de moins de temps. Alors s'il a besoin de plus de temps que son voisin, il suffit de le lui donner, il suffit d'allonger l'année

1. Célim, douze ou treize ans, interviewé par le journal de France 2 le 5 mai 2003 : « Un prof, c'est pour m'apprendre ! Pour m'aider à grandir ? Non ! Ça, je peux le faire tout seul... »

scolaire de quelques semaines ou quelques mois. C'est plus facile à dire qu'à faire, mais comme nos mentors disent plus qu'ils ne font, la décision est vite trouvée : il finira son CP au CE1. Ça s'appelle l'individualisation des parcours : il sera tout seul à ne pas savoir lire dans une classe où tout le monde sait lire, mais, grâce aux décloisonnements, ateliers et autres diversifications de la journée scolaire, et puisqu'il est autonome, il récupérera son retard.

C'était la justification pédagogique. L'explication, comme d'habitude, est bien plus triviale. Elle est économique. Les cycles servent « à limiter [les redoublements] car souvent vécus comme une sanction[1] », mais surtout parce que assez coûteux. Le combat pour éviter les redoublements se devait de commencer par la classe la plus redoublée : le CP. S'ils arrivaient à supprimer les redoublements de CP, plus aucun autre redoublement ne serait justifiable.

Alors, suivez bien le système. Au lieu d'années scolaires, on aura des cycles de trois ans. On ne pourra plus, de par texte de loi, redoubler en milieu de cycle, mais seulement, et exceptionnellement, être « maintenu » un an de plus dans le cycle, évidemment en fin de cycle. Le cycle où l'on apprend la lecture, le « cycle des apprentissages fondamentaux », commence pendant la grande section et se termine fin CE1. Le CP, où l'on apprend à lire, est en milieu de cycle ! On ne peut plus être « maintenu » en milieu de cycle, c'est-à-dire – parlons franc : on ne peut plus redoubler que

1. « Organisation et fonctionnement des écoles élémentaires et maternelles », *art. cit.*

le CE1. Ce qui ne sert à rien pour un enfant qui ne sait pas lire ! On ne redouble donc plus du tout. Les objectifs de baisse des redoublements projetés par le ministère sont atteints. Le taux de vingt pour cent d'illettrés en France ne tardera pas à être atteint non plus. La théorie des cycles alliée à la méthode naturelle-phonétique-à-hypothèses n'a pas encore donné tout ce qu'on pouvait en espérer.

On nous sert aussi un discours statistique contre le redoublement du CP. « Si on prend dix redoublants de CP, sept n'atteignent pas le brevet des collèges. » Le redoublement de CP est donc inutile – CQFD. Si nos modernes pédagogues peuvent se prétendre scientifiques, ce ne sera qu'en manipulation de statistiques : si on fait porter les tests sur dix enfants déjà en échec, c'est-à-dire sur dix enfants qui doivent redoubler le CP, il est certain qu'on n'atteindra pas le même taux de réussite qu'en prenant dix enfants qui n'ont pas redoublé le CP, c'est-à-dire dix enfants qui n'ont pas de problème scolaire. On pourrait aussi dire : « Sur dix chimiothérapies, sept ne permettent pas la guérison » – terrible raccourci – d'où on tirerait, évidemment, qu'il faut supprimer les chimiothérapies. L'espérance de vie d'un cancéreux n'est pas la même que celle d'un valide. Tous les cancéreux ont subi une chimiothérapie. Une statistique sur les cancéreux arrive à 7 sur 10, une statistique sur la chimiothérapie arrive aussi à 7 sur 10. Ce n'est pas la chimio qu'il faut supprimer, c'est le cancer – y compris en se servant de chimio. Ce n'est pas le redoublement du

CP qu'il faut supprimer, il faut apprendre à lire à tous nos élèves – y compris en faisant redoubler le CP.

Est-ce à l'enfant de s'adapter à l'année scolaire ou bien à l'année scolaire de s'adapter à l'enfant ? Est-ce que les connaissances de l'humanité doivent s'adapter à l'enfant qui les apprend ou bien est-ce l'enfant qui les apprend qui doit s'adapter aux connaissances de l'humanité ? En résumé : qui doit primer ? L'enfant ou les connaissances ? Si je réponds l'enfant, il reste un enfant. La meilleure façon de servir l'enfant et l'adulte qu'il deviendra est de lui servir les connaissances. Se centrer sur l'enfant, c'est vouloir qu'il en reste un. Bizarrement, le mot d'ordre qui paraît le plus gentil, « centrez sur l'enfant », est un mot d'ordre réactionnaire.

On ne redouble plus le CP. On ne redouble plus rien. Sauf une fois au maximum, entre la petite section et la troisième. Le mot redoubler n'existe plus : on parle de « maintien ». Je propose ici que parents et enseignants s'allient pour revendiquer le droit au redoublement des enfants, c'est-à-dire, le droit à la lecture, le droit au calcul, le droit à la culture de l'humanité.

La loi Jospin interdit le redoublement du CP. De ce seul fait, elle est un crime contre l'enfance. Elle doit être abrogée.

La commission d'entrée en sixième est un moment bien particulier. Les instituteurs apportent les dossiers de leurs ouailles qu'ils veulent protéger des dangers d'échecs à venir. Les professeurs essaient d'entendre dans tout ça leurs difficultés pour l'an prochain. Le principal du collège essaie de sauver sa section de germanistes, son effectif et le niveau du collège. L'inspecteur préside et rappelle les textes en vigueur.

Dans la liste d'élèves d'un instituteur proche de la retraite arrive la description d'un élève faible. Faible, il a déjà redoublé – « Il a été maintenu, corrige l'inspecteur, on ne redouble plus, on est maintenu... Ce n'est pas seulement un mot, c'est aussi un concept. » Les parents ont refusé la classe d'adaptation, de toute façon le psychologue scolaire le jugeait « limite » et comme il n'y a plus de place dans ces classes-là, il n'en aurait pas eu.

– Il sait lire ? demande un professeur de lettres.

– Non, répond l'instituteur.

Soupirs, les enseignants opinent du chef et se jettent des coups d'œil désabusés. Le principal relève la tête, le sourcil froncé :

– Il sait compter ?

– Ça dépend jusqu'à combien, répond mon collègue, plaisantant pour faire passer la chose.

Le sourcil du principal est ombrageux.

– Nous ne pouvons absolument rien garantir aux parents dans de telles conditions... C'est comme si je mettais mes troisièmes directement en classe prépa, en disant à mon collègue du lycée Chateaubriand débrouillez-vous, c'est comme ça.

Les profs sont un peu fâchés :

– Mais on ne peut rien faire ?

L'inspecteur répond :

– Il a déjà été maintenu, il ne relève pas de SEGPA (classe spécialisée de collège pour élèves en difficulté scolaire), il va au collège. C'est la loi, c'est comme ça.

Il ne laisse pas voir son sentiment, mais il a un léger haussement d'épaules en prononçant son « c'est comme ça ». Et comme nous sommes le jour de la nomination du nouveau Premier ministre, il ajoute, avec un clin d'œil discret :

– Peut-être qu'un changement de ministre...

L'instituteur se défend :

– Vous savez, je n'y suis pour rien, je suis aussi désolé que tout le monde, mais il n'y a pas d'autre solution que la sixième, ce n'est pas moi qui l'ai décidé. J'espère seulement qu'il pourra grimper jusqu'à la cinquième pour prendre une orientation plus adaptée. Technique ou...

– Non, coupe le principal. Il n'y a aucune orientation à aucun moment du collège et ce sont les parents qui décident du passage dans la classe supérieure – sauf peut-être en quatrième. On entre au collège et on en sort de toute façon en troisième. C'est tout.

Les professeurs sont un peu déconfits, ils savent ce que ça signifie pour eux, ces enfants qui grandissent au collège sans y apercevoir le moindre intérêt, sans s'y plaire jamais, sinon par les facéties diverses qu'ils ne manqueront pas d'organiser. Et quand j'écris facéties...

L'un des instituteurs ajoute qu'on devrait aussi penser à ces enfants dépassés, perdus, désabusés et finalement bien malheureux.

Tout le monde est malheureux; personne n'est satisfait, c'est du gâchis, c'est un gâchis d'enfants. C'est une honte pour un pays comme le nôtre.

Mais ce n'est pas la faute de l'instituteur, ni celle du prof, ni celle du principal, ce n'est même pas celle de l'inspecteur : c'est comme ça, c'est la loi Jospin.

Il faut le droit de redoubler. Il faut une orientation vers les CAP à la fin de la cinquième. Il faut des classes spécialisées. Il faut abroger la loi Jospin.

Ceux qui ont réussi à rendre variable la durée de l'année, peuvent bien, à l'égal des dieux, changer le nom des choses. Depuis les programmes de 1995, l'histoire et la géographie sont devenues, pour le cycle 1, « Découvrir le monde » – ils remplacent un nom par un verbe et ils en sont très fiers ! L'éducation civique devient « Vivre ensemble », l'éducation artistique se transforme en « Imaginer, sentir, créer » – trois verbes d'un seul coup ! Les sciences, elles, sont rebaptisées « Découvrir le monde » et l'éducation physique « Agir dans le monde », ça ne s'invente pas. Les mathématiques et l'écriture (?) du cycle 1 s'appellent « Des instruments pour apprendre » – amalgame stupéfiant ! La pratique orale de la langue s'écrit désormais « Vivre ensemble : communiquer », tandis que la grammaire, le vocabulaire et l'orthographe se transforment en « Apprendre à parler » ou bien « Construire son langage », ou encore les deux ensemble... Ce n'est plus à Pygmalion que nous avons affaire, mais au moins à Jéhovah devant la tour de Babel.

LES CONSEILS D'ÉCOLE

À chaque rentrée, ça recommence. Tous les directeurs d'école se mettent à préparer les élections aux conseils d'école. Réunion du comité d'organisation, dépôt des listes, contrôle de la liste électorale, quelquefois impression des bulletins de vote et organisation du scrutin. Tout cela en faisant la classe, et pour une indemnité de directeur d'école à moins de cent euros. Le jour des élections, le directeur est président du bureau de vote et instituteur en même temps... Il interrompt dix fois sa leçon de calcul pour crier : « A voté ! Veuillez signer-là, madame Truc. » Rien que ça...

Et tout cela pour obtenir quoi ? Huit parents élus par neuf ou dix voix sur soixante-dix... Huit parents élus pour quatre instituteurs, qui vont assister aux réunions du conseil d'école, qu'il faudra convoquer, dont il faudra tenir compte... Huit parents qui viendront souvent modestement, mais parfois pleins de morgue et de suffisance, nous expliquer comment nous devons nous y prendre.

– Ah mais il n'y a donc pas de spectacle de Noël dans cette école ?

– C'est un scandale : pas une seule sortie scolaire en car ?

– Vous savez, vous devriez aller visiter le zoo (ou un musée, ou un aquarium, ou EuroDisney...), j'y suis allé dimanche dernier avec mes enfants, c'est génial !

– Je ne comprends pas que l'Éducation nationale soit si en retard sur l'enseignement des langues vivantes. On est vraiment nuls en France là-dessus ! Les autres pays d'Europe sont très en avance sur nous...

– Il y a trop de devoirs. Moi, mon fils, parfois, il n'a pas fini avant neuf heures.

– Vous ne donnez pas assez de devoirs. Moi, ma fille les fait en un quart d'heure, et de mon temps...

– Vous devriez faire du théâtre, c'est bien le théâtre. Moi, je me rappelle...

– Je ne veux pas que mon fils soit catalogué comme violent après un seul coup de pied !

– Cette cour n'est pas surveillée. Ma fille a reçu un coup de pied dans la figure par X, et ce n'est pas la première fois qu'il lui fait ça...

Et je vous en passe, dont quelques agressions organisées contre tel ou tel collègue, pour des raisons quelquefois ignobles, ou très égoïstes.

Chers parents, puisque nous ne sommes pas, nous non plus, des êtres parfaits, il est quelquefois bon que nous entendions votre opinion sur ce que votre enfant fait, dit ou subit, mais il est bon aussi que vous sachiez ce que nous y voyons et ce que nous savons. Pour cela, un rendez-vous en tête à tête avec l'enseignant est nécessaire et personne ne s'y dérobera.

Mais ne croyez pas que vous pourriez être représentés ou défendus sur ces questions par délégation. L'autorité parentale ne se délègue pas. Allez-y vous-même, c'est trop grave, trop important ; les représentants de parents ne représentent jamais les autres, au mieux eux-mêmes, très égoïstement eux-mêmes. Ou alors, s'ils représentent autre chose qu'eux-mêmes, c'est qu'ils appartiennent à un corps constitué, à un parti politique, à une future liste aux municipales. Ou, plus simplement, ils ne sont que les représentants des prétendues associations de parents, qui sont en fait les seuls partenaires souhaités par l'Éducation nationale dans ces fameux conseils d'école.

Voici, en guise d'exemple, l'extrait d'un procès-verbal d'élections à un conseil d'école, une année où ça a bien voté :

Nombre d'électeurs	53		
Nombre de votants	17		
Bulletins blancs et nuls	4		
Suffrages exprimés	13		
Nombre de sièges à pourvoir	4	Quotient électoral	13/4 = 3,25
Attribution des sièges de titulaires		**Suffrages obtenus**	**Sièges**
FCPE			
PEEP			
Autre association affiliée à une union nationale			
Association habilitée au plan départemental			
Liste d'union	13		4
Groupement de parents			
Total			4

Quatre élus titulaires et quatre élus suppléants qui siègent d'après la loi, ce qui fait huit parents pour quatre instituteurs, chacun d'eux élu par 1,625 voix... Ça ne vaut pas le sacrifice d'une journée de classe. Mais le scandale n'est pas là. Même dans les écoles où la FCPE ou la PEEP [1] n'existent pas, leur nom apparaît; elles sont inscrites d'avance dans les résultats. Il est quasiment impossible de se présenter à ces élections si on n'est pas membre de ces prétendues associations de parents d'élèves. Ces élections, comme le montre très bien ce procès-verbal, sont faites pour elles. Pas pour vous.

Quelles sont-elles donc, ces associations ? J'en connais surtout une qui se dit de gauche. Je la connais par les doléances de certains de ses membres : il y régnerait encore moins de démocratie que dans feu le RPR. Ces associations nationales, très peu représentatives, sans aucune méthode de décision démocratique, utilisent leurs subventions d'État, uniquement pour surenchérir sur les réformes du même État. Elles sont d'accord avec tout, avant même que ce soit publié, et elles sont organisées pour tenter d'obliger les enseignants à appliquer tout ce avec quoi elles sont d'accord d'avance. Elles ne sont qu'un bras de l'appareil d'État. Avec quelques variantes pour permettre à l'une de s'adapter à un gouvernement, quand l'autre servira d'alibi au gouvernement suivant.

Elles défendent les réformes, pas vos enfants, ni leur école.

1. FCPE : Fédération des conseils de parents d'élèves. PEEP : Parents d'élèves des écoles publiques.

L'autre exemple est tiré de groupes d'animaux plus petits. On voit quelquefois débarquer dans nos campagnes quelques indépendants, quelques néo-républicains ruraux ou bien quelques progressistes de prairie, qui viennent, chargés de leurs certitudes débordantes de charité, nous faire leçon sur la façon de les faire. Ils jouent-là en fait les premiers balbutiements d'un rôle public à venir qu'ils espèrent important, ils jouent sur notre dos, ils jouent sur le mépris moyen à notre encontre, si bien entretenu par les gouvernements successifs ; ils viennent nous faire la leçon de leurs propos légers et égoïstes ou bien charitables et pontifiants, qu'ils croient fondés par la pureté de leurs intentions. Ils viennent me dire à moi, qui pense et pèse chaque mot et chaque geste lorsque je me trouve dans ma classe, ils viennent me dire à moi ce qu'il faudrait que je fasse. Et je suis quelquefois fatigué de mon hypocrite diplomatie.

Le conseil d'école ne sert qu'à ça. Il leur sert à eux... pas à vous, pas à vos enfants, pas à l'amélioration de l'instruction... mais à sa destruction. Et si jamais un parent indépendant, une simple maman, qui veut que sa fille apprenne quelque chose, vient dire ce qu'elle pense dans cet étonnant conseil équivoque, le directeur se fera rappeler à l'ordre pour « manipulation [1] ».

Le conseil d'école inventé par la loi Jospin est une fausse structure dont le seul but est d'entériner les réformes destructrices qui se succèdent année après année.

1. Cf. le « compte rendu d'admonestation », annexe 8.

Il n'est qu'un rouage corporatiste de l'appareil d'État. Il n'a rien de démocratique. La loi Jospin doit être abrogée.

DES NOTES À L'ÉVALUATION MODERNE

Que faire face à des incompréhensions comme celles d'Audrey ou de Donovan[1] ? Certes, ne pas crier. La contrainte, quand un élève ne comprend pas, n'apporte rien, sauf lorsque l'incompréhension vient d'un refus de réponse. Il faut plutôt chercher à savoir ce qui se passe dans la tête de l'enfant perdu. C'est un art, un métier de patience et d'expérience, qui tient du diagnostic médical, de l'enquête policière ou de la recherche de panne, qui se pratique au cas par cas, gentiment, doucement et quand les circonstances s'y prêtent. Ce qui n'arrive pas si souvent. Et on se doute bien de l'importance de l'affaire : un diagnostic de ce type, bien fait, au bon moment, c'est comme un bon aiguillage ferroviaire dans les progrès scolaires, comme le bon antibiotique prescrit au début de la maladie.

Alors, bien sûr, comme le diagnostic des causes d'échec scolaire est important, la loi Jospin s'en est occupée. Elle a créé à l'INRP un service qui ne s'occupe que de ça : la « Direction de l'évaluation et de la prospective » (DEP). Évaluons le présent, pour mieux inventer l'avenir. On voit tout de suite que ces deux services devraient être indépendants l'un de l'autre.

1. Cf. « Le calcul », p. 69.

Regardons tout de même ce qu'ils ont apporté au diagnostic des difficultés scolaires.

Les cases ! La DEP a inventé les cases et les croix qui « renseignent les cases » (*sic*) ; les centaines de cases plus ou moins cochées, quelquefois par les élèves eux-mêmes, qui sont rapportées dans les familles à la veille de chaque petites vacances et que les parents commencent à parcourir avec l'espoir d'y lire la réussite scolaire de leur rejeton, à laquelle ils attachent légitimement une grande importance... Au bout d'une page et demie, ils abandonnent cette lecture inefficace, reviennent à l'appréciation écrite générale de la maîtresse qui orne la page de garde et s'en contentent.

L'évaluation moderne ne renseigne pas très bien les parents. Mais nos modernes chercheurs pédagogiques justifient leur liste de cases par son côté scientifique, son exhaustivité et sa « précision diagnostique ». Voici le libellé de quelques-unes de ces cases, dont le côté scientifique et la précision diagnostique réjouiront le lecteur.

	acquis	en cours d'acquisition	non acquis
Connaît et exerce des responsabilités personnelles			
Énonce des règles (!)			

Identifie quelques grands problèmes du monde, manifeste une sensibilité à leur égard			
Fait preuve de créativité, d'inventivité, de curiosité			
Distingue des écrits par leur forme extérieure (bandes dessinées, articles, contes, poésies, recettes, définitions, documents, lettres, annonces, télégrammes, billets, tickets...)			
Élabore un modèle abstrait pour traduire ou interpréter une situation ou une démarche			
Affirme ses choix et ses goûts esthétiques, les explicite et les fait partager			
Expose l'information			
Entre dans un ouvrage en utilisant les indices externes			

Avec une croix dans la case du milieu de l'item « Expose l'information », peut-on espérer que les parents attentifs seront bien renseignés sur l'avenir scolaire de leur enfant ?

Autrefois, le parent avide d'informations s'enquerrait du cahier de contrôles ou du bulletin de notes qu'on lui remettait avec plus ou moins d'empressement, et dans lequel il trouvait matière à sourire ou à froncer les sourcils : « Comment, 8 sur 20 en calcul ?

– Mais tout le monde a raté son problème qui était très dur et même que le maître a dit qu'on recommencerait...

– Et Antoine, il a eu combien ?

– Euh, il a eu 14, mais... »

Dialogue de la vraie vie et dont l'évaluation moderne tente d'éviter le manque de profondeur.

Aujourd'hui, le parent avide d'informations précises demande à l'enfant de dire lui-même si son dossier est bon. La réponse ne varie guère : l'enfant a compté le nombre de croix dans la colonne de gauche, ou le nombre de petites têtes rondes et souriantes, et il a comparé, à la récré, avec le score de ses copains :

« Moi, j'ai 57 "Acquis" et 32 "En voie d'acquisition" ; Jacky n'a que 48 "Acquis" mais il a 41 "En voie d'acquisition"... »

Sur quoi les parents, pas dupes, contre-interrogent :

« Et Antoine, il a eu combien d'"Acquis", lui ?

– 59, mais lui, il a toujours fini avant les autres et même que le maître a dit que... »

Il n'y a rien de nouveau sous le soleil sauf que, désormais, les parents sont moins bien renseignés. Pourvu que les cases le soient !

Les parents ne sont plus renseignés et l'INRP s'en accommode, puisqu'en échange de l'incompréhension des parents, ils ont la fierté d'avoir développé le premier outil scientifique d'évaluation et de prospective, et que cet outil est censé permettre aux spécialistes d'en tirer force renseignements précis, circonstanciés et scientifiques sur les élèves. Donc la communication de ces « évaluations formatives » pourrait se révéler utile, notamment lors des changements d'établissement. Alors je vais encore vous raconter une commission d'entrée en sixième.

La commission d'entrée en sixième est la réunion entre professeurs de collège et instituteurs du secteur qui permet d'harmoniser le passage de l'école au collège, de se mettre d'accord et souvent de protéger ou de soutenir tel ou tel élève qui en aurait besoin sur telle ou telle matière. C'est une réunion utile, nécessaire, et tous les participants le savent : ils s'y montrent sérieux et précis. C'est aussi l'occasion idéale pour que les instituteurs transmettent les dossiers scolaires aux professeurs. Ils ont donc devant eux les piles plus ou moins hautes des dossiers scolaires de leurs poulains, enveloppés de la chemise jaune qui sert de fiche de liaison.

Il y a cinq ans, le principal du collège nous avait demandé de faire moins épais, surtout pour une question de place : les gros dossiers primaires avec leurs centaines de cases cochées s'écroulaient dans leur salle de rangement trop petite. Mais au-delà de la question de place se posait celle de la consultation. Les professeurs avouent en effet, hors présence des cadres du primaire, ne pas consulter beaucoup de dossiers scolaires, voire pas du tout. En fait, c'est seulement lorsqu'un élève de sixième pose de graves problèmes que ses professeurs consultent son dossier. Et pour commencer, il leur faut le retrouver dans les piles...

Une année, la très sérieuse professeur de sciences du collège a osé s'aventurer, pendant la commission d'entrée en sixième, sur le terrain des dossiers scolaires. Terrain dangereux, car on ne s'attaque pas impunément aux dogmes ni à la propagande de l'INRP, surtout lorsqu'un inspecteur est dans le coin. Mais il n'y avait personne... Fine mouche, elle a avancé doucement, sachant qu'elle pourrait heurter quelque partisan de l'évaluation à cases...

– Est-ce que les dossiers scolaires avec les longues listes de cases à cocher vous demandent beaucoup de travail ?

– Oui ! répond mon voisin.

C'est un collègue d'une école proche, sérieux et dévoué. Mais son école, et sans doute lui avec, s'affiche comme moderne. Alors, depuis une demi-douzaine d'années, ils en sont à la troisième ou quatrième version de leur propre livret d'évaluation à cases. Chaque fois, ils y travaillent ensemble pendant d'innombrables soirées, de réunions en heures supplémentaires jamais payées, juste pour élaborer, le plus finement possible, un livret qui prenne en compte le cahier des charges de l'Éducation nationale, le leur, leurs volontés, leurs espoirs. Avec des soucis précis de détail et d'ensemble, des discussions de fond et des ergotages, du travail, du temps, et de la passion. Pour des résultats perfectibles, puisqu'ils en sont à leur quatrième version ! Et un succès d'audience... mitigé. Jusqu'au jeune inspecteur de l'époque, pourtant un ardent promoteur de l'évaluation moderne, qui, pour bien les remercier de tous leurs efforts, a su montrer toute la distance qu'il y avait entre sa conception de l'évaluation et la leur : il a descendu en flammes leur livret d'évaluation si chèrement construit.

C'est une pratique pédagogique moderne : le premier qui essaie d'obéir à une consigne nouvelle, le gentil, se fait systématiquement envoyer dans les cordes. Il essuie les illusions de son maître – d'autant plus quand ledit maître raconte des âneries. C'est comme si les instits de maternelle renvoyaient sèchement les coloriages appliqués mais un peu débordés ! Vu ce que je pense du fond de la théorie de l'évaluation de l'INRP, ce n'est absolument pas étonnant, et cela pourrait même m'amuser, mais je ne peux m'empêcher d'évoquer le dévouement et le temps perdus par tous ces collègues qui essaient, par leur travail acharné et gratuit, d'appliquer et de corriger des théories fausses, donc vouées à l'échec. Leurs parents d'élèves ne sont plus renseignés sur les performances scolaires de leurs enfants... mais peut-être les spécialistes, les professeurs et les instituteurs sauront lire, eux, et trouver des renseignements précieux pour l'avenir des élèves. Revenons donc à ma réunion d'entrée en sixième : une réunion de spécialistes s'il en est.

– Oui, l'évaluation formative, ça nous prend du temps. Et je ne parle pas seulement de notre travail d'élaboration... Si on évalue bien soigneusement tout ce qui doit l'être, les élèves risquent de ne plus faire que ça...

– Ah bon, reprend posément la prof de sciences, parce que si vous le faites uniquement pour nous, vous pouvez en diminuer largement la quantité. Vous savez, c'est très difficile à lire et, pour ma part, je me contente de l'appréciation générale de la première page.

Cela est dit très gentiment, pour ne pas heurter ; et mon collègue répond que, quand même, ces évaluations leur servent en interne. Tout ce travail, sérieux et dévoué, ne sert malheureusement qu'à communiquer à l'intérieur de l'école, c'est-à-dire là où il y a le moins besoin de communication écrite. Personne d'autre que leurs auteurs n'en tire un seul renseignement. C'est un travail parfaitement inutile, même quand il est intelligent.

CHANGER L'ÉVALUATION POUR CHANGER L'ÉCOLE

Les mots ne sont jamais anodins. Jadis, on vérifiait le niveau scolaire des élèves par des contrôles de connaissances, et même des examens. Mais voilà, les examens ne sont plus en odeur de sainteté. Ils sont des « évaluations normatives » ! J'ai longuement essayé de me faire expliquer le « normatif », sans succès : une chose est sûre, l'« évaluation normative », c'est la mauvaise, la « formative », c'est la bonne. J'ai vaguement compris que la normative se contente d'établir la conformité de l'examiné à une norme préétablie. Ce qui serait bête et dinosaurien. La formative, elle, évaluerait l'évolution dans le temps des compétences individuelles pour en tirer la formation personnalisée qu'il suffira de « mettre en œuvre » auprès de l'évalué. Voilà qui serait moderne et intelligent. De plus, avant, on contrôlait des connaissances. Normatif peut-être, mais simple et facile à mettre en œuvre. Maintenant, ce sont des compétences qu'on évalue. C'est sans doute bien plus ambitieux, et peut-être même plus perfide pour l'évalué.

Deux éléments nouveaux apparaissent dans l'évaluation moderne. D'abord, les compétences sont représentées par des verbes, les connaissances par des noms. Ensuite, et c'est nettement moins anecdotique, ils pensent que c'est grâce à ce découpage des objectifs scolaires en centaines d'atomes de compétence évalués case par case qu'ils arriveront à une évaluation supérieurement efficace. En fait, ils croient avoir inventé un scanner médical appliqué à la pédagogie. Comme le scanner coupe l'image du corps du patient en fines tranches, l'évaluation découpe le comportement de l'enfant en de très fines capacités d'action, représentées par des verbes, et qu'il faut mesurer une par une.

Certains de ces items sont sans doute significatifs : par exemple, on pourrait lier l'actuel échec relatif en lecture d'un élève avec sa confusion systématique de la gauche et de la droite, et l'item « je commence toujours ma ligne de graphisme par la marge gauche» – comme si personne ne s'était jamais rendu compte de telles évidences avant nos modernes évaluateurs –, pourrait alors nous renseigner précieusement. Alors il faut regarder comment, précisément, cet item a été «renseigné» (*sic*). Quelquefois, il a été coché par l'enfant lui-même – fréquemment, autonomie oblige! Là, l'information est nulle – d'autant plus que, s'il est mal latéralisé, il peut même se tromper de case! Souvent, il a été coché par le maître, qui a proposé un test unique permettant de savoir si l'enfant a commencé une ligne par la gauche. Le maître «renseignera» ensuite la case «Acquis» si l'enfant a effectivement commencé par la gauche. Encore faut-il que le test soit discriminant : c'est vraiment très difficile de ne mesurer qu'une chose. Fréquemment, le test élémentaire est réussi grâce à des informations annexes; quelquefois, par sa structure même, il induit la réponse. En plus, statistiquement, un enfant mal latéralisé commence indifféremment par la droite ou la gauche. L'élément de test est donc incertain s'il n'est passé qu'une seule fois; et il ne sera pas repassé, vu la lourdeur du dispositif global et le grand nombre d'items qu'il faudrait vérifier régulièrement. L'efficience de l'item une fois admise ne rend pas pour autant fiable l'élément d'information apporté.

D'autre part et surtout, tout instituteur qui se respecte ou tout parent soigneux sait qu'il est particulièrement hasardeux d'oser considérer une compétence comme acquise. Une connaissance – et sans doute aussi une compétence – n'est définitivement acquise qu'après tout un travail, qu'après plusieurs réutilisations, plusieurs mémorisations. La division à deux chiffres si chèrement acquise en juin le sera-t-elle encore en septembre ? Cela n'a plus d'importance, elle n'est plus au programme.

Mon reproche principal envers cet étonnant système d'évaluation moderne est sa tendance naturelle à ne faire travailler les choses qu'une seule fois, au mieux. Ses promoteurs cherchent à nous faire reconnaître les éléments déjà acquis par les élèves, de façon à ne pas perdre un coûteux temps d'enseignement à leur apprendre des choses déjà connues. Mais c'est une erreur philosophique : les connaissances ne sont plus installées par l'autorité intellectuelle de la nation. On laisse les enfants sur leurs acquisitions intellectuelles autonomes, ils restent au mieux des enfants autodidactes, et c'est une erreur grave.

C'est la cinquième inversion. Avant, on apprenait une partie du programme, puis on contrôlait ce que les élèves en avaient gardé, compris. Maintenant, on commence par « évaluer » ce qu'ils savent déjà, puis on leur apporte les notions qui bouchent les trous constatés.

Malgré tout ce que je viens d'écrire, admettons encore un peu que ce système d'évaluation moderne puisse permettre de trouver les causes d'un échec scolaire : pourquoi, alors, ne pas le mettre en branle uniquement lorsqu'il y a un échec ou un déficit scolaire quelque part ? Bon sang, on ne passe pas toute la population au scanner médical de la tête aux pieds ! L'hôpital ne ferait plus que ça et on n'y retrouverait plus rien. La médecine qui ne ferait plus que du diagnostic ne soignerait pas. L'école qui évalue n'apprend plus.

Il existe certes quelques causes d'échec fréquentes, presque identiques, et déjà très connues ; mais, la plupart du temps, c'est à chaque enfant sa difficulté, à Audrey son « verser » et à Donovan ses « mètres ». On ne pourra jamais tout inventorier à l'avance, même si on multipliait par dix ces cases déjà innombrables... Allons, les enfants n'entrent pas dans des cases. Ils sont bien plus complexes que ça et ils ne se construisent pas du tout selon la belle ligne droite de toutes ces théories réductrices.

Ce travail d'évaluation nouvelle prend énormément de temps : non seulement il faut atomiser précisément toutes les compétences à mesurer, mais il faut en plus mesurer chaque atome, tout en inventant un test qui mesure effectivement ce qu'on espère mesurer. Toutes ces tâches nouvelles sont retombées sur les instituteurs de base. On voit bien qu'ils vont prendre le temps de l'évaluation sur le temps d'apprentissage. D'où les inquiétudes légitimes de mon collègue. D'où le signal qui doit alerter les parents lorsqu'ils reçoivent ce type de livret à la maison : soit il a été rempli soigneusement et les enfants n'ont presque rien fait d'autre pendant cette période (surtout si on décompte en plus toutes les sorties scolaires). Soit ces cases ont été remplies à main levée par l'enseignant, qui se trouve forcément dans la situation où il n'a pas pu tout faire. Les enseignants sont de plus en plus souvent mis dans la situation de n'avoir pas pu tout faire – ils en sont d'ailleurs largement culpabilisés. Dans ce cas, l'appréciation générale de la première page est la seule évaluation vraie du travail de l'élève, et les parents ont raison de s'en contenter, même si c'est nettement moins précis qu'une note par matière.

Chaque secteur de la pédagogie moderne a des justifications – évaluation scientifique, formative, individualisée... –, mais il a aussi des raisons objectives. Ici, j'en vois trois.

Le premier but de l'évaluation individualisée est de déterminer ce que l'élève n'a pas acquis, de façon à ce que le maître ne s'occupe alors que de ce qui manque. Cette évaluation permet seulement de boucher les trous dans le sol, elle ne permet pas de bâtir fermement et d'équerre des fondations. Ce n'est pas anodin : l'école de Jules Ferry avait comme objectif d'élever ses élèves (d'où le mot). Elle montrait à tous l'addition, selon un modèle réfléchi, en installait le savoir-faire en faisant et en refaisant, jusqu'à la transformer en véritable outil simple à utiliser, poli par l'usage et par l'autorité intellectuelle de la nation, qui, à cette époque, était confiée aux instituteurs. On doit actuellement mesurer ce que l'enfant sait déjà faire, de façon à ne pas s'en occuper. Pourquoi perdre son temps à refaire ce qui est déjà connu ? Le temps en question est celui de l'instituteur, le temps payé qu'il faut au maximum rentabiliser. Ainsi, les enfants d'aujourd'hui sont des autodidactes. Ils ont déduit seuls tout un tas de choses – ce qui est une étape nécessaire – mais jamais la deuxième partie du travail ne sera faite : jamais ces choses ne seront ordonnées, simplifiées, autorisées et systématisées. Jamais l'école ne transformera ces intuitions en connaissances autorisées et vérifiées, nettes et propres, classées et rangées par les générations d'intellectuels qui les ont établies. Notre petit élève ne reçoit plus la culture de l'humanité.

La deuxième raison de l'invention de cette évaluation nouvelle est la guerre faite aux examens. Il suffit de se retourner un peu vers le passé pour y voir les examens céder la place à des contrôles continus, à des grands jurys qui parlent de choses et d'autres, à des entretiens divers et variés [1]. Celui dont la suppression illustre le mieux mon propos est le CAP. Le certificat d'aptitude professionnelle est dispensé en fin d'études professionnelles aux jeunes apprentis. La doucereuse gentillesse de nos modernes s'est mise à s'inquiéter publiquement des recalés. Et, par discrimination positive, on arrivera à supprimer les CAP. Les CAP de peintre, d'électricien, de couvreur, etc., n'existeront plus. Or ces diplômes sont des garanties de salaire à l'embauche pour leurs possesseurs qui disposent ainsi d'un statut précis d'ouvrier qualifié. Plus de diplôme, plus de statut : voilà bien de quoi satisfaire nos modernes directeurs des ressources humaines qui sont aussi d'ardents défenseurs de l'individualisation des parcours... et des salaires. Supprimer un examen en pleurant sur les recalés revient tout

1. Y compris les examens et concours de promotion interne de l'Éducation nationale.

bonnement à recaler tout le monde. Supprimer l'exigence dans un métier, c'est tuer le métier. Mais je n'invente rien : cette société mondialiste en est bien à ne plus vouloir de métier puisque, désormais, on se formera tout au long de sa vie. Nous assistons à la lutte contre les métiers et contre les connaissances : c'est bien la lutte contre l'Encyclopédie ! Les dirigeants pédagogiques actuels se battent contre Diderot et contre les Lumières. L'un d'eux me l'a dit en face : il m'a reproché mon encyclopédisme et j'ai trouvé qu'il faisait siffler le mot comme une insulte.

Le troisième objectif de l'évaluation nouvelle est assez évident. Il s'agit de dissimuler un désastre. Car, comme je l'ai montré, tous ces géniaux changements de méthodes, toutes ces « mathématiques modernes à l'école » et autres méthodes globales n'ont pas été sans conséquences sur le niveau des élèves. Du coup, le débat sur le niveau qui baisse ou qui monte a pris de l'ampleur. Pourtant, il est évident qu'en conservant le même thermomètre, on aurait vu dans quel sens la température évoluait. C'est pour éviter cette sanction sans appel que, petit à petit, le discours sur la ringardise des méthodes pédagogiques anciennes s'est mis à englober les contrôles de connaissances et les examens. On nous a propagandé la stupidité des problèmes de robinets pour contrebalancer la solide réputation du « certif de dans le temps » qui valait bien le bac de maintenant (de toute façon, ils vont le supprimer aussi). Le certificat d'étude était inepte : on y pratiquait la liste des départements, les coups de règles sur les doigts, les stupides problèmes de robinets ou de trains et des dictées dramatiquement bien réussies, mais par un dressage stupide. Quel mépris pour nos prédécesseurs et quelle énormité dans le mensonge !

De nos jours, nous avons, pour bien montrer la différence, la remarquable supériorité des dictées du brevet (extrait du communiqué de presse du collectif « Sauver les lettres [1] ») :

> « Voici le texte de dictée qui servait, jeudi 29 juin 2000, à évaluer la maîtrise de l'orthographe grammaticale et lexicale dans les académies de Paris, Créteil et Versailles.
>
> *Le petit gavroche*
>
> *Pourtant il avait un père et une mère. Mais son père ne pensait pas à lui et sa mère ne l'aimait point. C'était un de ces enfants dignes de pitié entre tous qui ont père et mère et qui sont orphelins. Il n'avait pas de gîte, pas de pain, pas de feu, pas d'amour ; mais il était joyeux parce qu'il était libre.*
>
> *V. Hugo*
>
> Soit un texte de 63 mots (dont trois fois "père" et "mère" et cinq fois "pas" et "de"), aux accords enfantins et sans aucun mot difficile si on excepte l'accent circonflexe de gîte. Pour mémoire, jusqu'en 1999, le texte de dictée ne comptait jamais moins de 150 mots – et souvent plus de 200 – et comportait davantage de difficultés sans pour autant constituer, loin de là, un répertoire des difficultés de la langue française.
>
> Mais laissons ceux qui sont payés pour cela nous rassurer : "Le niveau monte." Pour s'en persuader, on a même modifié la façon de noter. Voici comment il importe désormais de faire [la dictée ne compte plus que pour 6 points (au lieu de 10) sur un total de 40] :

1. Voir le site de l'association « Sauvez les lettres » : www.sauv.net.

Consignes aux correcteurs

On attribuera 1/2 point pour la graphie correcte des mots suivants : “mais”, “à”, “aimait”, “ces”, la marque du pluriel dans “enfants dignes”, “pitié”, “tous”, “sont”, “orphelins”, “gîte”, “était”, “parce qu’”.

On enlèvera un maximum de 2 points pour d’autres fautes commises, à raison d’1/2 point par faute.

On l’attendait depuis l’instauration du nouveau brevet des collèges, c’est fait. Désormais, la dictée est évaluée non plus en sanctionnant les mots mal orthographiés mais en attribuant des points quand ils le sont correctement !

C’est pourquoi, la copie suivante et ses 29 fautes :

Pour temps il avais un paire est une mer. Mais son pair ne pensé pas à lui et sa maire ne l’aimait poing. S’étaient un de ses enfants dinieux de pitié antre tous ki on perd et mêre ait qui sont orphelins. Ils n’avaie pas deux gîte, pas de pin, pas de feus, pas d’amoure; mais ile était joiieu parce qu’il été libres.

devait obtenir 4/6, soit 13,5/20[1] ! »

Puisqu’on vous dit que le niveau monte. Et pour pouvoir mieux l’expliquer, l’INRP a tout simplement inventé un nouveau système de mesure.

On peut même se demander si c’est dans ce sens-là qu’ils ont pensé les choses : changer le thermomètre pour qu’on ne mesure pas le désastre... ou plutôt aider au désastre par le changement de thermomètre. Je cite Philippe Meirieu : « Changeons l’évaluation et l’école changera, car les enseignants finiront bien par

1. Cf. http://www.sauv.net/fx000702.htm.

former leurs élèves à ce qui sera évalué[1] !» Rien à ajouter.

Je pense que le succès social est le moteur de presque tous les mammifères sociaux. Nos élèves courent après la reconnaissance de leurs copains, des adultes qu'ils côtoient et des maîtres qui sont pour eux une référence très solide de vérité et de morale. Et je tire de ceci qu'avec un bon 18 sur 20 au bon moment, on fait plus qu'avec aucune des prétendues évaluations «formatives» ou autres qui sont complètement fausses et à côté de leur objet annoncé. Seulement, avec mon 18 sur 20, si je ne prétends «évaluer» qu'approximativement, je tire et je pousse vers le haut, j'encourage et j'élève, ou du moins j'essaie, par tous les moyens moralement efficaces que j'ai trouvés. Mon 18 sur 20 agit, vos cases constatent, très mal d'ailleurs. Messieurs de l'INRP, un bon 18 sur 20 au bon moment fait plus pour mes élèves que toutes vos accumulations de cases si pompeusement renseignées, qui ne renseignent qu'elles-mêmes – vous le dites vous-mêmes – ou qui ne servent qu'à conforter vos directives pédagogiques, par des résultats nationaux conformes à vos objectifs.

Et plus encore, car la déliquescence est très avancée et les conséquences de vos actes installées depuis fort longtemps. Dans une école primaire dirigée et tenue par des adultes en nombre suffisant qui notent, la compétition sociale naturelle se place d'elle-même

1. P. Meirieu, M. Guiraud, *L'École ou la Guerre civile*, *op. cit.*

là où les enseignants la veulent. Sur l'orthographe, la leçon d'histoire, le contrôle de maths... Le bulletin de notes est notre planche à billets, et nos bons ou nos mauvais élèves courent après ces billets factices, qui ont une valeur énorme à leurs yeux. Tandis que dans un collège actuel, où le manque de surveillants a laissé s'installer la loi du plus fort, les normes et les règles de la société enfantine ne sont plus proposées par les adultes mais par les plus forts ou les plus dangereux... Il n'est pas rare, en conséquence, de voir dans les collèges s'installer cette règle implicite que le mauvais en classe est un héros – pourquoi pas – mais surtout que le bon élève est une raclure qui mérite les pires traitements. Jusqu'à l'empêcher de travailler.

Félix, CM2, jeune « intello » qui s'ignore, le tient de sa sœur qui est en troisième : « Il y a deux sortes d'intellos : il y a celui qui bosse tout le temps, c'est celui-là qui se fait charrier; celui qui ne bosse pas plus que les autres, ça va. C'est ma sœur qui me l'a dit. Ma sœur, en sixième, bossait plus que les autres, elle prenait son livre d'histoire à la récré. Là, elle s'est fait charrier... »

Parents attentifs, vous ne rêvez pas, le collège empêche les enfants qui le veulent de travailler. Le collège moderne empêche de prendre son livre d'histoire pour réviser une leçon. Et je vous parle d'un collège rural très doux, tenu par un principal efficace. Le mot « charrier » signifie la moquerie et les huées à huit contre un, mais aussi le cartable caché, le « casse-cuisse » et autres jeux intelligents selon les lieux et les modes. Le message de la grande sœur est facile à décrypter, elle raconte ce qu'elle a dû faire pour pouvoir survivre, se plier à la règle ambiante, qui, évidemment, ne pousse pas à l'excellence. Le petit frère s'y prépare. Jusqu'ici, il est excellent.

> « Dans un collège de banlieue, récit d'une violence ordinaire.
>
> Deux gifles et une chaise dans le crâne parce qu'il voulait suivre le cours. Nicolas, quatorze ans, a un pansement blanc sur la tête, un point de suture dessous et dix jours d'arrêt de travail. Et il a du mal à y croire. Il n'a presque pas dormi, la nuit passée. Il n'a pas arrêté de penser à l'agression. Il se lève et détaille.
>
> Mercredi, 12h15, dernier cours de la matinée en classe de troisième. Au menu, *La Peur*, une nouvelle de Maupassant. Dans le dos de Nicolas, c'est le charivari. Les élèves se lancent des stylos. Il s'écarte pour les éviter. Paul, deux fois grand comme lui, s'installe derrière, avec ses affaires, pour parler avec les filles. Nicolas : "Je me retourne, je lui dis : tais-toi ! Si t'as pas envie de travailler, c'est ton problème !" Réponse : deux baffes, et puis la chaise. Le professeur intervient – "Sinon, j'aurais pris un autre coup", dit Nicolas. Infirmerie, pompiers. Nicolas ne connaît pas le nom de son prof de français. Il remplace une collègue, en congé maternité. C'est la dernière semaine de l'année et son premier cours. C'est aussi la fin du premier trimestre, la saison des violences scolaires dont les élèves sont les premières victimes [1]. »

1. D. Arnaud, « Il voulait suivre le cours : le bon élève prend deux gifles », *Libération*, 22 décembre 2001.

Mais qui suis-je donc pour oser penser des choses aussi vertement contraires au sens imposé, à la vérité révélée par nos cadres et leur INRP. Je suis instituteur depuis vingt-cinq ans, j'aime mon métier et, surtout, je regarde mes élèves tous les jours, un par un et tous ensemble, et j'essaie de mesurer, de voir, de comprendre pourquoi et comment celui-ci subit tel échec, celui-là commet telle erreur, connaît telle réussite ; pourquoi lui, et pas le reste de la classe ? Pourquoi telle difficulté, tel succès, individuel ou général ? J'ai passé ma vie professionnelle à essayer de lier leurs conséquences à mes actes. L'échec d'un élève que j'ai mis en sixième me renseigne et me fâche. Le succès d'un autre me réjouit et m'instruit. Ces succès-là sont mes objectifs. J'y parviens plus ou moins, mais je regarde, tous les jours, tous ces enfants travailler, chahuter, rire, jouer, se disputer, vivre et surtout apprendre.

Et, vous, messieurs de l'INRP, qui êtes-vous donc pour oser pontifier et ordonner le bien comme vous le faites ?

De la corporation au corporatisme !

Il y a, en France, une loi scolaire d'obligation de pensée qui a comme principe l'inégalité des élèves.

En tant que fonctionnaire, je dois, tous les trois ans, écrire mon adhésion circonstanciée à cette démarche idéologique qu'est la démarche de projet.

La hiérarchie, avec la complicité de quelques-uns de mes collègues, va juger de mon adhésion, de ma conformité, de mes talents de déclinaison des dogmes de la pédagogie coopérative obligatoire, que je pense faux et stupides. En fait, mes élèves obtiendront des subventions en fonction de la conformité de mes idées politiques...

Ce qu'on exige du fonctionnaire est insupportable pour le citoyen.

Cette loi n'est pas seulement inique, c'est bien plus : elle est antidémocratique. De fond et de forme. Elle n'a rien à faire dans un pays démocratique et laïque. La loi de 1989, dite Jospin, la loi d'orientation doit être abrogée.

Le projet de Pétain etait de changer le sens des tranches de la société, d'horizontal à vertical. Plutôt que de voir tous les salariés liés ensemble horizontalement pour défendre leurs intérêts de salariés contre les patrons liés ensemble pour défendre les leurs, il proposait des organisations séparées, la métallurgie, l'industrie chimique, etc., liées verticalement par branches, du ministre au manœuvre en passant par le propriétaire, le patron, l'ingénieur, le contremaître et l'ouvrier. C'était une élégante façon d'éviter les conflits sociaux. La corporation de la métallurgie défendrait alors les intérêts de la métallurgie dans son ensemble plutôt que ceux des salariés. C'est le corporatisme.

L'Éducation nationale a un ministre et des salariés de base : les enseignants. Elle a ses contremaîtres et ses cadres, ses ingénieurs et ses techniciens, ses syndicats et ses associations pédagogiques, ses organisations professionnelles et ses associations d'usagers, sa mutuelle et ses groupements d'achat, sa banque, sa retraite complémentaire et ses campings... Une corporation bien organisée.

L'Éducation nationale a subi, depuis trente ans, des volées de réformes concentriques très importantes et qui l'ont radicalement transformée. La justification théorique de ces réformes est donnée par les ingénieurs que sont les chercheurs de l'INRP. Cette justification théorique, la pédagogie moderne, a été passionnément épousée par les contremaîtres que sont les inspecteurs et quelquefois les conseillers pédagogiques. Bon nombre de mes collègues ont fait de même, et les réticents se sont faits discrets.

Le plus surprenant est que les syndicats majoritaires ont eux aussi épousé ces théories pédagogiques et ils en ont fait leurs revendications, nous faisant croire que c'étaient les nôtres sans se demander s'il y avait un lien entre leur soutien inconditionnel à ces réformes et l'hémorragie des adhérents.

Voici le texte du SNUIPP[1] dans son appel à la grève du 10 décembre 2001 :

> « Une transformation de l'école est nécessaire... pour modifier les pratiques, travailler en équipe... »

Je crie partout depuis quinze ans « ne touchez plus à rien, laissez-nous faire notre métier », alors je ne

1. Syndicat d'instituteurs traditionnellement majoritaire dans la profession.

vais quand même pas faire une grève qui dénonce mes pratiques et qui me demande à moi d'en changer. Je ne vais quand même pas faire grève contre moi-même.

Les syndicats ont revendiqué pour nous des heures de travail supplémentaires non payées, des réunions subsidiaires, du travail en équipe, les projets, les conseils d'école ! Sur une banderole : « On veut travailler en équipe ! » Si tu veux travailler en équipe, camarade manifestant, travaille donc en équipe... et laisse-moi faire comme je veux. Ce n'est pas une revendication syndicale. C'est seulement une volonté ministérielle. Ce travail en équipe n'a été qu'un des moyens de destructuration de la journée de classe. Tous les enseignants qui avaient besoin de travailler ensemble se réunissaient d'eux-mêmes autrefois. Mais les syndicats ont obtenu que ces travaux, que nous faisions naguère de nous-mêmes, entrent désormais dans nos obligations de service. Cette belle victoire est une défaite : les syndicats ont obtenu le flicage de nos travaux personnels.

Et ce n'est qu'un exemple. Le ministère a voulu ajouter plusieurs jours de prérentrée, qui sont des heures supplémentaires, sans les payer : les syndicats majoritaires étaient d'accord. Évidemment, ces journées gratuites, imposées par le ministère et les syndicats, ne servaient qu'à installer leurs maudites réformes de destruction. Nous venons déjà presque tous à l'école pendant les vacances, parce que c'est nécessaire. Le plus parlant est encore les mots d'ordre « Il faut changer l'école ! » ou bien « Des moyens pour changer l'école ! », qui font les couvertures de la presse syndicale enseignante inlassablement, semaine après semaine, depuis vingt ans. Cela fait vingt ans qu'on la change sans arrêt, l'école, et c'est une catastrophe. Ce n'est pas la peine de demander, ils ne font que ça. Et nous nous en passerions bien.

L'opposition entre les syndicats majoritaires et le ministère n'est qu'une façade. Ils écrivent toutes ces réformes ensemble. Et lorsqu'ils sont devant nous, ils font semblant d'être fâchés. On retrouve dans le texte de la loi Jospin les termes exacts des revendications antérieures des syndicats majoritaires.

Si ce n'était que ça... J'ai sous les yeux le magazine de mars 2002 de la Mutuelle générale de l'Éducation nationale (MGEN), qui gère nos feuilles de maladie : « Ouvrir l'école... à la différence. » De quoi je me mêle ? Il s'agit directement d'une orientation du ministère de l'Éducation nationale : fermer les centres spécialisés qui sont trop coûteux. Et inscrire les enfants malades directement dans les écoles. Avec, en prime, une campagne de dénigrement contre ces vilains enseignants qui ne veulent pas les prendre dans leur classe, les méchants qui ne veulent pas « accepter les différences ». Je ne supporte plus ces mises en cause de mon humanité et de ma compassion naturelle – qualités individuelles et non pas professionnelles – pour justifier les infamies pratiquées au nom de l'économie. Nous avons inscrit quelquefois, pour des raisons qui nous regardent, des enfants malades. Nous en avons accepté les conséquences et les surcharges de travail. Jamais mes élèves n'en ont pâti, ni les valides ni les malades. Mais, si je soigne, je n'enseigne plus. Si j'enseigne, je ne soigne pas. Vous, les gouvernements, vous fermez les établissements spécialisés, vous jetez les enfants malades à la rue et vous nous accusez de ne pas les recueillir charitablement. Je ne fais pas la charité. J'enseigne. Vous, vous fermez les établissements spécialisés. Les électeurs vous ont jugé là-dessus, je crois. Vous acceptez si bien « la différence » que vous en arrivez à la gommer. Vous niez la maladie. Pour reprendre l'un des exemples les plus cruels, l'autisme est nié en France et les parents d'enfants autistes en sont réduits à des solutions de fortune – trois mille enfants autistes sont accueillis dans des établissements spécialisés belges et combien à la maison ? L'autisme est une maladie cruelle, qu'on ne nie pas si facilement.

Les syndicats revendiquent pour les réformes, les associations pédagogiques sont les laboratoires des réformes, les inspecteurs appliquent les réformes, les fédérations de parents d'élèves demandent le respect des réformes, la presse professionnelle et la grande presse défendent les réformes, la mutuelle fait de la propagande pour les réformes, les ministres veulent continuer les réformes.... Tout ce monde dit la même chose. Il n'y a qu'une pensée pédagogique. La conformité est la règle. La conformité et l'obéissance. Et beaucoup d'enseignants suivent... contraints ou convaincus. Il est pourtant facile de voir que tous ces changements incessants sont chaque fois de véritables contre-réformes de destruction. Le changement perpétuel est à lui seul rédhibitoire et stupide ! La vérité enseignée ne peut pas changer aussi souvent.

Et lorsqu'un gouvernement est rejeté par son électorat, lorsque, par exemple, le ministre qui a donné son nom à cette loi scélérate et catastrophique est jeté dehors, lorsqu'un changement de gouvernement s'annonce, dans un sens ou dans l'autre, le nouveau ministère ne dévie pas d'un pouce ; fidèle à son passé, sûre de son avenir, l'Éducation nationale continue imperturbablement son chemin... C'est un ministère indépendant, autonome, ingouverné. C'est un ministère qui ne rend pas de comptes. C'est un ministère corporatiste.

Je ne devrais pas parler de politique ici. Pourtant, comme ces questions sont importantes pour notre avenir à tous, elles sont politiques. Mais la ligne de partage habituelle n'est plus la bonne. Ce n'est pas une question de droite ou de gauche. Du côté de la défense de l'instruction, nous retrouvons des anarchistes et des trotskistes, mais aussi des catholiques (plutôt tendance *Le Pèlerin*) et des républicains, des syndicalistes confédérés et des patrons (qui ont besoin de main-d'œuvre qualifiée, plutôt industrielle et technique) ; nous avons avec nous une partie des socialistes (pas beaucoup, plutôt la vieille tendance SFIO) et des communistes. Contre nous, d'autres trotskistes, d'autres socialistes (plutôt tendance PSU), d'autres syndicalistes (la CFDT et les syndicats majoritaires de l'Éducation nationale), d'autres catholiques (plutôt tendance *Témoignage chrétien*) ; contre nous, les communistes enseignants, certains patrons (plutôt dans les entreprises de service).

La faille n'est donc pas à l'endroit qu'on nous montre.

Et les enseignants sont perdus. Ce n'est un mystère pour personne, les enseignants votent majoritairement à gauche... et moi avec. Les enseignants sont de gauche. Leurs syndicats sont réputés de gauche. Leurs mouvements pédagogiques sont de gauche. Leur pédagogie est de gauche. Pour un enseignant, le « bien », c'est la gauche... La pédagogie de gauche est « le bien » ! Celui qui dévie de la ligne pédagogique officielle est donc de droite, il passe du côté obscur de la force. Lorsque je dis « *b* et *a*, *ba* », on me répond « facho ». C'est court comme raisonnement. « *B* et *a*, *ba* » ou la division, c'est de la technique, ce n'est pas de l'idéologie, ce n'est pas le bien ou le mal, la droite ou la gauche... On regarde ce qui marche le mieux pour les élèves avant de choisir. Pas ce qu'il est à la mode de penser pour faire partie de la corporation des gentils.

Une science ne peut pas être de gauche, ou de droite, ni même bien-pensante, quel que soit le côté momentané du « bien ». Pour qu'une science soit une science, il faut qu'elle cherche toujours à s'approcher du vrai, qu'elle vérifie et vérifie toutes ses affirmations, par la confrontation avec la réalité. Ainsi la pédagogie n'est-elle manifestement pas une science. Et elle est même très loin du compte. Pour exemple, cette sinistre histoire sur cette confusion entre bien/mal et vrai/faux.

À l'oral du concours interne de professeur des écoles[1], une postulante, spécialiste des mal-entendants, explique que les difficultés techniques de lecture rencontrées par les sourds sont très semblables à certaines difficultés des primo-arrivants (enfants élevés dans une autre langue). L'examinateur coupe le débat, « ce sont des propos injurieux, je ne veux plus rien entendre ». Elle aura 2 sur 20. Nous ne trouvons comme explication à cette étrange colère que le racisme. Il se serait retenu de dire « raciste », il aurait seulement dit « injurieux », pour un propos qui injuriait les petits rebeus en les traitant de sourds ? Ou bien qui insultait les sourds en les traitant de rebeus ? Nous ne saurons jamais. On ne peut plus simplement donner une information technique, une constatation. Le vrai est ainsi susceptible d'être le mal ! Alors on ne peut plus dire le vrai. C'est un recul épistémologique de plus de deux cents ans.

Le concours interne de professeur des écoles doit être supprimé. Toute la loi Jospin doit être abrogée.

1. Concours non anonyme proposé aux instituteurs pour qu'ils puissent devenir professeurs des écoles (environ trois cents euros de plus par mois à la clé) ; concours où l'on doit commenter des textes de Philippe Meirieu ou de Philippe Meirieu (au choix) ; concours statistiquement très favorable aux instits sans classe ; concours de conformité. Bref, un scandale en soi.

Leçon 9
La protection de l'enfance

DRAME EN TROIS ACTES

Acte I. Les écoles reçoivent une circulaire de la santé scolaire : les élèves ne seront plus vus systématiquement, le médecin scolaire ne pourra plus se déplacer que pour des cas signalés spécifiquement. Pauvre médecin scolaire, de plus en plus noyé sous le nombre d'élèves redéployés à chaque départ en retraite d'un de ses collègues...

Quand les gens de mon âge étaient écoliers, ils avaient le droit à une visite médicale par an. C'est grâce à cette visite médicale et aux tests tuberculiniques annuels qu'on a vaincu la tuberculose. Et les maladies infectieuses par les vérifications de vaccinations, et les myopies, et les surdités, et les cas de malnutrition, et les cas de mauvais traitements...

Les enfants ne sont plus jamais vus par un médecin scolaire.

La Ve République a laissé tomber son devoir de protection de l'enfance.

Pour faire des économies. De bouts de chandelles.

Acte II. Les écoles reçoivent une circulaire de l'Inspection académique, responsable de la santé scolaire.

Existe-t-il un projet santé dans votre école ? oui/non

Thèmes abordés : hygiène corporelle, hygiène bucco-dentaire, équilibre alimentaire, rythmes de vie/sommeil, alcool/tabac, éducation à la sexualité, sécurité, respect de soi/respect des autres, autres... Si vous avez répondu oui à la question, remplissez le tableau ci-joint :

Actions collectives (1 fiche par action)

<table>
<tr><td colspan="4">Thème :</td></tr>
<tr><td colspan="4">Intitulé de l'action :</td></tr>
<tr><td colspan="4">Objectif principal :</td></tr>
<tr><td rowspan="2">Initiateur de l'action :</td><td colspan="2">Partenaires dans l'action</td><td>Public ciblé</td></tr>
<tr><td>Dans Institution</td><td>Hors Institution</td><td rowspan="2">Élèves
Niveau (cocher les niveaux concernés)
PS □
MS □
GS □
CP □
CE1 □
CE2 □
CM1 □
CM2 □
Parents □
Équipe éducative □
Autre (préciser) □</td></tr>
<tr><td>École □
Service promotion de la santé élèves □
Municipalité □
Autre (préciser) □</td><td>École □
Médecin Éducation nationale □
Infirmière Éducation nationale □
RASED □
Conseiller pédagogique □
Autre (préciser) □</td><td>Parents □
Municipalité □
Autre (préciser) □</td></tr>
</table>

Ce genre de tableau à remplir, très fréquent dans l'Éducation nationale, quand il concerne d'autres sujets, aurait plutôt tendance à provoquer l'hilarité. Mais, chers parents, c'est ce chiffon de papier à cases qui remplace la visite médicale autrefois annuelle. Il remplace les radios pulmonaires des enseignants très exposés, plus jamais effectuées, les transformant ainsi en vecteurs d'infection possible. Il remplace les médecins, qui protégeaient les enfants contre tout ce qu'ils peuvent subir, d'où que cela vienne...

La Ve République a supprimé la protection de l'enfance et l'a remplacée par un chiffon de papier.

La loi Jospin peut tout. Elle peut remplacer un médecin par un bout de papier. La loi Jospin doit être abrogée.

Acte III. Il n'y a plus rien que la sinistre hypocrisie d'un chiffon de papier pour protéger les enfants. Qu'est-ce qu'un ministre doit faire pour être bien vu dans les sondages en donnant malgré tout l'impression de s'occuper du problème, et pour être protégé, lui, le jour où un malheur arrive ? Une loi qui rend la délation obligatoire et qui réduit toutes les causes possibles de mauvais traitements à une seule, la plus méprisable, la plus médiatisable, la plus utilisable.

Toute personne qui entend ne serait-ce qu'un mot troublant est tenue d'alerter immédiatement le procureur de la République. Nous avons vu cette loi à l'œuvre, qui envoie les gendarmes dans les maisons le soir d'une dispute enfantine de cour d'école, qui met un cousin ou un grand-père ou un maître d'école en prison le soir d'une réprimande anodine, qui a provoqué des dizaines de suicides, mais qui n'a pas sauvé un seul enfant des horreurs monstrueuses que nous espérons tous combattre.

Cette loi d'organisation de la délation a inventé une accusation qui vaut condamnation. Cette loi fait reculer la justice jusqu'au temps d'avant l'*habeas corpus*.

La ministre souriante a supprimé la protection de l'enfance ; elle a organisé la délation pour remplacer. Ça ne remplace pas.

Vol de jour

Un matin de printemps, trois garçons de onze ans traversent la cour d'une école en vrombissant comme une escadrille d'avions japonais en piqué. Ils visent ce groupe de quatre grandes filles rieuses qui chantent ensemble le dernier tube des Spice Girls, en se regardant les unes les autres, sans s'intéresser aux garçons ni à leurs avions héroïques. Au plus bas de leur piqué, à ce moment où l'on ne court qu'avec les genoux pliés pour bien montrer que l'avion va relever le nez, l'un deux soulève des deux mains la jupe de la plus grande. Puis, tout en courant, ils se lancent des regards et rient très fort, et fuient les cris outrés des filles furieuses qui se drapent du mieux qu'elles peuvent...

Ce n'est pas anodin. Je ne veux pas que les garçons soulèvent les jupes des filles, c'est une coercition intolérable qui instaure des rapports humains que je dois condamner, qui sont dangereux s'ils persistent.

Un tel événement, dans la cour de mon école, donne lieu à une réprimande publique extrêmement sèche et sévère. L'auteur du geste déplacé s'en rappelle toute sa vie et l'école entière s'en rappelle aussi, parce qu'il n'y a pas de récidive avant trois ou quatre ans.

Je ne veux pas que les garçons soulèvent les jupes des filles... sans demander s'il te plaît avant. Car ces choses-là ne me regardent pas, sauf la coercition. Je m'oppose à la coercition des garçons envers les filles, pas à leur curiosité, pas aux jupes des filles, pas à la nature... Il faut que les garçons apprennent les conventions qui régissent les rapports humains, et j'ai le devoir de protéger les filles. Et les garçons aussi. L'école de la République doit protéger l'enfance.

Malheureusement pour notre chef d'escadrille, l'une des filles visées habite dans une maison de l'enfance, un internat confié à des éducateurs. Rien ne viendra des trois autres qui habitent chez leurs parents. Mais les éducateurs ont entendu cette loi qui oblige à la délation au procureur de la République. Et, en prime, il y a peut-être eu un défaut de surveillance dans cette cour d'école printanière, défaut qui pourrait bien servir à aiguiser encore l'éternelle jalousie de deux corps professionnels aux métiers si proches, et aux statuts professionnels si différents. L'éducateur a entendu « cuisse » ou « petite culotte », il prévient le procureur de la République. Les gendarmes viennent chez les parents, notifient la plainte pour « agression sexuelle » aux trois garçons et à leurs parents effondrés et incrédules, mais n'enferment pas les garçons car ils sont mineurs. Il y aura procès, avocats, appel, mesure de tutelle, verdicts, quatre années de procédure (et je ne connais pas la conclusion) avec des comparutions, des enquêtes, des interrogatoires et des contre-interrogatoires de gendarmerie, des questions sur leur sexualité d'enfants pas encore construite, des expertises psychiatriques... Les sept enfants n'ont pu vivre sereinement la fin de leur enfance et le début de leur adolescence à cause d'un sentiment de culpabilité démesuré, ridicule, qui leur a fait grand mal.

Les garçons veulent savoir ce qu'il y a sous les jupes des filles. C'est un fait. Le poète en fait une chanson délicieuse, la ministre souriante en a fait un crime. Et si le chef d'escadrille a bien été un petit con pendant quelques minutes d'un de ses premiers printemps de garçon, cela ne justifie certainement pas cette stupide et infamante procédure qui casse tout sans rien apprendre à personne. Rendez l'autorité aux maîtres et ils sauront apprendre aux petits cons – qui ne sont pas pervers, mais simplement curieux – qu'il faut savoir demander gentiment pour espérer avoir.

J'ai eu dans mon école une petite fille au ventre brûlé par des cigarettes, une autre de onze ans violée par plus de cinq personnes différentes, plusieurs enfants battus, d'autres qui ont été très souvent enfermés dans des placards et même un exhibitionniste à la porte de l'école. L'un de mes élèves a été accusé de viol par l'une de mes élèves, un vieux monsieur a ligoté une petite fille de onze ans sur une chaise avant de la relâcher sans rien lui faire, un grand-père a été poursuivi pour avoir violemment battu sa petite-fille en public... et quelques autres histoires un peu moins médiatiques.

Cette collection de faits indigne tout le monde. La réalité, pour autant qu'on puisse la connaître, est toujours beaucoup moins simple que sa description médiatique. La question se pose de savoir où sont les méchants dans tout ça. Ici, nous ne sommes pas dans un film américain où les méchants sont si facilement identifiables et si évidemment méchants. Ici, dans la vraie vie, on ne pourra pas faire le coup de poing contre l'infâme violeur, parce qu'on ne sait jamais qui c'est. On n'est jamais sûr de rien. Rien n'est jamais clair, rien n'est jamais sûr, ce n'est pas un film. Si un gouvernement en a fait un film, c'est pour transformer ces faits divers en éléments de propagande politique – spécialité historique des partis fascistes.

La famille de la petite au ventre marqué de larges cicatrices avait un certificat médical dans son carnet de santé indiquant une maladie de peau rare. Elle a eu beau dire une fois à la maîtresse qui la reculottait en sortant des toilettes : « C'est maman qui fait ça avec ses cigarettes... » et le répéter au médecin scolaire convoqué pour l'occasion, l'enquête s'est conclue à mon encontre par l'engueulade d'une assistante sociale, qui me reprochait de ne pas avoir lu le susdit certificat médical, pendant que la famille changeait de département sans laisser d'adresse. L'exhibitionniste, c'est notre idiot de village qui, une fois en vingt ans, a réussi à montrer son matériel à la sortie de l'école; ma plainte de directeur d'école n'a eu que de légères conséquences, dont celle-ci : il ne réédite pas ses exploits quand je suis dans le secteur. Les enfants battus ? Ils ont parfois reçu des gifles, se sont quelquefois « cognés dans un arbre », et c'est à mon avis la deuxième explication la plus dangereuse. Les viols... Oh la ! Je n'en parlerai pas plus, mais sachez ceci, c'est qu'on ne sait rien. Ce qui se sait est peut-être faux, ce qui est vrai n'est pas souvent su. Et la publicité sauvage et irréfléchie dans ces affaires ne peut qu'être funeste.

Tout de même, la propagande de la gentille ministre, lorsqu'elle était à son comble, a transformé tous les jeux de touche-pipi enfantins en agressions sexuelles. Elle a provoqué des accusations de pédophilie infondées contre de jeunes pères en cours de divorce, contre des maîtres trop sévères ou pas assez sévères, bien plus qu'elle n'a protégé d'enfants. Elle a suicidé des dizaines de jeunes hommes – dont un bon nombre d'enseignants –, sans que personne n'en sache rien.

Et elle a surtout servi au discrédit de toute une profession quasiment accusée de cacher en son sein les agissements infâmes de quelques criminels. Cet amalgame ne me plaît pas, je n'ai rien à voir avec ces criminels que je honnis autant que tout le monde, mais je ne supporte pas cette nouvelle sorte d'accusation qui vaut condamnation et qui a été utilisée bien plus pour discréditer une profession que pour protéger l'enfance !

Les gens qui ont fermé les établissements spécialisés pour enfants en difficulté n'ont pas à donner de leçons publiques sur la protection de l'enfance. Rendre publiques les accusations de pédophilie ne remplacera ni les médecins scolaires que vous avez supprimés ni les établissements spécialisés pour enfants en difficulté que vous avez fermés.

GRAND-PÈRE EST MORT

Lors d'un stage à l'IUFM, des vicissitudes d'emploi du temps ont amené une brochette d'instituteurs quadragénaires en formation continue à suivre un cours de français dispensé à une demi-douzaine de futures jeunes collègues en formation initiale. Leur prof de français semble très calme. C'est une grande femme, lente et douce, vêtue d'un grand sari imprimé, avec de longs cheveux lâchement retenus d'un catogan de cuir et de bois qui fait commencer sa queue de cheval très bas dans le dos.

Les jeunes stagiaires doivent rendre compte d'un important travail de groupe qu'elles ont fourni concernant la littérature enfantine et les bibliothèques de classe et d'école. Elles ont lu des livres pour enfants, disent ce qu'elles en pensent, en essayant chaque fois d'y voir un intérêt pédagogique. C'est un travail de plus d'une dizaine d'heures. Je trouve un peu cavalier de leur avoir imposé ce jury dangereux de professionnels. Mais elles sont courageuses et sérieuses, elles se lancent.

Très vite, de leur choix de livres émergent quelques titres d'une série assez répandue et par ailleurs sans doute digne d'intérêt : *Max et Lili*. Ce ne sont pas tant les petits ouvrages en eux-mêmes qui m'étonnent – très tiers-mondistes, charitables, antiracistes, écolos et surtout politiquement corrects – mais le travail que l'on fait faire à mes jeunes collègues. Elles en sont à discuter de l'intérêt et du risque d'avoir, dans sa bibliothèque de classe, un livre comme *Grand-père est mort* au cas où un enfant de la classe aurait eu à vivre un deuil, ou bien comme *Les parents de Zoé divorcent*, pensant, forcément, aux enfants de divorcés qui pourraient en souffrir. Souci charitable mais vain. Et qui mène tout simplement à la censure. Mais ce n'est pas le plus grave. On demande aux jeunes professeurs des écoles de s'occuper de ce qui ne les regarde pas, de ce sur quoi ils n'auront aucune influence. L'enfant de divorcé, l'orphelin récent, le petit Noir juste débarqué de son pays en guerre liront les livres qu'ils veulent, ils *géreront* eux-mêmes leurs soucis, mais ils apprendront les mêmes tables de multiplication que les autres.

Oh, je sens bien que je choque un peu. L'orphelin, tout de même ! Mes élèves qui ont perdu un parent pendant l'école primaire ne demandaient qu'une chose : apprendre les mêmes trucs que les copains. Le deuil chez les enfants n'est pas du tout ce que les adultes bien-pensants en pensent (ou en espèrent). Et ne pas être aussi exigeant avec eux serait de la discrimination. L'exigence des instituteurs est un cadeau pour les élèves, une bénédiction. En priver quelques-uns, quel que soit le prétexte, revient à considérer que l'école et l'enseignement sont néfastes, puisqu'on serait privilégié d'en subir moins.

B et *a* font *ba*, deux et deux font quatre, le passé simple, la proposition principale : c'est ça, notre métier, dont personne ne s'occupe plus du tout pendant la formation initiale. Mais des inquiétudes *a priori* sur le racisme ressenti de celui-ci, sur le deuil de celui-là, sur la pauvreté de cet autre, révèlent l'origine politique et philosophique des fous et des imbéciles à qui nous avons laissé le pouvoir pédagogique dans l'Éducation nationale. Je veux dire qu'ils ne sont que les héritiers des bonnes dames de charité du début du siècle. Heureusement que les pauvres existent pour pouvoir justifier l'existence et l'engagement de toute cette couche parasite de caritatifs de tout poil. L'école n'est pas affaire de charité ni de pitié, elle est affaire de connaissances, de rigueur, de savoir, de travail. On n'y cherche aucun bonheur et c'est d'ailleurs comme ça qu'on le trouve[1]. Le bonheur à l'école n'est pas le but de l'école. Le simple respect mutuel, c'est-à-dire ce qu'en France on a codifié sous le nom de laïcité, suffit à régler ces questions. Les inquiétudes *a priori* sur le racisme des enfants sont du racisme envers les enfants.

Dans ma commission d'entrée en sixième, celle où le collègue en fin de carrière s'excusait comme il le

1. Hier, Linda a dit à sa mère qui me l'a rapporté en riant : « Ah ! (soupir) maman, je crois que j'aime de plus en plus l'école ! » Je l'avais pourtant grondée une fois ou deux dans la journée car elle est fort bavarde.

pouvait d'être forcé d'inscrire un non-lecteur au collège, une autre collègue plus jeune se met à décrire sa classe. Au lieu des « sait lire », « écrit sans fautes » ou « réussit mal les problèmes à plusieurs opérations » du collègue proche de la retraite, arrivent des appréciations nouvelle mode : « participe aux activités du groupe », « est moteur dans les activités », « leader et organisateur, c'est un bon élément », « est très négatif, refuse tout travail en groupe », « ne parle pas », « ne participe pas ».

Pour cette classe, on ne saura pas s'ils savent lire... mais s'ils participent ! ! !

On n'évalue plus les travaux des enfants, mais les enfants eux-mêmes.

Chers parents, l'Éducation nationale n'instruit plus, elle ne protège plus vos enfants, mais elle discute de leur bonheur, de leurs deuils, de leur tristesse, de leur ennui, de votre divorce, de leur bonne volonté, de leur esprit de groupe, de leur joie : de leur âme !

Elle n'en a pas le droit.

Leçon 10
L'inspection

L'inspection est notre bête noire. Quelle qu'elle soit. Antique ou moderne, l'inspection est très mal vécue par la plupart des enseignants. Pourtant, elle est bien nécessaire. Vos enfants n'ont qu'une scolarité, ils n'apprennent à lire qu'une fois, et si l'instit de cette année-là est mauvais... c'est grave pour l'enfant. Je pense donc que la nation doit contrôler que le contenu de l'enseignement dont elle a la charge est bel et bien transmis.

> « Conversation avec un couple d'instituteurs à la retraite.
>
> "Sur quoi les instituteurs étaient-ils évalués ?
>
> – Sur ce que savaient les élèves. L'inspecteur interrogeait, à tel moment de l'année, et vérifiait que les élèves avaient assimilé les notions prévues dans la progression à ce moment-là. Si cinq sur six étaient capables de répondre, vous étiez bon. S'il n'y en avait qu'un sur six, vous vous faisiez remonter les bretelles [1]..." »

1. G. Morel, D. Tual-Loizeau, *L'Horreur pédagogique*, Ramsay, 1999.

Seulement voilà : que contrôlent donc les inspecteurs modernes ? Voici l'extrait d'un rapport d'inspection récent[1] :

« Appréciation générale

Mme L. est une enseignante qui a une très longue pratique de la maternelle. À ce titre, elle sait organiser la classe de manière harmonieuse en développant des relations particulièrement favorables avec ses élèves. Mais cette longue expérience peut se traduire par un ancrage de certaines habitudes et conceptions. De plus, un clair positionnement de principe contre la loi d'orientation et ses déclinaisons pédagogiques ne favorise pas une prise en compte optimale des réalités de l'école d'aujourd'hui. [...]

Travaux des élèves

Les travaux sont rassemblés sur des cahiers de grand format. J'attire l'attention de Mme L. sur les risques d'une “primarisation” de son enseignement. L'école n'a pas à céder à une soi disante [*sic*] demande pressante des parents qui se traduit par toute une série de dérives pédagogiques. En effet, les exercices “d'initiation à la lecture et à l'écriture” que j'ai observés relèvent pour l'essentiel d'activités de la grande section. Enfin, en aucune façon l'initiation à la lecture et à l'écriture ne relève d'exercices sur fiches. C'est par un développement de l'environnement de l'écrit, par l'implication dans des créations de textes, par le travail d'analyse des différents supports de l'écrit que l'initiation se développe. »

1. Cf. « Un autre rapport d'inspection », annexe 2.

La maîtresse a eu 0,5 point. Sa carrière en sera bien retardée. Elle y perdra des centaines d'euros. Et que lui reproche-t-on pour la « punir » ainsi ? C'est écrit. Elle est une maîtresse de maternelle remarquable, elle a de l'expérience. Mais cette expérience même est la cause du pire : elle a des résultats étonnants, ses élèves ont quasiment tous un an d'avance, pas sur leurs possibilités mais sur les programmes officiels... Voilà la critique matérielle qui lui vaut cette mauvaise note. Elle mérite une autre critique, idéologique cette fois : elle ne « croit » pas à la loi Jospin. Et ceci explique cela : comme elle ne « croit » pas à la loi Jospin, elle a de bons résultats... et c'est bien ce que l'inspecteur lui reproche.

Lorsque les parents demandent que leurs enfants soient efficacement préparés à la lecture... il ne faut pas les écouter. Mais quand un parent plus ou moins adhérent de la FCPE se permet de demander en conseil d'école la transformation de la maternelle en jardin d'enfants, le suivi plus particulier de son petit à lui ou n'importe quoi d'autre, il faut absolument lui obéir avec diligence. Ce n'est pas le principe de l'influence des parents que nos inspecteurs condamnent, mais la seule influence des parents qui veulent que l'école apprenne à lire à leurs enfants. La maîtresse ne croit pas à la loi Jospin, elle accepterait l'influence de parents qui ne croient pas à la loi Jospin... elle sera sanctionnée.

Dans le cas particulier de ce rapport d'inspection, précisément celui-là, la maîtresse raconte une partie de l'entrevue consécutive à l'inspection qui l'a, disons, étonnée. L'inspecteur, qui manifestement se sent « intelligent », qui est très fier de bientôt « publier », se laisse aller à quelque morceau choisi de discours moderne[1].

> « Je vois que vous avez une belle bibliothèque d'albums pour enfants de trois ans – c'est bien – et que les quelques articles de la presse locale concernant la classe (carnaval, piscine...) sont affichés et ont été commentés – c'est bien aussi –, mais il ne faut pas s'arrêter là. Je suppose que, comme moi, tous les matins, vous lisez *Le Monde*... Eh bien, mettez-le à la disposition des enfants [qui ont trois ans !], dans la bibliothèque. Mieux, je ne sais pas moi..., c'est l'année Victor Hugo, mettez *Notre-Dame de Paris* dans leur bibliothèque, ou bien Tolstoï [ils ont toujours trois ans !] et à la fin de l'année, ils vous diront maîtresse, il y a tant de chapitres dans ce livre, ou bien il y a tant de paragraphes dans ce chapitre... »

Un volume de la Pléiade négligemment posé dans la bibliothèque des enfants de trois ans et le tour est joué, c'est suffisant pour les préparer à l'apprentissage de la lecture. « C'est par un développement de l'environnement de l'écrit [...], par le travail d'analyse des différents supports de l'écrit que l'initiation se développe. » Il en est sûr le bougre, ses affirmations sont péremptoires. On ne sait trop sur quels raisonnements elles sont fondées. Mais les exercices répétés d'écriture et de lecture de lettres et de petits mots que la maîtresse fait pratiquer à ses élèves sont à pros-

1. Cf. « Un autre rapport d'inspection », annexe 2.

crire : « En aucune façon l'initiation à la lecture et à l'écriture ne relève d'exercices sur fiches. » Cette maîtresse d'école pragmatique n'a que son expérience professionnelle de quelques dizaines d'années pour justifier ses pauvres tentatives. Un demi-point ! Chers parents, vous avez bien lu : l'inspecteur interdit à la maîtresse les travaux systématiques d'écriture et de lecture parce que ce n'est pas avec ça que les enfants auront envie d'apprendre à lire... Pour remplacer avantageusement ces exercices, il propose sans rire de simplement poser un volume de Victor Hugo dans la classe ! Et il est très sûr de lui...

On atteint des sommets déjà décrits. Aldous Huxley explique très bien, dans *Le Meilleur des mondes*[1], comment réduire l'intérêt des classes sociales subalternes pour les livres et les fleurs. Avec une méthode bien moins politiquement correcte mais plus coûteuse puisqu'elle utilise du courant électrique.

Dans sa réponse à une inspection, M. X., un autre collègue, cite en italique le rapport de l'inspecteur contre lequel il proteste :

> « "*M. X. a su œuvrer pour permettre à l'école publique de M. d'obtenir enfin, après des années d'effort, la construction d'un groupe scolaire offrant à la communauté éducative* [sic] *d'excellentes conditions de travail. Incontestablement, son engagement pour la cause de 'son'* [sic] *école et des élèves n'est plus à démontrer. Ces derniers sont régulièrement suivis et leurs résultats scolaires sont bons, comme en attestent les évaluations nationales 1995.*" Cela signifie bien que

1. A. Huxley, *Le Meilleur des mondes*, Plon, 1946.

j'ai réussi, comme maître de CM et comme directeur, à faire progresser les conditions d'accueil matérielles et le niveau scolaire de mes élèves. "*Incontestablement*", j'ai fait "*progresser le service public*" dans tous les domaines de la partie qui me concerne. Comment le rapport peut-il conclure le paragraphe cité par "*mais l'on se doit de faire progresser le service public*" ? Je prends cette conclusion pour un contresens.

Contresens expliqué plus loin : "*Il faudrait que M. X. accepte de remettre en cause certaines options, certaines certitudes, qui l'ont conduit à résister à des obligations institutionnelles : les cycles, la démarche de projet d'école, le livret de l'élève, l'organisation concertée de la continuité pédagogique.*" Nous y voilà. Ainsi, ce ne sont pas les résultats des élèves qui comptent, mais la démarche que je prends. Il faudrait que je change d'options, de démarche ? Et il y a une loi qui m'oblige à prendre une démarche intellectuelle particulière : la loi de 1989 ! Alors l'inspection peut faire fi des résultats – qu'elle prend le soin de vérifier pourtant – pour discuter mon attitude, mes "*certitudes*", mes "*options*". Il y a là, comme conséquence de la loi, un changement qualitatif de l'inspection que je considère comme une dérive. Je revendique ma liberté pédagogique contre une pédagogie d'État. Je veux mesurer moi-même les conséquences scolaires de mon travail, et réagir de façon à obtenir des résultats. Et je les obtiens. »

Ici aussi les résultats sont bons, et c'est bien ce qu'on lui reproche... L'instituteur s'en explique plus loin avec quelque malice :

« Alors, "[je m']*accommode d'un isolement, pédagogique, administratif et relationnel*". Évidemment. Je

> pense que mes résultats sont bons justement parce que je résiste à la pédagogie d'État issue de la loi de 1989 qui me fait l'impression d'un total hors sujet, complètement coupée de la réalité enfantine et scolaire. Alors je m'isole, pour protéger mes résultats des influences que je juge néfastes tout en restant soigneusement dans les limites de la légalité. »

Crime qui lui vaudra trois quarts de point... et la visite « disciplinaire » de l'inspecteur d'académie – le grand patron du département, mesure assez rare – pour tenter de le mettre au pas...

Ailleurs :

> « Dans sa classe, du fait du contenu de certaines activités (en particulier la production d'écrits), M. C. peut paraître novateur. Cependant, la mise en œuvre pédagogique montre que son enseignement est empreint d'un certain passéisme où le maître est détenteur du pouvoir et du savoir. »

La modernité serait donc un gage suffisant d'efficacité ! Le passéisme est rédhibitoire : c'est bien connu, l'arrivée de la musique punk a fait disparaître l'opéra et toute la musique baroque, qui sont donc condamnables comme « passéistes ». La novation est un critère objectif d'évaluation, madame l'inspectrice ? Ces textes d'enfants sont-ils bons, oui ou non ? Oui ! Dites-vous... Et vous déroulez le merveilleux raisonnement des modernes : puisque les textes sont bons, c'est que le maître est novateur ! Puis vous affirmez le contraire de ce que vous constatez : le maître peut paraître novateur (qui signifie « bon », dans le langage imprécis de votre microcosme intellectuel), mais vous prévenez qu'il ne l'est pas, puisqu'il est « passéiste » parce qu'il n'est pas empressé aux projets. S'il est « passéiste », il est mauvais, les résultats scolaires et les bons textes n'ont plus rien à voir avec le jugement en bien et en mal que vous proférez contre lui. Je juge que votre jugement est un faux volontaire, ou une stupidité, ou, pire encore, une médiocrité conforme.

Vous reprochez ensuite à mon collègue d'être détenteur de savoir ?! Ce pseudo-raisonnement répété à l'envi par des couches entières d'inspecteurs conformes finira-t-il par monter jusqu'à leurs cerveaux embrumés de répétitions creuses ? Madame, si le maître d'école n'est pas détenteur de savoir, il n'est pas maître d'école, il est un quidam. Vous vous opposez en fait au savoir dans les écoles. C'est-à-dire que vous vous opposez à l'école.

En plus de détenir du savoir, ce sauvage détiendrait le pouvoir. Vous contestez la nature, madame. Les enfants de dix ans écoutent et obéissent à cet homme de cinquante ans pourtant si doux et si posé. Quel scandale ! Mais, comme le chevalier blanc qui sort de la bouteille de détergent ammoniaqué, vous dénoncez, madame, encore d'autres scandales bien plus grands :

> « La lecture de l'emploi du temps fait apparaître "dictée hebdomadaire", est-ce une note nostalgique d'un passé révolu ? »

Alors là ! Des dictées... Quel crime ridicule et arriéré ! Voilà un instituteur qui ose faire des dictées ! M. Ferry, notre ministre, dit pourtant qu'il en fait chaque soir à ses filles : est-ce un félon ou ces savoirs ne sont-ils bons que pour certaines catégories sociales, comme en Chine au temps des mandarins ? Vous devriez aller l'inspecter, madame, pour « remédier » à cet intolérable blasphème...

Ailleurs encore, pour un enseignant débutant :

> « Une discussion a également porté sur le choix de la méthode de lecture opéré par cette jeune maîtresse (en l'occurrence *Ratus*). Je déplore, encore une fois, qu'il ait été confié un CP à une enseignante débutante, d'autant plus que Mme B. affirme n'avoir eu qu'un cours à l'IUFM sur la lecture (mais alors, compte tenu des enjeux, est-il raisonnable d'avoir accepté ce niveau ?). Sur le fond, j'invite Mme B. à lire sans tarder le rapport de l'Observatoire national de la lecture consacré au cycle 2.
>
> Lire est avant tout donner du sens à un écrit. La prise de risque que cela représente pour les enfants doit être encouragée. Ensuite, pour réussir, les élèves doivent être outillés, depuis la démarche de la prise d'indices (quel texte lit-on, quels sont les mots connus, quels sont les graphèmes connus... ?), jusqu'aux exercices de systématisation, ce qui implique que de nombreux outils variés et évolutifs soient construits avec eux.
>
> Exemple : une affiche reprend tous les graphèmes qui représentent le son [e] avec un ou deux exemples de mots rencontrés pour chaque. Cette affiche est préparée par les enfants, elle est disponible en permanence, et ils sont encouragés à l'enrichir. »

Ici, le débat est encore plus simple. La méthode de lecture *Ratus* est la plus systématique et la plus syllabique de toutes les méthodes disponibles actuellement. D'où son succès auprès des maîtres et maîtresses de CP et le combat acharné que lui livrent la quasi-totalité des inspecteurs. La jeune professeur des écoles inspectée est une syllabiste, elle sera sanctionnée. 11 sur 20 ! Toute une carrière à l'ancienneté, des milliers et des milliers d'euros perdus d'avance. Et qu'on nous vante une fois de plus le « faire sens », et cette étonnante « prise de risque »... D'où tient-on qu'il faille prendre des risques pour apprendre à lire, que ce soit une nécessité ?

L'inspecteur veut que les jeunes élèves prennent le risque de ne pas savoir lire. Il reproche directement à la jeune maîtresse d'essayer de protéger ses élèves de ce risque. Ici aussi, l'inspecteur montre la voie à suivre par un exemple parlant : les enfants préparent « eux-mêmes » une affiche... et « la lecture fait sens » ! C'est sûr !

Autre inspecteur, autre instituteur :

> « L'examen des cahiers d'élèves montre un travail régulier qui s'inscrit très fortement sur une logique notionnelle en particulier dans le domaine de la maîtrise de la langue. Cette option pédagogique est très clairement revendiquée par M. B. même si elle a fait l'objet d'une constante remise en cause lors des précédentes inspections. La stratégie qui repose sur le schéma : "Découverte de la notion/exercice d'application" n'est pas la plus appropriée au développement des apprentissages. »

Il s'obstine, celui-ci, à faire faire des exercices à ses élèves, alors que cette façon de faire est pourtant, c'est bien connu, totalement inappropriée, inefficace. Mais...

> « M. B. se démarque de ce concept quelque peu figé dans le domaine de la production d'écrits où des travaux de qualité ont été conduits. C'est à partir de telles activités que l'on peut donner sens aux apprentissages notionnels pour ce qui concerne la langue écrite. »

Tout comme l'archaïque M. C., M. B. obtient de bons résultats. Le raisonnement moderne saura bien expliquer cette incongruité ! C'est que, pour faire écrire des textes, il quitte ses options pédagogiques clairement revendiquées (qui ne peuvent pas marcher, puisque archaïques), pour le faire à la moderne, mais sans le dire ; c'est la seule explication possible à cette réussite puisqu'il n'y a que la modernité qui fonctionne bien.

Quand même, il semble que mes adversaires modernistes soient de grands amateurs d'hypothèses. Ils veulent que les enfants « prennent le risque d'émettre des hypothèses ». Je leur propose donc de prendre le risque de l'hypothèse suivante : et si les méthodes modernes n'avaient pas toujours l'efficacité qu'ils leur supposent ; et si, parmi les méthodes archaïques, il y en avait d'efficaces... Allons, mesdames et messieurs les modernes inspecteurs et autres penseurs de hauts vols, prenez des risques. Si M. C., M. B., et combien avec eux, ont de bons résultats, n'est-ce pas tout simplement parce qu'ils n'utilisent pas « vos » méthodes ? Voilà une hypothèse qui réduit toutes les contradictions citées plus haut et qui vous économiserait bien des gloses, non ?

Encore un autre instituteur qui, lui, aurait osé prétendre instruire :

> « Je souhaite signaler que M. R. a mis en place une "écologie" et une "économie" de fonctionnement de classe qui traduisent, pour reprendre ses propos tenus lors de l'entretien, une conception de l'enseignement ayant "une valeur d'instruction très forte". Il ne peut trouver, en l'inspecteur de l'Éducation nationale, qu'un garant institutionnel du rôle fondamental de l'école dans sa mission de transmission des connaissances, souscrivant, à ce titre, à une part du travail mené dans cette classe. Toutefois, je demande à M. R. de prendre en considération ce point fondamental : depuis la loi d'orientation de 1989, la mission de l'école ne relève plus de l'Instruction[1] mais bien de l'Éducation et la Formation (article 1 de la loi). »

Mais voilà, cet instituteur qui prétend instruire, semble savoir ce qu'il fait. Il répond :

> « Ce rapport appelle de ma part des remarques, car il me semble que M. l'IEN[2] outrepasse là le champ de ses prérogatives institutionnelles.
>
> Il s'agit notamment de la position qu'il développe selon laquelle le rôle fondamental de l'école ne serait plus d'instruire, mais d'éduquer et de former. Cette

1. Souligné par moi.
2. Inspecteur de l'Éducation nationale.

opposition de termes n'est pas qu'une opposition formelle, mais bien le cœur d'un débat qui anima la vie politique dès la Révolution française lorsqu'il s'est agi de mettre en place une école publique en France. Comme le rapporte fort justement C. Kintzler dans son excellent ouvrage *Condorcet, l'instruction publique et la naissance du citoyen* [1] : “Dire que l'instruction doit rencontrer des limites, c'est nécessairement, soit récuser les droits de la raison, soit aller puiser dans quelque Raison finale et transcendante l'autorité pour abaisser l'individu au-dessous de ce qu'il peut être. Or, c'est exactement ce que font, à l'époque de Condorcet, la plupart de ceux qui penchent pour une ‘éducation nationale' par opposition à l'‘instruction publique'. Outre le choix du terme, qui n'est pas indifférent, il y va d'une conception de la nation et de l'éthique sous-jacente. [...] Les projets d'éducation se caractérisent par la présence de trois idées fondamentales : 1. le sentimentalisme, l'appel à l'affectif, 2. la méfiance envers le travail purement intellectuel, 3. la primauté de la nation, en tant que communauté, sur l'individu.”

Bien des philosophes ont déjà largement débattu du fait que plus un État s'appliquait à régenter les pensées, les attitudes, les comportements, en un mot plus il s'occupait d'éducation, et plus les libertés et les droits des individus se réduisaient. »

Il y a aussi quelquefois de bons rapports d'inspection. Il y a des enseignants bien notés. Heureusement.

1. C. Kintzler, *Condorcet, l'instruction publique et la naissance du citoyen*, *op. cit.*

> « M. Z. [...], montre un professionnalisme de très haute tenue, acquis certes au fil des postes occupés dans d'autres départements, mais surtout grâce à son militantisme dans des mouvements de réflexion pédagogique. Il met son savoir et son temps à disposition des autres avec passion et enthousiasme. Je lui adresse toutes mes félicitations. »

Qu'est-ce qui fait le bon rapport ? Le militantisme à l'OCCE[1] !

1. Office central de la coopération à l'école : association pédagogique promotrice des projets pédagogiques et autres modernités.

Ça suffit

Un courrier parmi des centaines ; une maman de trois enfants nous écrit :

« Albert et moi travaillons dur pour sa remise à niveau. Je découvre les dégâts : c'est un peu comme si le maître qu'il a eu cette année était non pas seulement responsable de l'absence de nouvelles connaissances, ce qui serait déjà un peu ennuyeux en soi sur une année complète, mais bien comme s'il avait délibérément détruit les cases dans lesquels on range les connaissances. Ainsi je constate en travaillant avec Albert le travail de destructuration réalisé par son maître cette année, qui conduit à une incapacité totale de se repérer, que ce soit en français ou en maths.

Les notions les plus simples et donc les plus essentielles sont touchées. Par exemple, la logique de raisonnement dans le rangement des chiffres (unités, dizaines, centaines) est confuse, pareil pour la structure des phrases en français. Le travail se fait en commençant par la fin, ou le milieu. La confiance en soi et la notion de succès ont disparu. Les réponses se font au pif, puisqu'il faut donner une réponse. Que ce soit juste ou faux n'a pas d'importance puisque de toute façon il ne peut y avoir de signification au travail, fait ou non fait, qui n'est pas vérifié, pas corrigé, ou simplement dénigré.

C'est très impressionnant, très triste, mon découragement devant l'ampleur de la tâche a dû parfois se laisser voir, même si je ne doute absolument pas de la réussite de l'entreprise, compte tenu de l'intelligence remarquable d'Albert.

Il est difficile pour Albert de tant travailler lorsque tous sont en vacances, d'autant plus qu'il n'est pour rien dans la situation. Et pour moi de se dire que l'année à venir sera au moins aussi dure.

Néanmoins, l'image qu'il a de lui-même s'est déjà améliorée, il ressent du plaisir à répondre à une question dont il connaît ou induit la réponse (ce qui n'était pas le cas jusqu'ici : car comment se sentir valorisé d'être tombé juste par hasard ? Et en plus, personne ne vous dit que vous êtes tombé juste, donc impossible de mémoriser une bonne réponse).

À vrai dire, je ne pensais pas que cela (cette situation antipédagogique) pouvait se rencontrer. Ce qui est impressionnant, c'est son invisibilité. La partie visible est déjà effrayante, ceci dit. »

Voilà.

Dans ma famille, mon entourage, les mamans et les papas achètent tous des méthodes Boscher ou bien *Lire avec Léo et Léa* pour leurs enfants. Ces méthodes se trouvent en bonne place, par paquets de cinquante, dans toutes les bonnes librairies qui en vendent des centaines chaque année.

J'ai alarmé ma famille, mes amis, mes proches, alors ils font le travail de l'école à la maison. Et ils ont raison. J'écris ce livre pour alarmer les autres parents, pour qu'ils sauvent leurs enfants, pour qu'ils fassent le travail de l'école à la maison.

La pédagogie moderne ne sert plus qu'à justifier l'abandon des ambitions que nous avions pour nos enfants. Nous avons devant nous une véritable catastrophe culturelle.

La République a abandonné l'une de ses missions les plus précieuses et les plus fondamentales – la direction pédagogique des écoles – à l'une des plus sombres et des plus stupides coteries d'obscurantistes de son histoire.

Pouvait-on prévoir qu'il y aurait un jour des cadavres jetés par milliers dans le Mékong ? Aurait-on pu éviter les camps de la mort ? Prévoir. Il aurait été bon d'anticiper l'évolution des choses dix ou quinze ans avant qu'elles arrivent. Mais c'était moins évident, moins facile à voir. Quelques vexations, quelques vieux professeurs, sans doute trop sévères ou alors d'origine étrangère, un peu malmenés, quelques écrivains montrés du doigt, des livres censurés et bientôt brûlés. Presque rien.

La culture et les connaissances publiquement méprisées par des campagnes d'État.

Mais nous en sommes là, aujourd'hui. Où en serons-nous dans dix ans ?

L'histoire, certes, ne se répète jamais. Et je ne saurai dire aujourd'hui ce que sera demain. Je vois seulement que notre société subit maintenant le dénigrement de la culture qui a précédé quelques sinistres périodes.

Où en serons-nous dans dix ans ? Nous sommes cernés par les nouveaux prophètes de la contre-culture, du post-modernisme, de la lecture globale ou naturelle et de la pédagogie officielle qui ont fait du mot « encyclopédiste » une insulte. Les imprécises « compétences » ont remplacé dans les écoles les connaissances décrétées obsolètes. On a enlevé au professeur l'autorité sur ses élèves que la nation lui déléguait autrefois. On a demandé ses « aspirations » au « jeune » pour en faire les programmes. On a remplacé l'instruction civique par une espèce de morale politique à base d'Europe libérale et de catéchisme citoyen. On fustige publiquement les enseignants rétrogrades qui entendent simplement enseigner. On met en garde à vue ce professeur qui a mis un zéro pour refus de travail, ou cet autre qui a seulement séparé fermement deux élèves qui se battaient, se mettant ainsi eux-mêmes en danger, quand on l'aurait accusé de non-assistance s'il ne l'avait fait.

Qu'il les sépare ou non, le professeur couche en prison le soir. Les professeurs sont aujourd'hui condamnés d'avance. Où en serons-nous dans dix ans ?

On demande maintenant à la justice – pourtant déjà submergée – de résoudre le dernier différend de cour d'école. Les enseignants ont été mis dans une situation telle qu'ils sont désormais indignes de représenter l'autorité publique. Et c'est ainsi qu'on a introduit la violence comme unique loi dans tous les collèges en lieu et place de l'autorité que la nation déléguait au professeur et au surveillant.

On a imposé des méthodes de lecture qui ne marchent pas, on a interdit aux jeunes enseignants les travaux systématiques, on a vidé et vidé encore les programmes. Puis, face aux conséquences désastreuses, on a moqué le manque d'adaptabilité des professeurs de ces collèges modernes où de nombreux élèves qui ne savent pas lire ou compter encombrent des classes de plus en plus difficiles.

On a même fait une loi qui, sans que personne n'y voie le mal, impose une « démarche intellectuelle » à chaque maître. On n'a plus distingué le mérite professionnel que des seuls adeptes de cette même loi. Cette loi Jospin de 1989 impose à chaque enseignant d'adhérer par écrit, tous les trois ans, à la « démarche de projet », démarche intellectuelle et même philosophique. Qu'il faut signer comme une profession de foi. Qui sera jugée conforme ou non par un groupe de collègues dirigé par des inspecteurs. Qui recevra ou non, en fonction de cette conformité, les fonds de la République. Infamie, manipulation intellectuelle digne du temps de l'Inquisition.

La loi Jospin de 1989, prolongée par les réformes Bayrou et conclue par l'« école du XXIe siècle » du détesté Allègre, benoîtement appliquée au fer par le doucereux Lang et pour l'instant suivie par Ferry, a détruit l'instruction, soumis les enseignants à la vindicte populaire et à la pression fascisante de petits cadres raides et très convaincus de la justesse et de la supériorité de leurs théories, pour l'instant, seulement pédagogiques.

On a réussi à faire croire qu'il n'y avait d'intelligence que dans la ligne pédagogique d'État. Et ceux qui doutent se taisent. Et ceux qui ne se sont pas tus ont été mis à l'écart.

Le travail sérieux des enseignants, la recherche d'efficacité, leur réflexion autonome ont été remplacés par la conformité aux théories en vigueur, par la docilité, par la soumission aux chefs, au point que l'encadrement de toute l'Éducation nationale, recruté sur ces nouveaux critères, est fortement et justement soupçonnable de médiocrité intellectuelle et morale : comme dans les exemples ci-dessus, on a choisi les plus dociles pour en faire les serviteurs de ce dogme, hérité d'Amérique via les directives européennes, que « l'école ne doit plus instruire, mais que les "jeunes" doivent construire eux-mêmes leurs savoirs ». Les plus stupides iront le plus loin dans cette destruction.

L'école et ses professeurs sont inutiles. On va fermer les écoles.

Alors, il faut lire ce cri lumineux qu'est *L'Enseignement mis à mort* d'Adrien Barrot :

> « Inconscience ou cynisme : le seul avenir que l'on puisse présager d'une telle évolution, d'une telle dérive, est au fond connu de tous. Une ségrégation de plus en plus rigide entre les quelques établissements d'enseignement qui resteront dignes de porter ce nom, et ceux dont le nom ne sera plus que signe d'imposture. Une sélection de plus en plus impitoyable et inique, dont les seuls critères seront sociaux, économiques et financiers. Dans un avenir à peine moins proche, la destruction de l'enseignement public et sa

privatisation. Et dans un avenir à peine plus incertain, la violence, non pas symbolique, mais très réelle, et à grande échelle, qui est le seul fruit du nihilisme. Ceux qui encouragent les jeunes à traiter leurs professeurs en chiens crevés, à libérer leur élan vital du poids oppressif d'un passé vermoulu devraient le savoir : c'est l'appel caractéristique du fascisme, et je suis accablé de voir qu'au moment même où l'on pense lui tourner le dos à jamais, on lui ouvre toutes grandes les portes de l'avenir[1]. »

Les distinctions et les récompenses attribuées aujourd'hui à certaines écoles qui ont un « bon projet », au détriment d'autres qui n'en ont pas, sont la chemise brune ou le petit livre rouge des enseignants modernistes. Le simple fait d'accepter de recevoir dans son école vingt euros par élève pour « bon projet », en sachant qu'une autre école de la nation, dans la commune voisine, n'aura pas les dix euros qui sont la moyenne de l'attribution nationale, pour cause de « mauvais projet », est une atteinte à l'égalité des citoyens, un recul de deux siècles et un pas de plus vers l'infamie. Oui, oui, pris tout seul, dix euros, ce n'est pas si grave. Une seule vitrine, ce n'est pas la Nuit de cristal ! Mais c'est une vitrine quand même. Et c'est maintenant qu'il faut juger avec clairvoyance, après ce sera trop tard.

« L'école ne doit plus instruire, mais les "jeunes" doivent construire eux-mêmes leurs savoirs » ! Qu'est-ce qui sépare l'homme de l'animal ? La main, les cordes vocales, la taille du cerveau, celle de la

1. A. Barrot, *L'Enseignement mis à mort*, Librio, 2000.

pierre ? Ou bien la transmission de la culture ? La différence entre Neandertal et ramapithèque, c'est non seulement que Neandertal sait tailler des bifaces, mais aussi que son fils saura les tailler, comme lui, avec quelques variantes même – vous savez, ces jeunes, qu'est-ce qu'ils ne vont pas toujours inventer... – qui se transmettront elles aussi, à tel point qu'on a appelé cette façon de tailler la « culture acheuléenne ». La différence entre l'homme et l'animal, c'est que, sans doute grâce à ses mains, ses cordes vocales et son cerveau, il transmet sa culture à ses descendants. Ce bagage que nous transportons de génération en génération, qui gonfle et qui change sans cesse selon lieux et périodes, notre culture, fait de nous ce que nous sommes, amène cette différence qualitative qui fait de nous des hommes.

Alors il ne faut pas jouer avec ça. Et la considération, un peu rapide, que le « jeune » doit un jour fabriquer lui-même son biface pour qu'on considère que cette culture lui a été effectivement transmise est vraie. Mais elle ne justifie pas qu'il faille lui cacher tous les modèles de bifaces pour qu'il puisse vraiment les réinventer lui-même. Les Néandertaliens fils fabriquaient des bifaces ressemblant étonnamment à ceux de leurs pères. Ils n'avaient pas tout à inventer.

On ne construira son savoir qu'à partir de la culture de ses ascendants. Briser cette transmission est dangereux. Il y a déjà eu des reculs dans l'histoire. Nous en vivons un en ce moment : la transmission a été brisée.

Qu'est-ce qui sépare les démocraties modernes des anciens régimes ? La constitution de nations en remplacement de pays qui n'étaient que des propriétés royales ne pouvait se concevoir qu'avec la participation de tous aux décisions. Donc avec la possibilité pour tous d'y participer, de lire et de comprendre pour décider. Donc avec l'école, publique, gratuite, puis obligatoire, proposée par Condorcet, le cadet et le dernier des encyclopédistes ; laquelle encyclopédie se proclamait elle-même comme une tentative de rassembler l'ensemble des connaissances de l'humanité : sa culture. Proposée par Condorcet pour instituer par l'instruction publique des citoyens libres là où il n'y avait que des sujets. Il ne faut pas jouer avec ça non plus.

La transmission de la culture de père en fils sépare l'homme de l'animal. La transmission de la culture à chaque génération, organisée par la nation dans ses écoles, protège les démocraties de la barbarie.

La simple affirmation que « les "jeunes" doivent construire eux-mêmes leurs savoirs » n'est pas qu'une simple considération pédagogique. Érigée en affirmation politique, elle contient sa conséquence : l'inutilité de l'école. Ils vont la fermer, et pour cela la rendre inefficace donc inutile.

Ce travail est largement commencé.

Annexes

Annexe 1

Exemple de rapport d'inspection

Les réponses de l'enseignant inspecté sont en italique.

Appréciations générales

M. B. est un enseignant volontaire qui affirme depuis longtemps ses partis pris professionnels. L'école de la République a évolué au fil des ans ainsi que les exigences institutionnelles. Cette évolution et ses exigences ne semblent pas acceptées par M. B.

Dans quel sens a donc évolué l'école de la République ? Serais-je le seul à déplorer l'énorme pourcentage d'illettrés qui entrent en sixième ? Dois-je, pour plaire à mon inspecteur, traiter mon ministre de menteur ? L'école de la République a certes évolué, en effet par le moyen de trente ans d'« exigences institutionnelles ».

Puisse-t-il voir que les obligations institutionnelles et la réflexion pédagogique ne sont pas au service des « dominants » mais bien au service des élèves afin de leur donner les moyens de s'affranchir de la domination grâce à la réussite scolaire.

Ce vœu concerne directement mon opinion. On me demande simplement de changer d'opinion. Et il s'agit bien de mon opinion politique, explicitée par la formule « dominants » qui décrit ici la classe dominante. On souhaite donc que je voie autre chose que ce que je prétends voir. Je prétends voir une catastrophe culturelle organisée. On me demande de voir que les obligations institutionnelles libéreraient politiquement les élèves français de la domination écrasante de la classe capitaliste.

Contexte général

M. B. assure la direction de l'école publique à quatre classes de M. Son enseignement au service de ses convictions a vu la concrétisation par la construction d'un nouveau groupe scolaire en 1995. Son implication dans le village au service de l'école est toujours aussi évidente.

Merci de le reconnaître. Mais il est temps... Aucun représentant de l'Éducation nationale n'a daigné assister à l'inauguration, aucune progression de carrière n'a suivi, ni hier, ni aujourd'hui... D'autre part, soyons précis, ce n'est pas mon enseignement qui est au service de mes convictions mais mes convictions qui sont au service de mon enseignement.

Homme de conviction, M. B. est aussi un enseignant avec des attitudes clairement affirmées depuis de longues années en particulier sur le refus de mettre en œuvre la politique des cycles et de travailler autour d'un projet d'école (cf. le rapport d'inspection de 1996).

Pour l'instant, j'ai pris grand soin de ne jamais déroger à la lettre de la loi. Aucun de mes actes de fonctionnaire n'est illégal. Les choses que je n'ai pas faites sont couvertes par les mots d'ordre intersyndicaux de grève administrative.

Les arguments invoqués aujourd'hui sont ceux présentés hier et peuvent se résumer par un refus d'une « conception élitiste et de destruction de la pensée » affirmée par la mise en place des cycles.

Les cycles permettraient donc de « refuser une conception élitiste et de destruction de la pensée ». Donc, avant les cycles, les enseignants travaillaient sans doute à la « destruction de la pensée ». Parmi eux, mes professeurs, mes instituteurs, moi-même qui ai enseigné avant cette loi salvatrice. Comme vous y allez ! J'ai beaucoup d'estime et de respect pour mes instituteurs et mes professeurs...

Cette théorie peut tout à fait être présentée, débattue au sein de quelque parti politique ou groupe syndical que ce soit mais en aucune façon ne peut être acceptée de la part d'un fonctionnaire qui se doit de servir l'État. Cela relève du principe républicain.

Le principe républicain imposerait donc au fonctionnaire d'accepter certaines théories intellectuelles ? J'ai toujours pris grand soin de ne jamais contrevenir au texte de la loi ni à mes obligations de fonctionnaire – sauf pour mot d'ordre syndical. Ce ne sont donc pas mes actes de fonctionnaire qui sont jugés ici, mais mon opinion. Mon opinion ne vous regarde pas, ce n'est pas à vous d'en juger. Comme votre prédécesseur, vous sortez du cadre défini par la loi, avec un certain manque de rigueur intellectuelle.

Je ne désespère pas que M. B. comprenne l'enjeu qu'il y a à se saisir de la philosophie qui se dégage de la loi d'orientation qui donne les moyens aux enseignants à travers le projet d'école de modeler, de décliner les programmes nationaux en fonction des réalités locales, des réalités de l'école où l'on exerce.

Qui doit donc « se saisir de la philosophie qui se dégage de la loi d'orientation » ? Le fonctionnaire ou le citoyen ? Le fonctionnaire que je suis applique la lettre de la loi, on demande au citoyen d'en adopter l'esprit. Mon esprit et mon opinion sont des objets sacrés protégés par nos lois fondamentales. En l'occurrence, mon opinion est que la loi d'orientation citée, dite loi Jospin, est un instrument de destruction de la transmission des savoirs et, par là même, des savoirs eux-mêmes. Mon opinion est bien que la loi Jospin est responsable de la catastrophe culturelle actuellement en cours. J'ai le droit, sinon le devoir, d'exprimer cette opinion. Même ici.

L'existence d'un projet d'école permet de fait d'établir une communication entre les enseignants à partir d'une analyse et d'une réflexion approfondie concernant les difficultés scolaires, inhérentes à l'école concernant aussi, bien évidemment, les pratiques pédagogiques qui sont parfois source de blocage didactique (cf. l'entretien en particulier sur l'enseignement de l'orthographe).

La classe

Les conditions matérielles sont très satisfaisantes. M. B. est au fait des techniques de l'information et de la communication et en fait bénéficier ses élèves grâce à un lourd équipement : huit ordinateurs en fond de classe et un ordinateur « directeur » sur le bureau. Ce point est particulièrement positif et doit être relevé comme tel. La tenue des bureaux (ordre) doit être améliorée, il est important de définir un cadre, d'exiger une rigueur même dans ce domaine.

C'est exact. Je tiendrai bien compte de cette critique justifiée.

Le travail d'histoire se concrétise dans la classe par la présentation d'une frise historique regroupant les différents aspects d'une période étudiée et de différents documents iconographiques. Ce champ disciplinaire est traité abondamment et traduit l'intérêt de l'enseignant pour cette activité. Il est important que d'autres domaines comme les arts soient explorés sinon avec autant de brio, au moins avec autant de constance, cela participe des obligations institutionnelles certes mais aussi de l'approche culturelle que l'école se doit de fournir à tous.

L'Histoire apparaît sur les murs. On peut donc en juger. Les dessins de mes élèves – et les chansons... – n'apparaissent pas sur les murs. Ça ne suffit pas pour les croire absents de mon enseignement. Mais la question va plus loin. Le « brio » et la « constance » dans une discipline fondamentale comme l'Histoire sont constatés mais ne donnent pas lieu à point supplémentaire. Ils servent seulement à montrer mon manque de brio et de constance dans le « domaine des arts ». Je refuse en effet de faire passer le « domaine des arts » devant l'Histoire. Mais cela ne signifie pas du tout que je l'abandonne.

Préparation

M. B. dispose d'un cahier journal avec des annotations qui ne permettent pas de suivre très clairement le cheminement didactique (la conception) et le déroulement pédagogique (la déclinaison en actes).

Certes.

Document des élèves

L'examen des cahiers d'élèves montre un travail régulier qui s'inscrit très fortement sur une logique notionnelle en particulier dans le domaine de la maîtrise de la langue. Cette option pédagogique est très clairement revendiquée par M. B., même si elle a fait l'objet d'une constante remise en cause lors des précédentes inspections. La stratégie qui repose sur le schéma découverte de la notion/exercice d'application n'est pas la plus appropriée au développement des apprentissages.

La stratégie qui repose sur le schéma découverte de la notion/exercice d'application EST peut-être la plus appropriée au développement des apprentissages. Je remets actuellement en cause le « sens » dans lequel nous devons faire travailler nos élèves. Exercice-découverte autonome, puis explications du maître, ou bien leçon puis exercices. L'affaire n'est pas si simple... En particulier, la façon de faire que je teste en ce moment (c'est-à-dire découverte et leçon puis exercice d'application) a l'avantage de « cadrer » les activités des élèves. Le rangement des casiers doit-il être autonome ou bien alors « cadré » ?

M. B. se démarque de ce concept quelque peu figé dans le domaine de la production d'écrits où des travaux de qualité ont été conduits. C'est à partir de telles activités que l'on peut donner sens aux apprentissages notionnels pour ce qui concerne la langue écrite.

C'est, bizarrement, ce compliment qui m'a poussé à rédiger une réponse. C'est un comble. Lorsque je fais de l'histoire avec « brio », c'est parce que je n'ai pas assez de constance dans le « domaine des arts ». Lorsque les textes de mes élèves sont remarquables (en tout cas remarqués !), c'est parce que, justement, j'y aurais abandonné mes pré-

tentions pédagogiques figées et condamnables. Si mes élèves écrivent des textes remarquables, c'est justement parce que je suis « attaché à une logique notionnelle en particulier dans le domaine de la maîtrise de la langue » et parce que je pratique par ailleurs le « schéma découverte de la notion/exercice d'application » que je crois « approprié au développement des apprentissages ». Le doigt est posé ici sur les contradictions de l'inspection et non sur celles de mon travail.

J'attire l'attention de M. B. sur la nécessité de suivre attentivement tous les cahiers d'élèves afin de ne laisser aucune erreur susceptible, d'une part, de laisser penser aux élèves que la rigueur n'est nécessaire qu'à des occasions limitées et, d'autre part, de donner prise à des commentaires ou des analyses désobligeants venant de parents d'élèves.

Il reste des fautes d'orthographe dans mes cahiers d'élèves. J'en prends note et souscris tout à fait au reproche. Je note donc que l'on attribue une « valeur » sociale à l'orthographe.

J'interroge M. B. sur la pertinence de la notation lorsque celle-ci se concrétise par la répétition de notes comme 0/20, 1/20, 2/20 pour certains élèves en difficulté (comme J. en CM1). Est-ce qu'une telle pratique est formatrice ?

Oui. Je la crois très formatrice comme je crois très formateur de refuser son permis de conduire à un impétrant qui s'obstinerait à franchir les stops sans s'arrêter. Elle est de plus honnête et vraie. La série catastrophique de très mauvaises notes d'orthographe de J. pendant son CM1 est en effet remarquable. Mais elle ne peut pas servir à remettre en cause l'efficacité de la notation. Le début de CM2 de J. devrait déjà suffire à justifier mon attitude, qui est très réfléchie et très pesée. Son début de CM2 ne serait pas ce qu'il est, je ne remettrais pas plus la notation en cause. Ici, c'était une tentative, elle aurait en effet pu échouer. Ce n'est pas le cas. Oui, j'utilise la carotte et le bâton, oui, j'utilise la plupart des moyens intelligents et honnêtes à ma disposition pour faire travailler mes élèves. Dont les notes, vraies, bonnes ou mauvaises...

Il conviendra enfin de donner plus de place à la différenciation des deux cours, tous les élèves ne sont pas au même niveau au même moment.

J'ai, cette année, trois niveaux. J'ai une opinion précise sur les classes à plusieurs niveaux. Opinion pratique, pas théorique. Dans les classes à plusieurs niveaux, nous passons nos journées à des compromis entre le temps de présence du maître devant un groupe d'élèves et l'adaptation précise de son enseignement à leurs niveaux divers. La multiplication des niveaux effectivement séparés divise d'autant le temps de présence du maître face à chaque niveau. La seule classe où l'on peut pousser ce compromis vers le temps de présence du maître est le CM1-CM2, en particulier au troisième trimestre, en regroupant au maximum leurs activités.

J'ai effectivement des options pédagogiques : je pense le maître et l'école nécessaires aux enfants et je suis ravi qu'ils soient encore obligatoires. Il y a actuellement des courants pédagogiques, sinon philosophiques, qui prônent le contraire, dont celui-ci, qui veut individualiser le parcours de chaque enfant, transformant le groupe classe en une classe contenant autant de groupes que d'enfants. Le temps de maître par enfant devient alors très court. Dans une philosophie anti-maître, ça se conçoit. Pas dans la mienne

Si l'Ille-et-Vilaine avait seulement quelques postes de plus, l'école de M. disposerait d'une cinquième classe, et je n'aurais plus alors que deux niveaux au lieu de trois. C'est là la bonne solution.

Activité observée

– Dictée : correction au tableau.

L'enseignement de l'orthographe a fait l'objet d'un long moment de l'entretien, je rappelle les points essentiels qui ont été élaborés :

– Autodictée (travail en classe, pas à la maison uniquement).

– Éviter les exercices à trous et faire écrire les élèves.

– Correction faite par l'enseignant.

Je remercie cette inspection d'avoir, pour la première fois en vingt ans, abordé enfin les manières d'enseigner un contenu précis, une discipline, ici l'orthographe. Et je tiendrai compte de beaucoup des propositions tirées de cet échange riche, en particulier celle sur les exercices à trous.

– Calcul mental.

La procédure utilisée est bonne, elle sera optimisée par :

– Un encadrement plus strict.

– Une utilisation plus marquée dans le cadre explicatif.

– Géométrie : carré, rectangle, définition du périmètre.

La séance observée aurait été beaucoup plus porteuse en qualité d'apprentissage si, pour des élèves de CM1-CM2 avec donc des connaissances de base établies, on avait ouvert le champ d'investigation sur ce concept géométrique lié en l'occurrence au carré et au rectangle.

Ma franchise m'oblige à avouer que je ne comprends pas ce qui est écrit dans ce paragraphe.

Annexe 2

Un autre rapport d'inspection

Les réponses de l'enseignant inspecté sont en italique.

Les travaux sont rassemblés sur des cahiers de grand format. J'attire l'attention de Mme L. (cf. entretien) sur les risques d'une « primarisation » de son enseignement. L'école n'a pas à céder à une soi-disante [*sic*] demande pressante des parents qui se traduit par toute une série de dérives pédagogiques.

Qui insiste donc tant pour faire « entrer les parents dans l'école » à longueur de bulletins officiels, allant même jusqu'à nous demander de les loger dans les bâtiments scolaires ? Or, voici des parents qui ont une demande clairement exprimée. Que l'école « initie [leurs enfants] à la lecture et à l'écriture ». Et il ne faudrait pas les entendre ? Monsieur l'inspecteur, ils sont largement majoritaires.

En effet les exercices d'« initiation à la lecture et à l'écriture » que j'ai observés relèvent pour l'essentiel d'activité de la grande section.

Une activité d'« initiation à la lecture et à l'écriture » facilement réussie par toute la moyenne section n'est donc pas une activité de moyenne section ? Qu'est-ce à dire ? Si les enfants étaient complètement dépassés par ce que l'enseignant explique, il y aurait bien lieu que l'inspecteur en fasse la remarque, pour que l'enseignant adapte ce qu'il fait à ses élèves. Ce n'est pas du tout ce qui se passe ici. La seule, l'unique protestation contre le « haut niveau » de ces travaux d'initiation (commencer une ligne à gauche, différencier b *de* d, *prêter attention à l'ordre des lettres dans un mot...), est portée par l'inspection, c'est-à-dire par l'Éducation nationale. Les parents les demandent, les enfants les réussissent, ils en redemandent même, mais l'autorité les interdit – ou tente de le faire. Quelqu'un veut donc, autoritairement, empêcher des enfants de cinq ans qui en sont capables de s'« initier à la lecture ». Ce quelqu'un est l'Éducation nationale. C'est très grave. Rien ne peut interdire à la fonctionnaire que je suis de faire pratiquer à mes élèves des exercices qu'ils réussissent et que je juge nécessaires. Sauf à prouver qu'ils seraient négatifs ou seulement inutiles. Ce que vous affirmez, mais sans preuve aucune. Sinon ce qui suit :*

Enfin, en aucune façon l'initiation à la lecture et à l'écriture ne relève d'exercices sur fiches. C'est par un développement de l'environnement de l'écrit, par l'implication dans des créations de textes, par le travail d'analyse des différents supports de l'écrit que l'initiation se développe.

Il y a ici des affirmations précises et une conception de l'instruction qu'on me reproche de ne pas suivre. Les exercices sur fiches, c'est-à-dire les exercices systématiques, les exercices écrits d'enfants, les exercices quotidiens, ne seraient pas utiles à l'« initiation à la lecture ». C'est un point de vue. Je ne le partage absolument pas. Je le crois faux, dramatiquement faux. Mais, pour une fois, l'un de mes cadres a le courage – ou l'innocence ? – de proposer LA bonne méthode d'initiation à la lecture, LA méthode qui remplace les exercices écrits systématiques : « C'est par un développement de l'environnement de l'écrit, par l'implication dans des créations de textes, par le travail d'analyse des différents supports de l'écrit que l'initiation se développe. » Si la citation de votre rapport écrit ne suffisait pas à comprendre, j'ai noté, après l'entretien d'inspection, ce passage de vos propositions qui m'avait, disons, surprise. Vous aurez certainement l'honnêteté de reconnaître que ma transcription ne trahit pas vos propos, mais que, en revanche, vos propos éclairent remarquablement votre théorie :

« Je vois que vous avez une belle bibliothèque d'albums pour enfants de trois ans – c'est bien – et que les quelques articles de la presse locale concernant la classe (carnaval, piscine...) sont affichés et ont été commentés – c'est bien aussi –, mais il ne faut pas s'arrêter là. Je suppose que, comme moi, tous les matins, vous lisez Le Monde... *Eh bien mettez-le à la disposition des enfants, dans la bibliothèque. Mieux, je ne sais pas moi, c'est l'année Victor Hugo, mettez* Notre-Dame de Paris *dans leur bibliothèque ou bien Tolstoï et à la fin de l'année, ils vous diront maîtresse, il y a tant de chapitres dans ce livre ou bien il y a tant de paragraphes dans ce chapitre. »*

Un volume de La Pléiade négligemment posé dans la bibliothèque des enfants de quatre ans et le tour est joué. C'est suffisant pour leur apprendre à lire ? C'est bien ce que vous opposez à mes inefficaces exercices systématiques d'écriture. Pour ma part, je me permets de douter de cette conception constructiviste de l'enseignement, et je maintiens mes exercices systématiques... et les bons résultats de mes élèves, que vous avez d'ailleurs constatés.

En effet, j'ai relevé (semaine du 25 février au 1er mars) un intitulé « Bricolage » qui renvoie à des concepts bien éloignés de ceux du domaine artistique. Le bricolage s'inscrit plus dans une logique « occupationnelle » que dans une logique d'apprentissage sous-tendue par un projet clair définissant les objectifs à atteindre et les compétences à travailler.

Bricolage, monsieur l'Inspecteur, bricolage... Depuis plus de vingt-cinq ans que j'enseigne en maternelle, j'en ai vu défiler des mots pour décrire les mêmes petits travaux manuels qu'on fait pratiquer aux petits enfants de toutes nos classes. Les mots changent, la chose reste la même. Que je vous l'écrive en pédagol ou bien en volapuk, le Père Noël en cône de carton rouge avec de la ouate restera un Père Noël en cône de carton rouge avec de la ouate Et l'intérêt de sa fabrication par des enfants de quatre ans sera aussi le même qu'il y a vingt ans. Le temps ne fait rien à l'affaire...

Quant à l'affirmation que le bricolage serait un concept bien éloigné de ceux du domaine artistique, je vous la laisse. Elle n'est que votre affirmation et devrait n'avoir rien à faire dans le cadre d'une inspection. Il vous faudrait d'abord définir l'art explicitement. Ou alors demander à César ou à Cristo ce qu'ils en pensent. Cependant, vous ajoutez plus loin :

Le travail en art plastique participe d'une agréable décoration de la classe.

Il semble tout de même que, malgré ma « logique occupationnelle », j'obtienne à certains moments des travaux d'élèves « agréables » en peinture – mais est-ce le domaine artistique ? De plus, c'est vous qui associez « bricolage » et « domaine artistique ». Je n'ai jamais prétendu m'attaquer au domaine artistique lors de ces séances de travaux manuels que j'appelle effectivement quelquefois « bricolages »

La justification pédagogique de l'atelier s'appuie sur une conception erronée des démarches d'apprentissages (l'élève) et des fondements didactiques de l'enseignement du lire/écrire (le maître) – cf. entretien. Il serait pertinent que Mme L. envisage sa participation à un stage de formation continue dans le domaine de la maîtrise de la langue au cycle 1, j'appuierai bien évidemment sa demande.

J'ai en effet une conception de ce que vous nommez « fondements didactiques de l'enseignement du lire/écrire ». Le maître enseigne et l'élève apprend. Il travaille, on le motive plus ou moins efficacement, mais il travaille. Cette conception pédagogique, ici bien trop résumée, est partagée par mes collègues de l'école et est souvent discutée – très précisément, très matériellement, très près des élèves, soumise à la réalité de ce qui se passe dans nos classes. Ma liberté pédagogique me permet cette conception. Cette liberté m'est garantie par la loi. Et c'est une très bonne chose que vous ne puissiez pas réduire mon travail à cette exposition saugrenue d'ouvrages inaccessibles aux enfants.

Mes résultats sont positifs, comme vous le reconnaissez vous-même, et c'est ce qui m'importe. Je considère donc ce rapport d'inspection, qui ne me donne qu'un demi-point et qui, de ce fait, retarde bien l'avancement de ma carrière, comme une sanction, malgré les bons résultats obtenus.

Annexe 3

Encore un rapport inspection

M. R. est un enseignant qui, au sein de sa classe, mène un travail de préparation de son enseignement sérieux et organisé. Il a su notamment concevoir des outils de suivi des élèves, essentiellement dans le domaine du « lire, écrire, compter », qui facilite notamment la mise en œuvre de temps de soutien et remédiation à destination de ces élèves en difficulté. À ce titre, l'adaptation pédagogique à la réalité des performances des élèves est effectivement une préoccupation forte de M. R. qu'il faut encourager positivement.

Pour autant, au regard des indicateurs nombreux fournis dans ce rapport, je souhaite signaler que M. R. a mis en place une « écologie » et une « économie » de fonctionnement de classe qui traduisent, pour reprendre ses propos tenus lors de l'entretien, une conception de l'enseignement ayant une « valeur d'instruction très forte ». Il ne peut trouver, en l'inspecteur de l'Éducation nationale, qu'un garant institutionnel du rôle fondamental de l'école dans sa mission de transmission des connaissances, souscrivant, à ce titre, à une part du travail mené dans cette classe. Toutefois, je demande à M. R. de prendre en considération ce point fondamental : depuis la loi d'orientation de 1989, la mission de l'école ne relève plus de l'Instruction mais bien de l'Éducation et la Formation (article 1 de la loi). À cet égard, cela décline des obligations de mise en œuvre, traduites par des textes, dont la plupart trouvent d'ailleurs une opérationnalisation dans les nouveaux programmes de 1995. C'est la raison pour laquelle je constate aussi dans l'enseignement dispensé par M. R. un certain nombre de points qui seront à faire évoluer : la classe comme lieu de valorisation des travaux et réussites des élèves ; le tri des connaissances à aborder au cycle 3 ; la didactique de la production d'écrit ; la conception interdisciplinaire des apprentissages ; la mise en œuvre d'activités travaillant dans le champ des « attitudes » (cf. le référentiel de compétences) ; la notion de projet chez l'élève. Une participation à des actions de formation continue serait fort utile pour approfondir ces points.

Enfin, comme pour tout enseignant au sein d'un cycle, l'harmonisation des pratiques, la programmation des apprentissages, l'intégration des liaisons entre les cycles dans les démarches pédagogiques de chacun, l'adoption du point de vue de l'élève sur son parcours de formation, la cohérence et la continuité de ses apprentissages, de ses lieux de vie scolaire durant les multiples moments de sa scolarité à l'école publique de S., limitent considérablement l'utilisation quelque peu revendicatrice, par M. R., de la notion de « liberté pédagogique ». Je lui apprends, à cet égard, que les programmes de 1995 (pages 21-23) définissent seulement la notion de « responsabilité pédagogique ». Je l'engage à réfléchir, pour la rentrée, date de mise en œuvre des nouveaux programmes, à cette différence essentielle entre « liberté » et « responsabilité ».

En conclusion provisoire, si la pratique de classe de M. R. donne incontestablement, dans certains domaines, des effets positifs sur les élèves, elle demeure par ailleurs très incomplète dans d'autres. S'il le décide, M. R. possède les moyens intellectuels et les connaissances (qu'il met en avant par la présentation de ses travaux de psychologie le jour de l'inspection, le savoir-faire relationnel avec les élèves) pour accroître l'efficacité de l'éducation et de la formation des enfants de sa classe dans le sens des recommandations qui lui sont faites.

Réponse de l'enseignant inspecté :

Le rapport d'inspection de M. l'IEN de M. recouvre deux aspects forts différents méritant une approche pour le moins contrastée.

De nombreux points font référence à des pratiques pédagogiques et à des approches didactiques sur lesquelles M. l'IEN formule un certain nombre de remarques destinées à me permettre d'améliorer ma pratique professionnelle. À cet égard, je l'en remercie. Il peut être assuré que j'examinerai avec la plus grande attention les appréciations qu'il apporte et que je m'efforcerai d'en tenir compte dans mon travail, sans aucun doute perfectible.

M. L'IEN rappelle également un certain nombre d'obligations réglementaires qu'il conviendrait de mettre en œuvre, comme il est dans sa fonction de le faire.

Un tout autre aspect de ce rapport appelle toutefois de ma part des remarques, car il me semble que M. l'IEN outrepasse là le champ de ses prérogatives institutionnelles.

Il s'agit notamment de la position qu'il développe selon laquelle le rôle fondamental de l'école ne serait plus d'instruire, mais d'éduquer et de former. Cette opposition de termes n'est pas qu'une opposition formelle, mais bien le cœur d'un débat qui anima la vie politique dès la Révolution française lorsqu'il s'est agi de mettre en place une école publique en France. Comme le rapporte fort justement C. Kintzler dans son excellent ouvrage Condorcet, l'instruction publique et la naissance du citoyen *: « Dire que l'instruction doit rencontrer des limites, c'est nécessairement, soit récuser les droits de la raison, soit aller puiser dans quelque Raison finale et transcendante l'autorité pour abaisser l'individu au-dessous de ce qu'il peut être. Or, c'est exactement ce que font, à l'époque de Condorcet, la plupart de ceux qui penchent pour une "éducation nationale" par opposition à l'"instruction publique". Outre le choix du terme, qui n'est pas indifférent, il y va d'une conception de la nation et de l'éthique sous-jacente. [...] Les projets d'éducation se caractérisent par la présence de trois idées fondamentales : 1. le sentimentalisme, l'appel à l'affectif, 2. la méfiance envers le travail purement intellectuel, 3. la primauté de la nation, en tant que communauté, sur l'individu. »*

Bien des philosophes ont déjà largement débattu du fait que plus un État s'appliquait à régenter les pensées, les attitudes, les comportements, en un mot plus il s'occupait d'éducation, et plus les libertés et les droits des individus se réduisaient.

En tant que citoyen, M. l'IEN peut librement adopter dans ce débat le point de vue qui lui paraît juste, mais il me permettra de ne pas me soumettre à sa conception partisane de l'école, et de considérer, comme l'écrivaient au début du siècle des instituteurs dans un document connu sous le nom de Manifeste des instituteurs syndicalistes, *que « notre enseignement n'est pas un enseignement d'autorité. Ce n'est pas au nom du gouvernement, même républicain, ni au nom de l'État, ni même au nom du peuple français que l'instituteur confère son enseignement; c'est au nom de la vérité. Les rapports mathématiques, les règles de grammaire, non plus que les faits d'ordre scientifique, historique, moral qui le constituent, ne sauraient dès lors être soumis aux fluctuations d'une majorité.*

Par ailleurs, si les nouveaux programmes définissent la notion de responsabilité pédagogique, celle-ci ne recouvre pas et n'abolit pas pour autant la notion de liberté pédagogique, dernière notion à laquelle M. l'IEN semble donner des limites directement en rapport avec le point de vue qu'il entend vouloir me faire adopter.

Annexe 4

« Chronique matutinale » de Philippe Meyer – France Inter – 26 mai 1999

« Bonjour heureux habitants de la Haute-Garonne et des autres départements français, c'est un instituteur breton, et ne croyez pas que je les cherche, il doit y avoir dans l'air de la Bretagne en plus de l'iode quelque chose qui donne mauvais esprit notamment aux instituteurs, c'est donc un instituteur breton qui a eu 13,5 sur 20 à son inspection. Et 13,5 sur 20, c'est ce que l'on appelle une mauvaise note. Son inspecteur explique le pourquoi de cette mauvaise note dans un document dont le double est, selon la réglementation, fourni à l'inspecté. Il est relevé dans ce texte que l'instituteur a une conception de l'enseignement telle que celui-ci – l'enseignement – doit avoir une valeur d'instruction très forte. L'inspecteur ne lui en fait pas le reproche. Il reconnaît qu'apprendre à lire, à écrire et à compter, voilà qui fait partie des missions de l'école. Mais qui n'en constitue pas moins une seule part, et à ses yeux une petite part, et qu'à la mission d'instruction doit s'ajouter celle d'éducation. À ce titre, il est reproché pêle-mêle à l'instituteur de ne pas encourager l'expression artistique et littéraire de ses élèves, de ne pas avoir une conception interdisciplinaire de l'écrit établissant des correspondances avec d'autres formes d'expression comme la danse, la musique, les arts plastiques, de ne pas organiser – tout cela sont évidemment des citations – des liaisons interclasses, de ne pas mettre à la disposition des élèves des éléments d'acculturation issus de sorties, de visites ou de classes transplantées, bref, de ne pas avoir un projet global comme la méthode de lecture du même nom, à laquelle on doit les fulgurants progrès de l'illettrisme. L'instituteur, qui n'est pas un homme des cavernes, puisqu'il enseigne à ses élèves le maniement des ordinateurs et qu'il ne leur apprend pas seulement à lire, à écrire et à compter mais aussi à chanter et à aimer la musique – et même, ajoute l'inspecteur, à chanter avec plaisir –, l'instituteur accepte d'être inspecté et, évidemment, d'être incité à diverses améliorations, mais il ajoute que s'il accepte d'instruire ses élèves, il se refuse à les éduquer. Et dans sa réponse au rapport d'inspection, l'instituteur fait valoir que l'opposition entre instruire et éduquer était au cœur d'un débat qui remonte à la Révolution française lorsqu'on y discuta de la mise en place d'une école publique. Condorcet penchait pour l'instruction. Ses adversaires soutenaient que cette instruction pouvait être dangereuse pour la cohésion sociale si on ne lui imposait pas des limites et si on ne lui donnait pas un contenu de formation morale. Mais, répondait Condorcet, au nom de quoi imposeriez-vous des limites à l'instruction, qui est l'apprentissage de la Raison et de l'exercice de la Raison. Et, citant un spécialiste de Condorcet précisément, notre instituteur conclut les projets d'éducation, par rapport aux projets d'instruction, se caractérisent par la présence de trois idées fondamentales. Premièrement, le sentimentalisme, l'appel à l'affectif; deuxièmement, la méfiance envers le travail purement intellectuel; et, troisièmement, la primauté de la communauté sur l'individu. Fin de citation. C'est si beau qu'on voudrait en faire une dictée. Je vous souhaite le bonjour... »

Annexe 5

Exemple de protocole de l'« acte d'inspection »

1. Le courrier de l'IEN accompagnant le protocole

INSPECTION DE L'ÉDUCATION NATIONALE
Circonscription M.

M., le 2 janvier 1999
L'inspecteur de l'Éducation nationale
À :

Mesdames et Messieurs les enseignants des écoles publiques de la circonscription

« Inspection des personnels, des cycles et des écoles, une interaction entre contrôle et évaluation »

Textes officiels

Note de service du MEN[1] *n° 53-512 du 13 décembre 1983*

Loi d'orientation de 1989

1. Pour les sigles, se reporter au glossaire en fin d'ouvrage.

Nouvelle politique pour l'école 1989
Décret du 18 juillet 1990 sur le statut des IEN
Nouveau contrat pour l'école 1994
Programmes de l'école primaire 1995
Circulaire de l'IA n° 95-416 du 28 septembre 1995
Circulaire du MEN n° 98-229 du 18 novembre 1998
Circulaire de l'IA n° 98-877 du 4 décembre 1998

Autres références

IGEN. 1993. L'inspection : fonctions et modalités dans l'enseignement primaire

Rapport de l'IGEN 1996. Évaluation et notation des personnels enseignants

Ce dossier est à mettre à la disposition de tous les enseignants des écoles publiques (y compris ceux assurant des fonctions de brigade ou de ZIL). Il présente les modalités d'inspection à prendre en compte pour l'année scolaire 1998-1999. Un exemplaire sera conservé par le directeur d'école afin de permettre une reproduction aisée des annexes.

Le dossier contient :
- les objectifs et modalités de l'inspection individuelle, de cycle pour les personnels de la circonscription;
- annexe 1 : référentiel des obligations de cycle 1;
- annexe 2 : référentiel des obligations des cycles 2 et 3;
- annexe 3 : la mise en œuvre des horaires effectivement réalisés dans les différents champs disciplinaires à l'école élémentaire;
- annexe 4 : le questionnement préparatoire à l'inspection;

– annexe 5 : le référentiel de la fonction de direction d'école;
– copie de la lettre confirmant une visite d'inspection et définissant ses modalités.

Ce protocole d'inspection est volontairement technique. Il représente beaucoup de travail, mais il me semblait indispensable de clarifier les attendus d'une démarche d'inspection afin de vous permettre d'avoir l'attitude la plus sereine possible lors de ma visite mais aussi une compréhension mutuelle dépassant le cadre des discours généraux souvent trop consensuels. Le conseil des maîtres de l'école pourrait tout à fait aborder le contenu de ce dossier et donner lieu à un relevé de conclusions qu'il serait possible de m'adresser au titre de l'échange professionnel sur cette question.

Vous souhaitant bonne réception de ce protocole,

M. L.

2. Le protocole

I. Les objectifs de l'acte d'inspection

L'acte d'inspection doit être organisé par l'IEN pour être *un temps institutionnel légitime* donnant à l'enseignant (et à l'équipe pédagogique) la possibilité de *mieux analyser encore ses pratiques* de classe, *leur cohérence et leur continuité dans le cycle, de les expliciter et les situer au regard des textes officiels*, de *dégager leurs fondements théoriques, et d'apprécier la justesse de leur mise en œuvre au regard des élèves* fréquentant l'école. Cette évaluation doit *faciliter le repérage d'orientations de travail* compatibles, d'une part, avec le contexte de l'exercice professionnel, mais aussi, d'autre part, avec l'évolution des demandes institutionnelles. Cela suppose donc de l'acte d'inspection qu'il oscille en permanence entre *la dimension de contrôle*, pour référer aux enjeux (re)connus, et *la dimension d'évaluation* pour élaborer conjointement les pistes de travail, en leur donnant du sens par rapport à la pratique déjà mise en place.

Référer aux obligations

Des obligations de mise en œuvre, définies par les textes, régissent la profession d'instituteur et de professeur des écoles ainsi que le fonctionnement de l'école primaire. Ce qu'il faut comprendre, c'est qu'il s'agit bien de *contrôler une obligation de moyens et non de résultats*, c'est-à-dire de s'assurer que la pratique enseignante « s'inscrit » dans le cadre des obligations, traduisant notamment un degré effectif de prise en compte de ces dernières. Cette fonction critique du contrôle des moyens implique un dispositif critérié, lisible et connu des enseignants, balisant les différents champs des obligations.

Je vous propose pour cela des « référentiels des obligations par cycle » (cf. annexes 1 et 2, les libellés en italique gras de chaque tableau). Ces référentiels me semblent traduire le cadre actuel du fonctionnement du premier degré, organisé selon une articulation précise et gigogne *(pour* l'élève *d'une* classe *d'un* cycle *de* l'école). Celle-ci est issue des conséquences de la loi d'orientation de 1989 et se traduit finalement par les propositions pages 38 à 40 des programmes : « l'organisation de la scolarité en cycles pluriannuels », « l'indispensable cohérence des apprentissages », « une organisation de l'école et de la classe adaptée à la diversité des élèves et conforme aux objectifs nationaux», «la responsabilité de l'enseignant».

Actuellement, l'action professionnelle quotidienne nécessite la production spécifique d'outils de suivi des enseignements et des résultats scolaires, débouchant sur des modalités d'organisation et de concertation adaptées aux objectifs définis par les obligations. C'est pourquoi, au sein de ces référentiels, j'ai retenu des *critères possibles*, pour chaque obligation, qui ne prétendent certes pas à l'exhaustivité, mais qui, je le pense, seront suffisamment opératoires et démonstratifs pour illustrer le but à atteindre. Il est bien sûr toujours possible d'en formaliser d'autres. L'indicateur quantitatif pour traduire la réalité du respect des horaires disciplinaires dans les cycles 2 et 3 (cf. annexe 3 sur la mise en œuvre des horaires des différents champs disciplinaires) témoigne, quant à lui, du respect du «droit» à la polyvalence de formation de chaque élève.

Je propose donc à chaque enseignant de *s'autocontrôler*, c'est-à-dire de positionner lui-même «son» degré de prise en compte de chaque item de ce référentiel d'obligations dans sa pratique quotidienne (les critères peuvent alors l'y aider pour se situer). Durant ma visite d'inspection, je procéderai aussi à la même analyse que l'enseignant à partir des items et critères communiqués. S'il y avait *désaccord important* entre l'autocontrôle de l'enseignant et le contrôle exercé par l'IEN, ceci serait clairement évoqué en début d'entretien et conduirait à des demandes formulées de façon explicite, accompagnées des modalités pour y répondre. Cela se traduirait enfin par une nouvelle inspection dans des délais plus rapides. À ce jour, sur plus de 320 visites réalisées sur la circonscription, moins de 2 % de celles-ci, après entretien, m'ont conduit à cantonner l'inspection à cette seule dimension du contrôle. Pour les autres enseignants, cette première phase s'est limitée à un bref échange pour se situer plus directement dans la seconde phase de l'inspection.

Conduire une évaluation formative

Le dialogue professionnel s'installe en partant des difficultés et des réussites rencontrées au sein d'une pratique pédagogique témoignant souvent d'une entrée par « paliers » dans les obligations de la fonction actuelle de l'instituteur et du professeur des écoles. C'est pourquoi, en inspection individuelle ou d'équipe, je placerai la pratique observée *dans le cadre du projet d'école, de cycle, et de la concertation d'équipe.*

L'inspection prend alors une tournure bien différente du contrôle, elle devient évaluation. Cette phase de l'inspection consiste en effet à essayer, si possible, de produire de la valeur ajoutée, donc du sens (une direction, une signification, mais aussi un ressenti). Il faut pour cela *élucider*, « mettre en mots ce qui ne va pas de soi et qui questionne », c'est-à-dire *produire une compréhension conjointe à l'enseignant et à l'IEN*, à partir des activités observées, des outils de préparation mis à disposition, mais aussi des échanges qui s'inscrivent toujours dans une histoire professionnelle de l'enseignant et une histoire scolaire de la classe et de l'école. Cela fera sans doute débat, conduisant les deux protagonistes de cette évaluation à confronter leurs points de vue dans le but d'approfondir un positionnement professionnel sur des enjeux pédagogiques.

À mes yeux, ce dialogue professionnel demeure donc toujours ouvert et en construction ; la responsabilité professionnelle de l'IEN est d'en fixer la forme et le protocole : c'est à lui de définir le cadre des échanges avec les enseignants évalués, qu'ils soient écrits ou oraux. Il me semble, par contre, que le contenu des échanges relève beaucoup plus de l'enseignant que de l'IEN. C'est pourquoi je crois à la nécessité d'une phase préparatoire de l'inspection par l'enseignant mais aussi à l'explicitation préalable des points de repère, pris ou à prendre, durant ma visite. En fait, pouvoir expliquer sa pratique, l'analyser et la questionner, sont les trois composantes de l'efficacité professionnelle. Car l'essentiel est bien là : contribuer à *construire, avec l'enseignant et l'équipe, une intelligibilité de l'action pédagogique quotidienne, s'accorder sur quelques indicateurs de son efficacité, expliciter des points d'ancrage éthiques, didactiques, éducatifs* fondant les choix pédagogiques effectués, *et formuler des recommandations et des pistes de travail.*

L'évaluateur n'est pas neutre dans ce cas : comme il a des points de repère théoriques et pratiques sur la pratique professionnelle, ce qu'il élucide conjointement avec l'évalué ne peut être que négocié et circonstancié ; il s'agit bien alors d'un « échange de points de vue » où l'inspection pourrait se présenter comme participant d'un changement, d'une transformation de pratique. C'est pour cela que j'essaie de donner à l'inspection une visée plus dynamique en proposant un protocole l'inscrivant dans la durée pluriannuelle, à savoir agissant tout autant sur l'« avant », le « pendant » et l'« après » une visite d'inspection, d'où une phase de préparation de la visite, mais aussi un assez long entretien suite à la visite de classe, avec prise en compte systématique de l'inspection précédente, puis proposition d'élaboration d'un compte rendu différé de l'entretien par l'enseignant lui-même, suivi d'un rapport d'inspection de l'IEN, et enfin, proposition faite à l'enseignant d'analyser à nouveau ce rapport trois ans après sa transmission, etc.

II. Les différentes phases de l'évaluation des personnels

J'attache de l'importance à deux principes qui sous-tendent le protocole d'inspection mis en place. Je fais effectivement l'hypothèse que l'inspection participera d'autant plus de l'aide à l'auto-analyse qu'elle aura recours à deux leviers essentiels.

L'usage de l'écriture professionnelle comme moyen de distanciation fondamentale d'une pratique. La démarche d'écriture possède ce pouvoir d'objectiver des choix pédagogiques, de (re)penser les moyens et les finalités de son action quotidienne, de les (re)questionner sur le fond. L'écrit engage lorsqu'on s'engage dans l'écrit... Ce travail d'écriture est bien sûr celui de l'IEN par le biais du rapport afin qu'il devienne, pour l'enseignant, un repère de travail opératoire. Mais le travail d'écriture s'adresse aussi à l'enseignant : avant la visite (s'interroger, faire le point, se mettre en situation d'interlocuteur durant l'entretien), après la visite (conserver et produire l'essentiel issu de l'échange durant l'entretien), voire éventuellement après le rapport d'inspection (réagir à la teneur du rapport signé de l'IA), et enfin, à moyen terme, entre deux visites d'inspection (pour faire le point mais aussi pour situer et placer la seconde visite dans le prolongement de la première).

Le dialogue. Celui-ci demeure essentiel. C'est le rôle de l'entretien d'inspection; il doit donc avoir une certaine durée pour donner la possibilité aux échanges de s'installer mais aussi de se déployer selon plusieurs axes, d'où une durée d'une heure à une heure et demie environ. *Dans le cadre de ma seconde visite avec un même enseignant*, je fais une proposition : la visite d'inspection pourrait débuter par un temps d'entretien pour permettre à l'enseignant de situer sa mise en œuvre, son cheminement professionnel durant les années séparant les deux inspections. Ce premier temps d'entretien pourrait aussi offrir l'occasion de présenter les pratiques qui seront observées dans le second temps (par rapport au contexte de travail, au projet d'école ou de cycle), les intentions visées, les difficultés et les réussites attendues.

1. Une phase d'analyse par l'enseignant préparatoire à la visite

Elle débute par *la réception d'une lettre qui fixe les modalités* de la visite (annexe 6). Dans celle-ci, je propose notamment le recours aux outils suivants, fonction des contextes et des situations :

a. Le référentiel des obligations institutionnelles à renseigner par tout enseignant, fonction du cycle où il enseigne au moment de la visite. Je propose de *pondérer* chacun des items de ce référentiel selon la modalité suivante : – 0 : pas pris en compte – 1 : pas encore (et nécessaire d'y parvenir) – 2 : parfois (et à développer) – 3 : souvent (mais à consolider) – 4 : toujours (et à poursuivre) (cf. annexes 1 ou 2).

b. La mise en œuvre des horaires des différents champs disciplinaires des cycles 2 et 3 (annexe 3).

c. Le questionnaire sur le « comment » de la conception et de la mise en œuvre, s'adressant à tous les enseignants. Il a pour but de faciliter l'auto-analyse sur *les difficultés, les réussites de certains questionnements professionnels*, notamment l'articulation entre le projet pédagogique de l'enseignant avec celui du cycle et de l'école, l'adaptation de son enseignement à la diversité des élèves. Enfin, je souhaite recueillir *les demandes et suggestions que l'enseignant souhaite aborder durant l'entretien.* Cet écrit sera donc une des bases de l'entretien, avec les séquences observées et l'analyse des documents mis à disposition (annexe 4).

d. La présentation de la classe : profil des élèves, suivi par RASED, etc.

e. Pour les inspections spécifiques

Pour *une inspection de la fonction de direction*, un référentiel complémentaire est transmis à l'intéressé, ayant pour but de faciliter *le contrôle des obligations administratives, l'analyse de la dimension relationnelle et sociale du directeur*, et bien sûr *son rôle d'animateur dans la concertation pédagogique au sein de l'école* (annexe 5).

Pour *une inspection d'un professeur des écoles sortant de l'IUFM* (fin du second trimestre), en liaison avec le travail de suivi des conseillers pédagogiques depuis le début de l'année scolaire, une réunion de tous ces enseignants est organisée ayant pour but de prendre en compte le référentiel du BO sur les compétences du professeur des écoles (1994), et les points de travail principalement investis pour la première année d'adaptation à l'emploi : pour cela, le « référentiel des obligations » sera pris en compte de façon spécifique car il s'agit bien de situer la hiérarchie des enjeux institutionnels pour tenir compte de la mise en œuvre souvent particulière de tout professeur d'école « débutant ».

2. *La phase de visite (trois heures environ par enseignant, matin ou après-midi)*

La date du jour de l'inspection sera annoncée précisément, de dix à quinze jours à l'avance, afin qu'il y ait le temps de préparer la visite (surtout en cas de changement d'emploi du temps), d'avoir recours aux documents préparatoires, de me *les transmettre deux à trois jours avant ma visite*, et enfin de rassembler les divers documents à présenter le jour de l'inspection. Dans la mesure du possible, je m'efforcerai de respecter la date, sachant combien il est désagréable pour un enseignant de voir l'inspection reportée. Mais je ne maîtrise cependant pas toutes les contraintes de calendrier, des reports seront donc inévitables et l'enseignant en sera bien sûr informé. Je prie chacun d'excuser tout report qui pourrait advenir.

Pour toute inspection, *une observation de situation de classe* est effectuée pour une durée de une heure à une heure et demie environ. Le but est double : d'une part, construire un point de référence commun à l'IEN et à l'enseignant, facilitant l'entretien autour de la conception de l'apprentissage et son articulation avec le projet pédagogique de la classe; d'autre part, permettre à l'IEN d'établir une analyse des besoins en formation continue des personnels. Ces situations relèveront soit de l'emploi du temps « ordinaire » de la classe, soit de ma demande (toujours formulée explicitement dans la lettre informant de ma venue), soit d'une décision de l'enseignant de donner à voir un travail sur lequel il souhaite une aide, un approfondissement, une évaluation (par exemple en relation avec un axe de formation, en liaison avec le projet d'école, en référence à des thèmes d'animation pédagogique, en termes de suivi de l'inspection précédente, etc.).

C'est essentiellement *lors de la deuxième inspection avec le même enseignant* que je serai conduit à une modification possible des activités proposées à l'emploi du temps. À ce titre, d'après les orientations des projets d'école 1996-1999, les stages de formation continue suivis mais aussi les thèmes d'animation pédagogique conduits depuis quatre ans, je compte entreprendre une observation de pratiques qui, pour cette année 1998-1999, me conduira à privilégier les domaines suivants :

- *Imaginer, sentir, créer au cycle 1*
- *L'éducation artistique aux cycles 2 et 3 : éducation musicale*
- *L'éducation artistique aux cycles 2 et 3 : arts plastiques*
- *Agir dans le monde au cycle 1*
- *EPS*[1] *aux cycles 2 et 3*
- *Découverte du monde aux cycles 1 et 2*
- *Écouter, raconter, dicter pour lire et produire des histoires au cycle 1*
- *Lire et produire de l'écrit en lien avec les autres disciplines que le français aux cycles 2 et 3*
- *Les études dirigées aux cycles 2 et 3*
- *L'enseignement des langues vivantes (sans frontière; ELV*[2] *CM2)*
- *Toute séance en lien direct avec les orientations du projet d'école*
- *Toute séance en lien avec l'aide aux élèves en difficulté d'apprentissage*

Dans le cadre d'une inspection de cycle, certaines séances seront demandées dans le champ d'une même préoccupation professionnelle pour toute l'équipe visitée (issue du projet d'école ou de cycle), afin de conduire à une analyse transversale de certains points de mise en œuvre.

3. Une phase d'écriture possible de l'enseignant : le compte rendu d'entretien

Je *propose*, à tout enseignant qui a été inspecté, dans un délai d'une dizaine de jours suivant l'entretien d'inspection, de me transmettre un écrit qui reprendra son

1. EPS : Éducation physique et sportive (*Note de l'Auteur*).
2. ELV : Enseignement des langues vivantes (*Note de l'Auteur*).

contenu, envisageant les conséquences et les effets de cette analyse de pratique sur l'exercice professionnel.

4. Une phase d'écriture de l'IEN : le rapport d'inspection

Adressé à M. l'inspecteur d'Académie, il reprendra les éléments suivants :

- Les éléments du parcours professionnel depuis la précédente inspection (les différentes affectations, certains événements personnels éclairant la visite, les actions de formation continue suivies, les certifications éventuellement obtenues).
- Le référentiel des « obligations professionnelles liées au cycle » renseigné par l'enseignant et l'IEN. Quelques commentaires pourront s'ensuivre ayant pour but de développer certaines pistes ou recommandations de travail.
- Les éléments ayant trait à « la relation éducative et pédagogique, la classe, les élèves ». En fait, caractériser la nature de la relation au regard du groupe d'élèves accueillis.
- Les activités observées : analyse de certains points didactiques abordés lors de l'entretien.
- Les pistes de travail jusqu'à l'inspection suivante : reprendre la liste des principaux conseils ou recommandations effectués durant la visite.
- les mots clés : liste de termes retenus à l'issue de l'inspection (utiles à l'IEN pour traiter l'ensemble des rapports d'inspection d'une année et dégager certains besoins de formation).

Dans le cas d'une seconde visite de ma part, le rapport d'inspection sera allégé. Il rendra rapidement compte de la pérennité de ce qui existait déjà lors de la première visite (en s'appuyant sur le référentiel des obligations). Il s'appuiera surtout à traduire les points importants de l'évolution de pratique depuis l'inspection précédente, si tant est, bien entendu, que la liaison puisse encore être faite. Enfin, il dressera les nouvelles pistes de travail ou confirmera celles existantes.

5. Trois ans plus tard : une nouvelle phase possible d'écriture de l'enseignant

C'est *une nouvelle proposition* pour analyser, par écrit, le degré avec lequel certaines pistes de travail ont pu ou pas être prises en compte. Cet écrit pourrait servir de base à l'entretien de l'inspection qui suivra, afin de s'inscrire dans un processus de travail qui ne fasse pas de l'inspection l'« affaire du jour J ».

III. L'évaluation du fonctionnement en cycle de la démarche de projet d'école

Comme le protocole ci-dessus le montre, cette évaluation sera déjà conduite à travers les inspections individuelles. Systématiquement, l'entretien avec chaque enseignant abordera tout ou partie des questionnements liés à *la continuité et à la cohérence des apprentissages dans le cycle et dans l'école.* Cela conduira à aborder notamment *la traduction concrète des orientations du projet d'école dans le projet de classe, les outils de pilotage du projet de cycle.* Enfin, suite aux travaux engagés par l'équipe de circonscription, aux projets d'école, certaines des questions professionnelles suivantes seront abordées :

- Les difficultés normales d'apprentissage des élèves, leur stratégie de travail (tout cycle).
- Le suivi des élèves, l'évaluation de leurs compétences et de leurs connaissances (tout cycle).

- L'adaptation de sa pratique à la diversité des élèves, notamment les élèves en difficulté (tout cycle).
- Programmations de cycle, parcours de l'élève (tout cycle).
- Liaison entre les disciplines aux cycles 2 et 3 (usage de la polyvalence du maître).
- La place de l'élève dans les apprentissages (projet de l'élève et autonomie, travail sur la parole de l'enfant, prise en compte de la parole de l'élève sur ses apprentissages, autonomie).

Afin de donner une plus grande place à ce travail, j'ai décidé de modifier mon protocole par rapport aux années écoulées. Depuis mon arrivée, en 1995, je m'étais en effet donné comme objectif de mettre fin à un retard d'inspection très conséquent sur la circonscription, me conduisant ainsi à privilégier les inspections individuelles par ancienneté d'inspection. J'ai décidé, pour les quatre années à venir, de procéder différemment : il devient possible de ne plus retenir le seul critère d'ancienneté d'inspection et de renforcer ainsi l'évaluation par cycle. Ceci pourra conduire à inspecter ensemble des enseignants de la même école ayant deux, trois ou quatre années sans inspection mais aussi à demander à des enseignants qui ne seront pas inspectés d'être associés aux temps d'évaluation liés au fonctionnement du cycle ou de l'école. Certains enseignants seront donc visités selon des rythmes un peu différents, dans le respect de la gestion de carrière toutefois.

Modalités de mise en œuvre

À partir des inspections individuelles réalisées depuis moins de quatre ans, mais aussi des informations en ma possession (liées à des données institutionnelles, à des données locales, à nos échanges et à vos envois réguliers sous forme de comptes rendus de cycle ou de maîtres ou d'école), une *réunion de travail* sera provoquée *avec le conseil des maîtres (ou de cycle).* Ce temps de travail aura pour objet de proposer un questionnement professionnel de l'IEN adressé à l'équipe enseignante, donnant lieu à débat et à échanges. Le directeur de l'école aura pour mission d'élaborer un compte rendu de réunion, qui sera échangé avec celui élaboré par l'IEN. Pour cette année seront prioritairement mises en place certaines réunions de conseils des maîtres ou de cycle à partir d'inspections déjà réalisées.

Annexe 6

Retrait du questionnaire préalable à l'inspection

Comme tous les collègues de la circonscription, nous avons reçu cette liasse de papiers à « renseigner » avant l'inspection. Que ce soit à la première lecture ou à l'étude approfondie, ce verbiage nous est insupportable. Il n'a pas seulement un style affecté et presque incompréhensible, il contient aussi volonté et méthode de coercition ; il est destiné à nous faire suivre, à la lettre, au doigt et à la baguette, une seule opinion pédagogique, et qui n'est pas forcément la nôtre, ni même celle des textes en vigueur. Plusieurs collègues ont déjà réagi contre la direction de conscience intolérable que nous subissons, que ce soit contre le dossier sur l'évaluation en maternelle ou contre les réunions surajoutées et inutiles, sans parler des conférences pédagogiques de propagande et des inspections-inquisitions... Il faut arrêter tout ça. Comme le disait récemment un collègue : « C'est insupportable, pour un fonctionnaire, pour un exécutant, pour un homme, d'être commandé à ce point ! »

Que veut-on faire de nous ? De simples exécutants zélés et obéissants ? C'est impossible. Le métier d'enseignant est impossible sans la liberté pédagogique de chacun. La loi la protège. Circulaire n° 87-319 du 14 octobre 1987 : « Les choix des démarches, des méthodes et outils pédagogiques relèvent de la responsabilité de l'enseignant, pourvu qu'ils soient efficaces et adaptés à l'objet de l'enseignement. »

Cette inspection qu'on nous propose tient plus de l'acte de contrition avec confession des fautes passées et promesse d'engagement sur le chemin de la rédemption. Chemin unique. Et connu d'un seul. Et donc imposé d'une main ferme. Chemin pour lequel il faudrait « se préparer », « se mettre en situation d'interlocuteur », « avoir un questionnement [!] préparatoire », « s'auto-analyser sur les difficultés [et réussites] de certains questionnements [encore !] » avant d'en avoir une « compréhension conjointe à l'enseignant et à l'IEN [!] » [1].

Même s'ils sont perfectibles, nous sommes fiers de notre travail et de nos résultats. Nous accepterions des conseils avisés et des propositions d'amélioration. Mais pas cette direction de conscience, pas ce dirigisme pédagogique, pas cette culpabilisation systématique, pas cette autocritique exigée. Nous avons droit au simple respect dû à tous les citoyens.

Nous ne remplirons donc pas cette confession infamante. Elle n'est pas obligatoire et ne peut pas l'être. Mais cela suffit-il ? Ne faudrait-il pas la dénoncer publiquement, obtenir son retrait ? Faut-il aller plus loin, pétition, protestation par voie hiérarchique, presse ou mouvements divers ? Nous ne sommes sans doute pas les seuls à réagir. Pouvons-nous nous regrouper, nous organiser pour défendre notre liberté élémentaire ? C'est ce que nous proposons ici : si vous souhaitez soutenir notre initiative, y

1. Des collègues étrangers à la circonscription ou des non-enseignants pourraient douter des citations. Elles sont vraies.

participer, vous y joindre ou en parler, faites-vous connaître.

Et dans ce cas, merci de nous retourner ce tableau.

M. Frétey, C. Prigent, C. Le Bris, M. Le Bris

Nom	Adresse, école ou tél.	Remarques et signature

Annexe 7

« Chronique matutinale » de Philippe Meyer – France Inter – 10 mars 1999

« Habitants francophones de l'Helvétie et des autres départements français, ou plutôt... et des départements français car l'Helvétie n'en est pas un autre, j'ai l'honneur de vous informer qu'une poignée d'instituteurs bretons a décidé de se proclamer irréductible ; irréductible et même dissident. L'événement s'est produit sous la forme d'un manifeste après que ces enseignants eurent reçu de leur inspection académique, avec l'annonce de la venue de l'inspecteur, un dossier et un questionnaire d'une vingtaine de pages entièrement rédigés en "pédagol" patelin. Le pédagol, comme vous le savez, est la novlangue de l'Éducation nationale. Exemple : "La démarche d'écriture possède le pouvoir d'objectiver les choix car l'écrit engage quand on s'engage dans l'écrit", fin de citation extraite de la vingtaine de pages du dossier et du questionnaire de l'inspection d'académie. Et le pédagol est patelin car, comme le loup du *Petit Chaperon rouge*, il tient à vous faire croire que ses grandes oreilles sont pour mieux vous entendre et que le questionnaire qu'il a inclus dans son dossier est là pour vous aider. D'ailleurs, comble de patelinisme, l'inspecteur ne vous inspecte pas, "il organise un temps institutionnel légitime donnant à l'enseignant la possibilité d'expliciter ses pratiques au regard des textes officiels". Mais il y a quatre pages écrites de la même encre...

– [Interruption de la présentatrice] Si vous lisez aussi lentement, on en a pour un moment...

– ... une encre qui pèse des tonnes. Allergiques au pédagol, exaspérés par le patelin, la poignée d'instituteurs bretons, flairant que cette mélasse rhétorique est destinée à envelopper une volonté de contrôle accru d'un acte qui doit être libre, l'acte d'enseigner, cette poignée d'instituteurs bretons a écrit à l'inspecteur : "Que ce soit à la première lecture ou à l'étude approfondie, ce verbiage nous est insupportable. Il n'a pas seulement un style affecté et presque incompréhensible [...]; il est destiné à nous faire suivre à la lettre, au doigt et à la baguette une seule opinion pédagogique [...]. Plusieurs collègues ont déjà réagi contre la direction de conscience intolérable que nous subissons, que ce soit contre le dossier sur l'évaluation en maternelle ou contre les réunions surajoutées et inutiles, sans parler des conférences pédagogiques de propagande et des inspections-inquisitions [...]. Nous acceptons des conseils avisés et des propositions d'amélioration. Mais pas cette direction de conscience, pas ce dirigisme pédagogique, pas cette culpabilisation systématique." En conséquence de cette déclaration la poignée d'instituteurs bretons a fait savoir à l'inspecteur à quel endroit de sa personne il pouvait se carrer son dossier! En pédagol patelin, cela se dit : « En raison d'un déficit de consensus, il nous est impossible de nous mettre en situation d'interlocuteur ! » Je vous souhaite le bonjour. Le progrès fait rage.

– Et comment fait-on, Philippe Meyer, si l'on veut entrer en contact avec votre poignée d'enseignants bretons ?

– Si l'on veut entrer en contact avec ma poignée d'enseignants irréductibles, on m'écrit ou on me téléphone à la Maison de la radio et là on aura leur nom et leur adresse. »

Annexe 8

Compte-rendu d'admonestation

Marc Le Bris
Instituteur, Directeur de l'école publique mixte

M., le 13 janvier

Le 14 novembre, le secrétariat de l'inspection de M. me convoquait au bureau de l'IEN pour le 17 novembre, 17 h 30 ; motif de cette convocation : « Le compte rendu du conseil d'école du 22 septembre (il s'agissait du conseil d'école obligatoire, « consultation sur l'aménagement de la semaine scolaire »).

J'ai accepté la convocation.

À 17 h 30, ce 17 novembre, l'inspecteur me reçoit. C'est son premier poste d'inspecteur dans le département, mais nous nous connaissons : il était instituteur dans le département et nous avons travaillé ensemble comme animateurs d'informatique au moment du plan « Informatique pour tous ». De plus, nous avons été condisciples pendant quelques jours à l'école normale. Nous nous tutoyons.

Il attend l'arrivée du conseiller pédagogique qui assistera en qualité de témoin à notre entretien. Il me précise qu'il a choisi une entrevue plutôt qu'un « écrit qui laisse plus de traces ». Fait-il allusion à un texte syndical qui l'aurait atteint ou aux traces qu'un inspecteur peut laisser dans une carrière d'instituteur ? Il ajoute qu'il se réserve la possibilité de « faire un écrit ».

Il m'explique très fermement qu'il m'a convoqué dans son bureau parce que c'est un lieu symbolique et institutionnel, que c'est bien lui qui me convoque, pour me faire part d'une analyse institutionnelle. Je comprends que cette entrevue a un caractère nettement disciplinaire, mais qu'elle reste orale (convoquée par téléphone, pas de rapport écrit), ce qui lui donnerait une moindre importance et que, s'il écrivait, ce serait pour en augmenter l'impact. Quand il s'étonne des précisions que je lui demande quelquefois, je réponds que je veux être sûr de bien comprendre ce qu'il me dit pour le cas où j'aurais un rapport à en tirer. Il réagit. J'explique que beaucoup de collègues savent que je suis ici, qu'ils voudront connaître ce qui s'y est passé, et que j'écrirai peut-être un compte rendu pour la presse syndicale. Il me signifie alors d'une phrase très courte qu'en ce cas il utiliserait son droit de réponse. Je me garde d'insister craignant d'alourdir le poids de la sanction en l'obligeant à écrire.

Le conseiller pédagogique est assis à ma gauche, silencieux. Il n'interviendra que très peu, seulement pour expliquer qu'il utilise les comptes rendus des conseils de cycle et des maîtres un peu comme l'inspecteur utilise les comptes rendus des conseils d'école. L'inspecteur, derrière son bureau, parle clairement. Il a devant lui, soigneusement rangées et accessibles, plusieurs petites piles de dossiers qu'il consultera régulièrement au fur et à mesure de son développement soigneusement préparé sur trois feuilles manuscrites. Je reconnais parmi ces dossiers beaucoup des textes émanant de mon école, dont le projet d'école intitulé « Lire, écrire, compter » que son prédécesseur avait invalidé. Je reconnais même, à l'intérieur du projet, un texte revendicatif que j'avais écrit contre l'obligation des projets. J'avais moi-même joint ce texte, portant, en forme de plaisanterie, un sous-titre ajouté à la main : « Fiche-action n° 0 », à l'envoi du projet. Les désaccords théoriques profonds entre l'ancien inspecteur et moi ne nous empêchaient pas d'avoir des rapports humains fort sympathiques et des discussions quelquefois homériques. Je me permettais donc quelquefois d'ajouter des réflexions personnelles aux envois officiels à cet inspecteur-là. Nos rapports me le permettaient. Celui-ci, bien que reprochant le manque d'humour de notre profession, a semblé ne pas les apprécier. Mais il a bien noté que ça semblait être de l'humour et, sans m'en faire nettement le reproche, a supposé une certaine « complicité » entre son prédécesseur et moi. Ce prédécesseur, d'après lui, gérait bien certaines choses et moins bien certaines autres.

Le ton indique nettement que je suis là pour une réprimande ferme, mais je ne sais pas encore quelle sera exactement la faute reprochée. Ne me sentant coupable de rien, je suis assez détendu et souriant, sans forfanterie, mais très attentif à ce qu'il me dit et je prends des notes. Il est manifestement tendu ; il précisera cependant que son ton n'est pas agressif, car « quand [il est] agressif, [il n'est] pas du tout comme ça ». Ceci dit sur un ton très net. À plusieurs de mes interruptions, il répond que, décidément, je comprends peu de chose. À un autre moment, il me reprochera de ne pas savoir écrire ou de ne pas savoir « lire ses notes de service ».

Il me précise tout d'abord que tout ceci est mûrement réfléchi, pesé, que c'est préparé de longtemps. La disposition de son bureau et ses manuscrits le confirment. Au départ, il devait m'écrire ses griefs. Finalement, il a choisi d'adoucir la mesure en rendant la chose orale. Il affirme ainsi que ce n'est pas mon texte syndical qui a provoqué cette convocation, sa démarche étant antérieure.

Son préambule fait apparaître immédiatement qu'il a soigneusement lu tous les fiches et rapports me concernant, ainsi que tous les textes et comptes rendus venant de l'école. Il connaît parfaitement le déroulement de ma carrière et se permet même de persifler mon échec à l'examen du CAFIMF (maître formateur).

Il a donc lu mes rapports d'inspection. Il y a trouvé deux avis d'inspecteurs « datant d'avant la loi d'orientation » me décrivant comme un instituteur reconnu, efficace, un directeur « investi ». Mais comme le compte rendu incriminé aujourd'hui le heurtait, il s'est posé des questions : ne serais-je pas « respectueux de l'institution » ? Il répond que oui, je me réclame bien « de la maison ». Il s'appuie sur plusieurs citations où j'appelle à la défense du service public et de la laïcité. Si je suis respectueux de l'institution, ne serais-je pas respectueux de la loi ? Il répond que oui et cite le texte revendicatif contre l'obligation des projets : « Le projet est obligatoire parce que c'est la loi ! » protestais-je dans l'appel contre les projets et contre la loi d'orientation de 1990.

Mais, à partir de 1990, il y aurait eu changement dans mon attitude. Il a relevé « deux indicateurs ». Je n'ai renvoyé qu'un seul compte rendu de conseil des maîtres sur les trente-deux possibles et le projet d'école a été invalidé. Mais ce n'est pas l'objet de cet entretien; l'« institution » nous a laissés dans cette situation, il n'ira pas contre. (C'est exact, nous avons refusé de réécrire le projet d'école à la suite d'un mouvement revendicatif important lancé par le texte « fiche-action n° 0 » joint.) « Il ne se battra pas avec moi sur ce sujet ! »

De préambule en remarque préliminaire, cela fait plus d'une heure que j'écoute tout ça, et je ne sais toujours pas ce qu'il me reproche.

Il en vient enfin à l'« objet de cette convocation » : le compte rendu du conseil d'école. Il considère que j'ai « dérapé ». « Le conseil d'école est un lieu institutionnel dont [je suis] directeur et président. » Je suis autorisé à une « parole contenue[1] » vis-à-vis de nos partenaires, parents et élus. « Fonctionnaire, [je suis] dans l'obligation de me conformer aux instructions de [mon] supérieur hiérarchique, c'est-à-dire [mon] ministre », qui met en place les études dirigées. Suit une référence de loi que je n'ai pas eu le temps de noter – de mémoire, il me semble qu'il s'agit de celle datant de juillet 1983.

« Cette obligation [me] contraint à ne pas mettre en porte-à-faux le ministre qui met actuellement en place les études dirigées. » Et aussi : je me suis « mis du côté des gens qui refusent les études dirigées » alors que j'étais « chargé de les mettre en place ». Je n'avais pas à me « servir du conseil d'école pour faire passer ou pour valider une position, sauf à [me] placer hors de l'institution ». « Il faut que [je change] » (*sic*). Il reconnaît trois canaux pour faire entendre une opposition · le conseil des maîtres, directement auprès de l'IEN ou par la voie syndicale, mais en aucun cas, je ne peux utiliser le conseil d'école pour placer mes positions. Je « détourne le conseil d'école de son rôle » ; « si ça continue, on analysera le dossier pour savoir s'il y a <u>abus de pouvoir</u>[2] ».

1. Il me précise que l'expression « parole contenue » est de lui, qu'elle n'est pas directement tirée d'un texte de loi.

2. Souligné par moi

Je lui demande d'abord s'il m'accuse de manipuler le conseil d'école. Il répond que non, il ne m'accuse pas de manipuler le conseil d'école.

Réellement, à ce moment-là, je ne saisis pas précisément quel est le reproche, ni bien ce qu'il me demande en réparation. Je lui demande de me citer exactement le passage du compte rendu incriminé de façon qu'il me précise encore plus ce qu'il appelle une « faute ».

Voici un extrait du fameux compte rendu resituant dans son contexte la partie incriminée, qui apparaît en gras.

1. Aménagement de la semaine scolaire :

Une enquête a été ouverte auprès des écoles, par le ministère de l'Éducation nationale, au sujet de l'aménagement de la semaine scolaire. Quatre possibilités sont offertes .

– 4 jours de classe de 5 h 30 avec 1/2 heure d'étude dirigée + classe le samedi matin

– 4 jours de classe de 5 h 30 avec 1/2 heure d'étude dirigée + classe le mercredi matin

– 4 jours de classe de 5 h 30 avec 1/2 heure d'étude dirigée + 12 jours de récupération sur l'année

– 4 jours de classe de 6 h 00 avec 1/2 heure d'étude dirigée

– autres propositions.

Il apparaît au conseil d'école que les études dirigées sont intégrées dans toutes les propositions : elles viennent alourdir la journée (4), la semaine (1 et 2) ou l'année (3). Les réunions récentes de parents par classe ont montré une opposition ferme et quasi unanime des parents à l'interdiction des devoirs à la maison et à la suppression de deux heures de classe par semaine. (Citation : « Le ministre qui m'empêchera de faire mon travail de mère tous les soirs n'est pas encore né ! ») La disparition complète des devoirs à la maison va à l'encontre des désirs des parents de l'école et ne semble pas être une bonne préparation à ce qui attend les enfants au collège. ***Les instituteurs demandent comment ils pourront terminer les programmes avec deux heures d'enseignement de moins, et s'opposent à cette réduction du temps d'apprentissage.***

Considérant son opposition aux études dirigées obligatoires, le conseil d'école refuse d'entériner toute solution les intégrant. Sachant comment les 155 propositions de l'an dernier sont devenues 158 décisions après une pseudo-consultation du même type que celle-ci, le conseil d'école refuse de participer à cette enquête.

L'inspecteur précise : les parents pouvaient dire ce qu'ils voulaient, les instituteurs pouvaient demander, mais pas s'opposer; « le conseil d'école n'avait pas la possibilité de refuser les études dirigées dans cette réunion », il ne pouvait que se prononcer sur l'aménagement de la semaine scolaire. « Il ne pouvait pas y avoir de position commune du conseil d'école sur une circulaire qui s'applique à tous. »

Il dénonce donc ma responsabilité : directeur, je suis là pour repositionner ! Il m'appartenait de faire que le conseil d'école distinguât le problème des études dirigées de la question de l'aménagement du temps scolaire. Il n'y avait pas de vote à faire là-dessus ! Et comme je n'ai pas repositionné, « il y a un danger sur le fonctionnement institutionnel du conseil d'école, qui est la loi » !

Je lui raconte alors le déroulement du conseil d'école. Les réunions de début d'année entre parents et instituteurs venaient d'avoir lieu et avaient révélé une opposition unanime (excepté une maman) et surprenante à ces études dirigées. Cette opinion est remontée effectivement dans le conseil d'école. Les instituteurs venaient de commencer à lire les copies des nouveaux programmes que je venais de leur faire et avaient déjà constaté qu'ils sont très proches des anciens. Bref, il y avait des opinions dans la pièce, elles se sont exprimées. J'ai tenu à ce que le compte rendu en rende compte. Je ne supporte plus le mensonge institutionnel à l'intérieur de notre hiérarchie, alors je tente d'écrire sans mensonge, même par omission. Sans doute est-ce une faute.

Il ne faut pas que je me « serve du conseil d'école pour faire passer ou pour valider une position », c'est-à-dire que je le manipule, mais il faut que je le « repositionne ». L'inspecteur me pose alors la question qui semble être sa conclusion : étant donné que lui, IEN, est le « garant du positionnement du conseil d'école [*sic*] », que puis-je faire pour « rectifier, non pas ce que [je suis], mais ce que [j'ai fait] » ? Et comme je reste muet et sans doute ébahi, il précise encore : « Que proposes-tu pour repositionner le problème au niveau du conseil d'école [*sic*] ? » ». Je vois bien que c'est là le nœud de la question : il faut que je trouve la réponse qu'il attend de moi. Mais je n'ai strictement aucune idée de ce qu'il peut bien vouloir.

Après encore des questions et des précisions, je réussis à lui faire dire ce que j'aurais dû faire : j'aurais dû préciser en conclusion que « la question des études surveillées est une décision ministérielle et qu'elle n'est pas soumise à discussion ». C'était en quelque sorte mon devoir de fonctionnaire. C'est ça, ma faute ! Je suis content d'avoir enfin compris, mais je n'en crois pas mes oreilles. Il me demande de bien expliquer aux membres du conseil d'école qu'ils ne peuvent pas y discuter ce qu'ils veulent, même s'ils ont pris pour mandat les opinions des parents exprimées ailleurs ! Il veut que je mette en évidence ce que je sais depuis longtemps : le conseil d'école est une institution verticale particulièrement antidémocratique ! Et c'est la loi !

Je lui raconte encore que ce qu'il voulait que je dise (les études surveillées sont une décision ministérielle qui n'est pas soumise à discussion), je l'ai dit en substance au conseil d'école et que, même, cela a plutôt ajouté de l'huile sur le feu. Simplement, ce fait était tellement évident que je ne l'ai tout simplement pas retranscrit dans le compte rendu rédigé sous ma responsabilité. J'affirme alors que je n'ai pas commis de faute. Il maintient que j'en ai commis une.

Je lui propose donc au conditionnel de faire un point à l'ordre du jour du prochain conseil d'école, qui se traduirait dans le compte rendu par quelque chose comme : « L'inspecteur – ou l'institution – me demande de préciser que la question des études surveillées est une décision ministérielle et qu'elle n'est pas soumise à discussion. » Il me répond que si je faisais ça, il serait content (*sic*).

Il serait content ! Je suis effaré. Il m'accuse presque de manipuler le conseil d'école et il me dicte, avec un mois d'avance, une phrase qui sera dans le compte rendu du prochain conseil d'école. Mais le plus fort, c'est que, légalement, je crois qu'il a raison. Il est bien possible que je sois tenu de le faire. D'ailleurs, je ne m'y déroberai pas : quelle extraordinaire dénonciation des conseils d'école !

En revanche, et c'est nettement moins drôle, dans l'énoncé des intimidations et des avertissements qu'il a utilisés tout au long de cet entretien, outre ceux concernant ma carrière comme de me « suivre de très près » ou bien qu'il ne s'agit pas de « solliciter [ma] démission » – mais on l'évoque quand même –, il y en a un qui me laisse pensif. Je cite : « Je ne veux pas casser ton école, parce que si j'avais voulu la casser, je m'y serais pris autrement [1]. »

J'ai réagi rapidement : « Il n'est peut-être pas si facile de casser une école ! » et nous sommes passés à autre chose. Mais depuis, j'y repense fréquemment. Il a beau m'avoir reproché mon incapacité à lire, je crois comprendre de ceci qu'il a le pouvoir de casser mon école, qu'il sait comment casser mon école, et que donc il y a pensé ou peut-être même réfléchi... Il suffirait maintenant qu'il le veuille... Et il a tenu à me le faire savoir.

1. Souligné par moi. Je suis absolument certain de cette citation tout comme de ma réponse –, au temps près : c'était peut-être « si je voulais la casser, je m'y prendrais autrement ».

Annexe 9

Commentaire sur le livret *Lire au CP* de lutte contre l'illettrisme

Lire au CP

Repérer les difficultés pour mieux agir – Livret pour les maîtres de cours préparatoire
14 octobre 2002
Ministère de la Jeunesse, de l'Éducation nationale et de la Recherche

Nous en sommes à la croisée des chemins. Il n'est plus temps de se tromper, il n'est plus temps non plus de laisser refaire ce qui vient de se faire depuis vingt ans parce que personne n'aura la lucidité ou le courage de circonscrire la source du mal. La lutte contre l'illettrisme annoncée dans les médias doit réduire le problème. Le pays attend cela avec une impatience sourde qui se manifeste presque violemment à chaque fois qu'un ou une journaliste a le courage de relayer nos thèses.

Nous sommes bien en train de constater l'amplification d'une catastrophe culturelle qui a plus de vingt ans d'âge : une fraction de plus en plus importante de la population scolaire – donc de la population tout court – ne sait pas lire. C'est bien une catastrophe culturelle, qui ne sera pas sans avoir des conséquences économiques – et sans doute politiques – pour le pays.

Il y a forcément au moins une cause principale à ce fait. Si nous ne l'identifions pas, nous ne réglerons rien. Qu'est-ce donc qui a changé, voici plus de vingt ans, qui pourrait être la cause que nous cherchons ?

Les derniers programmes parus commencent l'explication : ils proscrivent la méthode globale baptisée idéo-visuelle, qui n'a pourtant presque pas servi. C'est déjà un point. Ils proscrivent ensuite cette méthode incroyable des « silhouettes de mots [1] » dont la bêtise dramatique a heureusement limité l'influence. C'est un autre point. Les nouveaux programmes soutiennent alors ouvertement une méthode phonologique et la méthode naturelle. Ainsi, la cause principale de l'illettrisme n'y est pas décrite, puisque les deux seules méthodes dénoncées ont été très peu pratiquées.

Puisque la dégradation continue des capacités de lecture de nos élèves augmente depuis plus de vingt ans, il est probable que les méthodes majoritaires depuis ce temps soient cette cause que nous cherchons. Si ce n'était pas le cas, la question des méthodes serait sans importance. Quelles sont donc ces méthodes en usage depuis plus de vingt ans ? Qui les a conçues ? Qui en a assuré la promotion ?

Depuis plus de vingt ans, la méthode dite « phonétique » ou « phonologique », les méthodes dites « à hypothèses » et « naturelle » tiennent le haut du pavé, c'est-à-dire l'INRP, les IUFM, les manuels de lecture et la majorité des CP. Ces méthodes sont fondées sur l'analyse auto-

1. Cf. p. 46.

nome par l'enfant de six ans des textes qu'on lui soumet, pour qu'il en déduise le syllabage, inversion typique datant des années 1970 avant lesquelles on donnait le syllabage aux enfants, duquel ils tiraient ensuite le sens des textes.

Nous disons que cette inversion du sens de travail est la cause que nous cherchons. Cette inversion donne le texte entier aux enfants pour qu'ils y analysent eux-mêmes par étapes les éléments qui le composent; on part du tout pour aller à l'élément, c'est global. Cette inversion définit les méthodes globales. Ces méthodes – « à hypothèses », « phonétique », « naturelle » ou l'une de leurs dérivées – sont analytiques. Ce SONT des méthodes globales. Elles sont ainsi responsables de l'état actuel des choses.

Notre analyse mérite considération. Le livret *Lire au CP* ne se fonde sur aucune analyse, et surtout pas sur celle que nous proposons. Il est donc possible qu'il tente de corriger les conséquences du globalisme par plus de globalisme. On confie à Diafoirus qui ne connaît que la saignée de soigner le seigneur Argan affaibli de ses précédentes saignées. Il n'est plus temps de se tromper, il est temps d'oser dire que la saignée ne soigne pas.

Le livret

Nous ne reprendrons pas tout, tant les choses sont flagrantes. Le livret expose quelques difficultés modernes de lecture. « L'élève confond-il lire et deviner ? » « L'élève confond-il lire et raconter ? » « L'élève confond-il lire et réciter ? » Ces difficultés sont effectivement très fréquentes dans les CP, on peut même considérer qu'elles caractérisent les CP modernes : elles sont les conséquences directes des méthodes analytiques « à hypothèses » qui utilisent la devinette comme un système. Et que proposent nos experts pour *remédier* aux conséquences de cette devinette ? « Mettre en scène et expliciter une attitude de lecteur » (!) ou bien « travailler régulièrement sur les erreurs » et « faire justifier les rectifications par retour aux mots et à leur analyse »... On combat les méthodes analytiques par plus d'analyse autonome. On combat les conséquences observées en augmentant leur cause.

Ailleurs : « Des difficultés surgissent plutôt avec des mots peu chargés de signification : *et*, *le*, *dans*, *après* », c'est-à-dire avec les mots dits « mots-outils » qui sont, dans toutes les méthodes globales, appris globalement avant les autres. Les confusions sur les mots courts sont en effet la marque typique d'un apprentissage global, et l'une des causes principales de l'imprécision de lecture des élèves modernes. *Remédiation* proposée : travailler sur les étiquettes et sur l'affichage mural qui ne sont que des travaux globalistes.

Le livret aborde effectivement beaucoup de difficultés et propose des *remédiations* qui n'ont rien à voir avec le problème : lecture d'images, choix de supports (!), utilisation d'ordinateurs, travail sur la formulation des consignes, recours au dessin, à la photo, à la vidéo, mais jamais on ne syllabera systématiquement, jamais on n'apprendra ni ne réutilisera les associations de lettres, ou alors discrètement, par-ci, par-là, en passant et sans trop insister. C'est comme si un petit syllabiste timide s'était caché parmi un groupe d'experts globalistes phonétiques et tonitruants.

Mais même là, il manque la saine analyse des causes à laquelle nous appelons, puisque, si désormais quelques globalistes admettent enfin l'existence de la syllabe, les élèves ne l'approcheront qu'en « classant des mots ambigus », que par « segmentation déduite », et non par apprentissages systématiques des combinaisons de lettres (*b* et *a* font *ba*, *o* et *u* font *ou*...) ; ils pratiqueront des « analyses autonomes » mais jamais de synthèse conduite, jamais de syllabage systématique ; c'est-à-dire que, une fois de plus et avec une constance désespérante, on va encore ajouter de la cause à la conséquence qu'on espère combattre.

Posons donc la question de « qui » a assuré la promotion de ces méthodes. On n'y répondra pas plus précisément dans un texte qui risque d'être public. Mais la première lecture de ce livret montre qu'ils sont nombreux dans le très secret groupe d'experts qui l'ont rédigé. Or ces promoteurs-là appartiennent aux institutions, à l'INRP, aux IUFM, à l'Inspection générale. On peut donc supposer que parmi eux se trouvent les responsables de l'état des choses. Ils sont peut-être le principal obstacle à la réduction tant attendue et si souvent annoncée de la crise de l'illettrisme.

Peut-on continuer à confier sans aucun contrôle quelque responsabilité que ce soit à des institutions qui ont laissé passer sinon promu une imbécillité aussi grave que la technique des « silhouettes de mots[1] », pour ne prendre qu'un seul exemple ?

Ce livret souffre des maux de tous ses prédécesseurs, il tente de combattre les conséquences en renforçant leur cause ; il ne réglera rien et il est, au mieux, parfaitement inutile.

En revanche, il y a de ces vingt dernières années un bilan à tirer sans lequel rien ne sera possible. Nous avons devant nous un travail important de retour aux sources, de retour au travail simple et de bon sens des enfants et

1. Cf. les silhouettes de mots, p. 46.

des maîtres ; il nous faudrait gratter ces couches de propagande infondée qui empêchent pour l'instant tout travail conséquent. Nous comprenons bien que ce n'est pas une mince affaire.

Annexe 10

Ministres et programmes

Les premiers vrais programmes ont été rédigés en 1887, pour préciser leur courte description de 1882. Une nouvelle rédaction des « Programmes et instructions », contenant peu de modifications, a été rédigée en 1908.

Puis il y a eu les « Instructions » de 1923, 1938, 1945 et les « Nouveaux programmes » de 1945-1947 modifiant seulement des éléments d'histoire, géographie, calcul et leçons de choses, vers moins de « verbalisme ».

En 1956, le livre de chevet de tout jeune enseignant est l'ouvrage de Leterrier, *Programmes et Instructions*, où l'on pouvait lire que « les maîtres se reporteront aux instructions de 1923 et de 1938, qui n'ont pas vieilli ». Il expliquait les programmes aux jeunes maîtres en commençant par citer ceux de 1887, auxquels il ajoutait les diverses modifications intervenues en les datant (1923, 1938 ou 1945).

Jusqu'en 1970, la continuité est la règle des programmes et instructions de l'école française. C'est elle qui a formé les ouvriers, les savants, les écrivains, les techniciens et la richesse économique de la France des Trente Glorieuses.

Et puis...

Olivier Guichard (1969-1972) : « Les mathématiques modernes » (modification des programmes, circulaire de 1970) ; le plan Rouchette de rénovation du français, 1971.

René Haby (1974-1978) : le collège unique (loi de 1975).

Jean-Pierre Chevènement (1984-1986) : nouveaux programmes de 1985, 80 % d'une classe d'âge au bac.

Lionel Jospin (1988-1992) : loi d'orientation de 1989, organisation de l'école en cycles.

François Bayrou (1993-1997) : nouveaux programmes de 1995, « La nouvelle politique éducative ».

Jack Lang (2000-2002) : nouveaux programmes de 2000.

Luc Ferry (depuis 2002) : « Le grand débat », pour préparer la prolongation de la loi Jospin et finir d'achever les écoles communales et en faire des établissements de la taille d'un collège, gérés par la communauté de communes.

À consulter : http://www.molinier.org/RE/PAGE1.html (partie documents historiques).

Glossaire

Méthodes de lecture

Globale pure ou idéovisuelle : (on disait « méthode de mots » au XIXe siècle) l'élève associe le mot entier à son image. C'est sans doute la seule méthode possible pour les jeunes sourds. Très peu pratiquée en fait (Decroly).

Mixte ou semi-globale : méthode à étiquettes de début d'année; l'élève passe du temps à manipuler et à apprendre globalement un certain nombre de mots entiers qu'il utilise ainsi, puis, plus tard, qu'il décomposera lui-même en syllabes.

Phonétique : méthode mixte dont la partie analyse est fondée sur le son des mots (les phonèmes); les élèves repèrent un son dans un texte et cherchent toutes les façons de l'écrire.

À hypothèses : autre nom de la méthode mixte-phonétique qui insiste sur le fait que ce sont les enfants eux-mêmes qui lancent les hypothèses sur la façon de transcrire les phonèmes (Foucambert).

Naturelle : mot emprunté aux enseignants Freinet. On étudie les histoires des enfants (qui leur viennent naturellement). Pas de manuel de lecture, des textes libres.

Et pour le reste, des hypothèses phonético-graphiques comme au-dessus.

Alphabétique : on apprend l'alphabet et le son majoritaire de chaque lettre, puis on apprend à les associer en syllabes qui feront évidemment des mots.

Syllabique : autre nom de la méthode alphabétique qui insiste sur l'importance qu'y prennent les exercices sur les syllabes (*b* et *a* font *ba*).

Mon commentaire : nous avons un problème de vocabulaire. Le bon sens populaire, marqué par les cuisants échecs de la méthode globale des années 1940, nomme « globale » toute méthode qui ne marche pas. En fait, ce ne sont que des méthodes non alphabétiques. La distinction se fait sur le sens de travail : si l'élève part des éléments (les lettres) qu'il apprend à composer en syllabes et donc en mots, c'est une synthèse dirigée, dite alphabétique. Si l'enfant décompose les mots pour y trouver lui-même les éléments de base (le son des lettres), c'est une analyse autonome.

Didactique des mathématiques

Constructivisme : théorie pédagogique internationale et hégémonique qui affirme que les enfants « construisent eux-mêmes leurs apprentissages ».

Situation-problème : situation de la vie courante qui pose un problème. Il suffit de mettre les élèves dans la « situation » pour qu'ils cherchent la solution du « problème ».

Conflit sociocognitif : discussion entre jeunes élèves pour savoir quelle est la solution à la « situation-problème ».

C'est là que se construit l'idée de la nécessité de la preuve, qui auparavant était « immergée » dans l'enfant. (Remarque : le coup de poing dans le nez n'est pas une preuve recevable.)

Mathématiques modernes : nous avons ici aussi un problème de vocabulaire parce que les mots mathématiques modernes désignent avant tout la grande publication de mathématique pure du groupe français Bourbaki. Mais la réforme des années 1970, qui a repris ce nom, s'est révélée être une catastrophe à la stupidité très évidente. Toutes ses conséquences ayant encore cours sont baptisées « maths modernes » par le bon sens populaire.

Loi Jospin

Cycles : durée de trois ans, mais variable. Les programmes sont rédigés pour chaque cycle. Il y a trois cycles. Le cycle 1 : maternelle (petite section, moyenne section, et le début de la grande section). Le cycle 2 : la fin de la grande section, le CP (cours préparatoire) et le CE1 (cours élémentaire première année). Le cycle 3 : CE2, CM1 et CM2 (cours moyens).

Projet d'école : dossier à remplir tous les trois ans pour décrire les particularités sociales de l'école et en tirer la direction générale qu'y prendront les enseignements.

Fiche-action : fiche annuelle à glisser dans le projet d'école qui décrit les « actions » qui seront menées. Base pratique de tous les apprentissages.

Conseil d'école, conseil de cycle, conseil des maîtres : réunions obligatoires, mais pas toutes nécessaires. On ne m'enlèvera jamais de l'idée que les instituteurs sont utiles surtout devant leurs élèves.

Éducation nationale

IEN : inspecteur de l'Éducation nationale.

IA : inspecteur d'académie, le grand patron des inspecteurs du département.

IUFM : institut universitaire de formation de maîtres.

MEN : ministère de l'Éducation nationale.

IGEN : inspection générale de l'Éducation nationale.

ZIL : zone d'intervention limitée (pour un enseignant remplaçant).

RASED : réseau d'aide spécialisée aux élèves en difficulté.

Conseiller pédagogique : instituteur chargé d'aider les collègues, surtout débutants.

Conférence pédagogique : initialement, formation continue des instituteurs dispensée par les inspecteurs dans leur circonscription.

Bibliographie

J.-P. Despin, M.-C. Bartholy, *Le Poisson rouge dans le Perrier*, Critérion, 1983.

J. de Romilly, *L'Enseignement en détresse*, Julliard, 1984.

J.-C. Milner, *De l'école*, Le Seuil, 1984.

L. Lurçat, *La Destruction de l'enseignement et ses penseurs*, De Guibert, 1998.

G. Morel, D. Tual-Loizeau, *L'Horreur pédagogique*, Ramsay, 1999.

C. Coutel, *Que vive l'école républicaine*, Textuel, 1999.

F. Capel, *Qui a eu cette idée folle un jour de casser l'école ?*, Ramsay, 2004.

C. Ouzilou, *Dyslexie, vraie-fausse épidémie*, Presses de la Renaissance, 2001.

Sauver les lettres. Des professeurs accusent, Textuel, 2001.

A. Joste, *Contre-expertise d'une trahison*, Mille et Une Nuits, 2002.

R. Boutonnet, *Journal d'une institutrice clandestine*, Ramsay, 2003.

A. Barrot, *L'Enseignement mis à mort*, Librio, 2000.

Sites Internet
« Sauver les lettres » : www.sauv.net
« Reconstruire l'école » : www.molinier.org/RE

Table

Ce volume a été composé
par Nord Compo à Villeneuve-d'Ascq.

Achevé d'imprimer en octobre 2004
sur presse Cameron
dans les ateliers de
Bussière
à Saint-Amand-Montrond (Cher)
pour le compte des Éditions Stock
31, rue de Fleurus, 75006 Paris

Dépôt légal : octobre 2004.
N° d'Édition : 52743. N° d'Impression : 044165/4.
54-07-5675-07/1
ISBN 2-234-05675-6

Imprimé en France